Por dentro das Finanças Internacionais

Richard Roberts

POR DENTRO DAS FINANÇAS INTERNACIONAIS

Guia prático dos mercados e instituições financeiras

Tradução:
MARIA JOSÉ CYHLAR MONTEIRO

Revisão técnica e notas:
JOSÉ CARLOS MIRANDA
Instituto de Economia/UFRJ

Jorge Zahar Editor
Rio de Janeiro

Para meus pais,
Veronica e Ben

Título original:
Inside International Finance: A citizen's guide to the world's financial markets, institutions & key players

Tradução autorizada da segunda edição inglesa publicada em 1999 por Orion Publishing Group, de Londres, Inglaterra

Jorge Zahar Editor Ltda.
rua México 31 sobreloja
20031-144 Rio de Janeiro, RJ
tel.: (021) 240-0226 / fax: (021) 262-5123
e-mail: jze@zahar.com.br
site: www.zahar.com.br

Capa: Carol Sá e Sérgio Campante

CIP-Brasil. Catalogação-na-fonte
Sindicato Nacional dos Editores de Livros, RJ.

Roberts, Richard, 1952-
R549p Por dentro das finanças internacionais: guia prático dos mercados e instituições financeiras / Richard Roberts; tradução, Maria José Cyhlar Monteiro; revisão técnica e notas, José Carlos Miranda. — Rio de Janeiro: Jorge Zahar Ed., 2000

Tradução de: Inside international finance
Apêndice
ISBN 85-7110-549-9

1. Finanças internacionais. 2. Instituições financeiras internacionais. 3. Mercado de capitais. I. Título.

CDD 332.042
00-0342 CDU 339.7

SUMÁRIO

PREFÁCIO E AGRADECIMENTOS

Nos dias que correm é raro as finanças internacionais se encontrarem ausentes do noticiário. O objetivo deste livro é oferecer aos estudantes, estagiários, profissionais e leigos interessados neste tema vital e dinâmico um guia acessível e atualizado.

Muitas pessoas colaboraram para a preparação de *Por dentro das finanças internacionais*. Gostaria de agradecer em particular a Christopher Aruander, Rosi Bachmann, Philip Davis, Dr. Marc Flandreau, Sue Gamble, Professor Yassi Hamada, Professor Y.C. Jao, Dr. David Kynaston, Pierre de Longuemar, Elizabeth Martin, Barney Reynolds, David Roberts, Professor Brian Scott Quinn, Professor Gail Triner, Professor Toshio Suzuki, e Robin Woodhead. Também agradeço aos funcionários de bolsas de valores, bolsas de futuros, bancos centrais e outras instituições financeiras em Amsterdã, Basiléia, Chicago, Frankfurt, Hong Kong, Londres, Luxemburgo, Nova York, Paris, Cingapura, Tóquio e Zurique, e às assessorias de comunicação empresarial de numerosos bancos internacionais. Devo agradecimentos especiais a Martin Liu, diretor de publicações da Orion Business Books, e aos editores Clare Christian e Cheryl Merritt.

RICHARD ROBERTS
julho de 1999

CAPÍTULO 1

O Sistema Financeiro Internacional

INTRODUÇÃO

O sistema financeiro internacional é a estrutura de acordos, regras, convenções e instituições em que os mercados internacionais e firmas operam. No século XX, a evolução do sistema financeiro internacional passou por três etapas principais: o padrão ouro, o sistema de Bretton Woods e as taxas de câmbio flutuantes. A etapa atual dos mercados financeiros globais teve início nos anos 1970; os fluxos financeiros internacionais são, hoje em dia, sem precedentes em escala e em escopo, crescendo incessantemente.

FUNCIONAMENTO DO SISTEMA FINANCEIRO INTERNACIONAL

Um sistema financeiro desempenha três funções:

- realizar os pagamentos correspondentes às transações efetuadas
- prover unidade estável de valor
- estabelecer normas para pagamentos diferidos

No caso de um sistema financeiro internacional, os pagamentos são transfronteiriços, envolvendo, usualmente, transações em diferentes divisas. As transações com divisas são realizadas nos mercados cambiais, que são parte importante do sistema financeiro internacional.

O comércio internacional e os movimentos de capital transfronteiriços geram transações cambiais, já que os participantes, em geral, exigem pagamento em suas próprias moedas. As moedas nacionais que são aceitas por residentes de outros países são reconhecidas como "moeda internacional". Comprar e vender divisas é o negócio do mercado de câmbio (ver Capítulo 2). A determinação do preço pelo qual as moedas são trocadas no mercado cambial — a taxa de câmbio — depende do funcionamento do sistema financeiro internacional.

Para que o sistema financeiro internacional possa funcionar sem percalços são necessárias três condições:

- um mecanismo efetivo de ajuste
- liquidez adequada
- confiança no sistema

Mecanismos de ajuste

Mecanismos de ajuste são meios pelos quais os desequilíbrios de balanços de pagamentos entre países são corrigidos. O balanço global de pagamentos é sempre nulo, embora os países individualmente possam apresentar superávit ou déficit. Há um ponto em que desequilíbrios persistentes se tornam insustentáveis e potencialmente explosivos, devendo ser reduzidos. Um dos mecanismos possíveis de ajuste é o realinhamento da taxa de câmbio de um país em relação aos demais. Alternativamente, os governos podem adotar políticas econômicas internas que ajustem unilateralmente o balanço de pagamentos. Mas tais ações podem ser impopulares e politicamente problemáticas (ver mais adiante). Ou ainda os governos podem realizar uma administração cambial coordenada com outros países.

Liquidez

Liquidez significa disponibilidade adequada de moeda internacional. A escassez de moeda internacional restringe o comércio e as transferências de capital.

Confiança

Confiança na estabilidade do sistema como um todo e em seus principais componentes — como, por exemplo, o valor de uma moeda-chave — é um fator que favorece a participação em transações internacionais. A falta de confiança conduz à cautela excessiva, reduzindo, assim, as transações internacionais e a prosperidade global.

SISTEMAS CAMBIAIS

Os economistas identificam quatro tipos possíveis de sistema de taxas de câmbio:

- sistemas de taxas de câmbio automáticas
- sistemas com (N-1) taxas de câmbio
- administração multilateral da taxa de câmbio
- união monetária

Sistemas de taxa de câmbio automáticas

Há dois tipos de automatismo cambial: o sistema fixo com mercadoria-padrão e o de livre flutuação cambial. São sistemas cujos mecanismos de ajuste são muito diferentes.

Sob um sistema fixo com mercadoria-padrão, cada um dos países-membros fixa o preço de suas respectivas moedas nacionais em termos de uma mercadoria — na prática, ouro ou prata —, determinando, por conseguinte, as diversas taxas de câmbio bilaterais. Cada uma das moedas nacionais é lastreada por um coeficiente fixo de reservas em mercadoria-padrão, que é o fator de livre conversão das moedas para a própria mercadoria. Com taxas de câmbio fixas, desequilíbrios de balanço de pagamentos são eliminados mediante transferências internacionais da mercadoria. Estas têm o efeito de aumentar ou diminuir a oferta de moeda do país, provocando variações do respectivo nível de preços. O ajustamento do nível de preços, por sua vez, aumenta ou diminui a competitividade, reconduzindo assim o balanço de pagamentos ao equilíbrio.

Sob livre flutuação de divisas, quaisquer desequilíbrios de balanço de pagamentos são eliminados pelo ajuste automático das taxas de câmbio.

Sistema com (*N*-1) taxas de câmbio

Um país — o enésimo membro de um sistema com *N* países — fixa seu câmbio em termos de uma mercadoria — ouro, por exemplo — ao passo que os demais países fixam seu câmbio em termos da moeda do enésimo país. Nesse sistema, há *N*-1 taxas de câmbio, daí seu nome.

O sistema de *N*-1 taxas de câmbio é uma variante do sistema de mercadoria-padrão apresentado acima, mas não há conexão automática entre a oferta de moeda em um determinado país e a mercadoria que lastreia a enésima moeda. Para que o sistema possa funcionar, os participantes com desequilíbrios em seus balanços de pagamentos precisam adotar políticas econômicas internas de *ajuste*. Na prática, o *ajustamento* pode ser politicamente difícil tanto para os países com superávit quanto para aqueles deficitários. Esta é uma causa da fragilidade desse sistema.

O enésimo país ocupa uma posição especial que pode também apresentar problemas. Sua moeda é a principal divisa internacional, o principal meio de compensação e de reservas do sistema. Para que outros países detenham os montantes adequados da moeda-chave, o enésimo país tem de registrar déficit em seu balanço de pagamentos. Mas se este déficit tornar-se demasiado grande, os demais países perderão a confiança no enésimo país. A falta de confiança na moeda-chave acabará por minar a confiança no próprio sistema.

Administração multilateral da taxa de câmbio

A administração multilateral da taxa de câmbio é uma forma de regime de taxa de câmbio flutuante. Na prática os governos não estão dispostos a permitir a flutuação totalmente livre da taxa de câmbio devido aos custos econômicos e políticos envolvidos. Eles preferem tentar administrar o processo de ajustamento, o que é feito mediante coordenação multilateral de políticas econômicas e acordos visando ajudar os países a enfrentar desequilíbrios de curto prazo. Mas o crescimento dos mercados financeiros observado a partir dos anos 70 reduziu a capacidade dos governos de influenciar o curso do câmbio, obrigando-os a adotar políticas econômicas cuja meta prioritária fosse evitar desajustes cambiais.

União monetária

A última forma de evitar problemas de ajustamento da taxa de câmbio é a adoção de uma moeda comum. Esta proporciona os benefícios decorrentes da eliminação das incertezas e dos custos de transação em relação aos demais participantes. Mas os desequilíbrios de balanço de pagamentos não desaparecem; tornam-se problemas regionais que exigem outras soluções para seu ajustamento, tais como mobilidade da mão-de-obra, salários flexíveis e transferências sociais (ver Capítulo 9).

O PADRÃO-OURO, 1816-1933

O "padrão-ouro" foi um sistema de câmbio fixo com mercadoria-padrão, sendo, obviamente, o ouro tal mercadoria. Os países participantes fixavam uma certa massa de ouro pela qual sua moeda podia ser livremente convertida, sendo o banco central obrigado a trocar por ouro as cédulas por ele emitidas. As paridades bilaterais eram determinadas de acordo com seus respectivos valores em termos de ouro. A quantidade de papel-moeda em circulação em um país era estritamente proporcional ao nível de suas reservas. Dessa forma, controlava-se a inflação e gerava-se confiança no sistema.

A Grã-Bretanha adotou oficialmente o padrão-ouro em 1816, com a paridade definida em 123,27 grãos* de ouro por libra esterlina. A libra esterlina desempenhou papel fundamental no sistema financeiro internacional até o início da I Guerra Mundial: o comércio internacional era, em grande

* Grão: Antiga unidade de medida de peso, equivalente a 1/4 do quilate, ou seja, 49,8 miligramas. (N.R.).

medida, cotado e financiado em libras esterlinas; esta era a principal moeda de reserva e o componente mais importante do mercado de capitais mundial. A confiança na força e na estabilidade do Estado britânico e o prestígio e a competência do Banco da Inglaterra tornaram a libra esterlina literalmente "tão boa quanto o ouro"*, infundindo confiança em todo o sistema.

Outros países adotaram o padrão-ouro nos últimos anos do século XIX, como os EUA, que tornaram o dólar conversível em ouro em 1879. A Grã-Bretanha e outros países europeus abandonaram o padrão-ouro em decorrência da I Guerra Mundial e o dólar americano tornou-se o esteio do padrão-ouro. As moedas européias retornaram ao padrão-ouro nos anos 20. A libra esterlina tornou-se novamente conversível em 1925, mas com uma paridade sobrevalorizada. Com a grande depressão, a Grã-Bretanha e a Alemanha foram forçadas a abandonar o padrão-ouro em 1931 e os EUA em 1933. Embora a França e a Suíça tivessem mantido uma variante do padrão-ouro, o ambiente internacional favorável a taxas de câmbio fixas estava efetivamente no fim; a libra esterlina e o dólar passaram a flutuar, embora suas taxas de câmbio fossem administradas por seus bancos centrais.

Os anos 30 viram o colapso do comércio internacional e dos fluxos financeiros internacionais à medida que os países levantavam barreiras tarifárias e impunham restrições aos fluxos de capital. O início da II Guerra Mundial, em 1939, exacerbou o colapso da economia internacional.

O SISTEMA DE BRETTON WOODS, 1944-73

O sistema de Bretton Woods é assim chamado em decorrência do Hotel de New Hampshire, EUA, local de uma conferência da qual participaram 45 países, em julho de 1944, em que o arranjo financeiro internacional para o pós-guerra foi desenhado. O objetivo do encontro era construir um novo padrão financeiro internacional que pudesse evitar a ocorrência de uma depressão como a dos anos 30 e promover o crescimento econômico e a prosperidade no pós-guerra. Havia grande suspeita quanto ao papel desempenhado pelas finanças internacionais no desencadeamento da grande depressão e desejava-se criar um ambiente de estabilidade cambial. O secretário do Tesouro dos EUA, Henry Morguenthau, traduziu as intenções prioritárias quando declarou que o sistema de Bretton Woods "expulsaria os prestamistas usurários do templo das finanças internacionais".[1]

* O autor faz um trocadilho com conhecida expressão idiomática *as good as gold*, que significa "pessoa de bom coração". Também é usada para referir-se a crianças bem-comportadas. (N.R.)

O sistema de Bretton Woods era um sistema de *N*-1 taxas de câmbio, tendo o dólar como moeda-chave. Os traços fundamentais do sistema de Bretton Woods eram:

- papel fundamental do dólar americano como moeda-pivô
- taxas de câmbio fixas mas ajustáveis
- Fundo Monetário Internacional
- Banco Mundial

O papel pivô do dólar americano

No final da II Guerra Mundial, os Estados Unidos eram, incontestavelmente, a economia predominante no mundo, detendo 70% das reservas mundiais de ouro. O dólar americano tinha papel pivô nos novos arranjos — o dólar foi ancorado ao ouro e as autoridades dos EUA incumbiram-se de sustentar a conversibilidade do dólar em ouro. O preço do dólar foi fixado em US$35 por onça de ouro.

Taxas de câmbio fixas, mas ajustáveis

O Sistema de Bretton Woods é um sistema de taxas de câmbio fixas, mas com mecanismos de flexibilidade e ajustamento. Às demais moedas atribuiu-se uma paridade central em relação ao dólar em torno da qual poderiam flutuar ± 1%. Como recurso de última instância, em casos de "desequilíbrio fundamental", os países poderiam valorizar (aumentar) ou desvalorizar (diminuir o valor de) suas moedas em relação ao dólar. Com tal flexibilidade pretendia-se permitir aos governos corrigir problemas persistentes no balanço de pagamentos por meio da taxa de câmbio em vez de controles de importação ou deflação doméstica.

Fundo Monetário Internacional (FMI)

O FMI foi criado para supervisionar a operação do novo sistema financeiro internacional (ver Capítulo 5). O FMI existe para suprir instrumentos de crédito destinados a aliviar dificuldades temporárias no balanço de pagamentos e problemas decorrentes do endividamento externo. Esses créditos provêm das cotas de cada um dos membros do FMI. Quanto maior for o recurso a esses fundos, tanto mais severas as condições exigidas para a correção do problema subjacente.

Banco Mundial

No início, o papel do Banco Internacional para Reconstrução e Desenvolvimento (BIRD), usualmente chamado de Banco Mundial, era a reconstrução da Europa destruída pela guerra. Atualmente, em conjunto com sua instituição-gêmea, a Associação para o Desenvolvimento Internacional (AID), auxilia os países em desenvolvimento outorgando-lhes financiamentos de longo prazo para projetos e programas (ver Capítulo 5).

As décadas de 1940 e 1950: reconstruindo a conversibilidade

No fim da guerra, os Estados Unidos estavam se expandindo enquanto a Europa estava exausta e devastada. Apenas os Estados Unidos poderiam suprir os bens necessários para reerguer a economia européia, mas esta era incapaz de comprá-los em decorrência da falta de divisas — a chamada "escassez de dólares". Para sanar esta dificuldade, o governo americano ofereceu um pacote maciço de crédito e doações, conhecido como Plano Marshall, que, entre os anos 1948 e 1952, forneceu um total de US$14 bilhões para financiar a importação dos bens de capital e matérias-primas americanos necessários à reconstrução. Em conseqüência, os EUA registraram um significativo superávit em conta corrente, ao passo que as economias européias apresentavam déficits substanciais. Os fundos do Plano Marshall eram administrados pela Organização para a Cooperação Econômica Européia (OCEE). Uma vez concluída sua tarefa, esta se transformou na Organização para a Cooperação e o Desenvolvimento Econômico (OCDE), à qual se integraram, em 1961, o Canadá e os Estados Unidos e, em 1964, o Japão. A contribuição dessa nova instituição consistiu em se constituir em foro de pesquisa e debate sobre as políticas econômicas entre as nações mais ricas.

O sistema de Bretton Woods de taxas de câmbio fixas começou a operar em março de 1947 — mas apenas parcialmente, pois as moedas européias permaneceram inconversíveis devido à falta de reservas e à preferência geral por dólar em detrimento das outras moedas. Uma tentativa de restaurar a conversibilidade da libra esterlina, em julho de 1947, foi abandonada em poucas semanas, quando dois terços das reservas do Reino Unido já tinham sido usados para sustentar a libra. Em 1949, o Reino Unido, a França e alguns países escandinavos desvalorizaram suas moedas. O FMI aceitou o fato de que as paridades fixadas em 1944 eram então muito elevadas, e o ajustamento das taxas de câmbio foi considerado preferível a uma profunda deflação.

No início dos anos 50, o balanço de pagamentos dos Estados Unidos tornou-se deficitário, enquanto os países europeus e o Japão começavam a registrar superávits. O aumento da circulação internacional de dólares era benvindo pois facilitava os pagamentos e o comércio internacionais, permitindo aos bancos centrais europeus formar reservas em dólar. Com a reconstituição das reservas e a prosperidade econômica, os países europeus estavam prontos para a conversibilidade. Em dezembro de 1958, os países da Europa restauraram simultaneamente a conversibilidade de suas moedas, abolindo as restrições ao uso e câmbio de suas moedas.

O clamor internacional por créditos em dólar deu aos bancos dos EUA vantagem competitiva nos empréstimos internacionais. Mais ainda, com a recuperação do comércio internacional, estavam melhores posicionados para financiar boa parte do comércio internacional de matérias-primas, desde estão denominado em dólares. Em conseqüência, os anos 50 registraram significativa expansão nos negócios dos principais bancos comerciais americanos.

A década de 1960: déficits nos Estados Unidos e expansão dos euromercados

Nos anos 60, o déficit no balanço de pagamentos dos EUA tornou-se um sério problema: uma das razões para isso foram as despesas com a guerra do Vietnã; outra, as exportações de dólares para financiar a expansão no exterior das multinacionais dos Estados Unidos e para fins de empréstimos externos. A deterioração da posição do balanço de pagamentos dos EUA levou este país, junto com outros nove, a criar o General Agreement to Borrow [Acordo Geral de Empréstimos] (GAB), em 1962. Com isso o FMI contaria com fundos adicionais para sustentar o dólar, caso ameaçado por ataques especulativos. Os participantes do GAB continuariam a se reunir para discutir a economia internacional no que se tornou conhecido como Grupo dos Dez (ver Capítulo 5). O Imposto para Equalização de Juros, criado nos Estados Unidos em 1964, procurava restringir a tomada de empréstimos no mercado de capitais dos EUA por parte de europeus, mas a saída de capitais manteve-se por outros canais. Em conseqüência, novos controles foram impostos, limitando os empréstimos feitos ao exterior pelos bancos dos EUA e os investimentos no exterior pelas corporações americanas.

Os controles impostos pelos EUA deram grande impulso ao desenvolvimento do mercado de eurodólares (ver Capítulo 2), especialmente em Londres, Luxemburgo, Suíça e em um novo conjunto de centros financeiros, *offshore**, (ver Box 6.1, Capítulo 6). As multinacionais norte-americanas reagiram a tais controles depositando seus ganhos no exterior, nos euromercados, e também começaram a utilizá-los para consolidar suas necessidades de financiamento. O Regulamento Q, uma norma dos EUA impondo teto às taxas de juros pagas sobre depósitos bancários foi outro fator que impulsionou o mercado de eurodólares, cujos depositantes recebiam taxas de juros mais elevadas do que as vigentes nos EUA. Os bancos americanos abriram, assim,

---

* Os centros financeiros *offshore* outorgam vantagens a não-residentes devido aos baixos impostos, à liberalização dos controles cambiais e ao baixo coeficiente de reservas requerido aos bancos. Dessa forma, estes podem operar com taxas de juros para depósitos e empréstimos mais competitivas. (N.R.)

filiais na Europa para atender seus clientes multinacionais, e eles próprios utilizaram os euromercados como fonte atacadista de recursos.

As substanciais desvalorizações da libra esterlina em 1967 e do franco francês no ano seguinte, lembraram aos mercados que as taxas de câmbio eram ajustáveis e que a sobrevalorização cambial podia ser fonte de ganhos. À medida que aumentava o déficit do balanço de pagamentos dos EUA, tornava-se mais óbvio que o dólar estava sobrevalorizado. Em abril de 1971, pela primeira vez no século XX, o balanço comercial dos EUA — exportações menos importações de bens — registrou déficit. Os detentores de dólares correram para vendê-los, antecipando-se à desvalorização. A demanda por marcos alemães era tão grande que as negociações no mercado cambial de Frankfurt foram suspensas e a moeda alemã valorizada em 7%. Mas isto mostrou ser apenas o prenúncio do maciço ataque especulativo ao dólar, que forçou o abandono de sua conversibilidade em ouro, em agosto de 1971.

Em dezembro de 1971, em uma tentativa desesperada de salvar o sistema de Bretton Woods, os ministros das finanças dos países do Grupo dos Dez, reunidos no Smithsonian Institute, em Washington, concordaram em aumentar o preço da onça do ouro de US$35 para US$38 — uma desvalorização de 8,6% em relação a outras moedas — e alargar as bandas de flutuação de ± 1% para ± 2,5%. "O acordo monetário mais significativo da história mundial", declararia o presidente dos Estados Unidos, Richard Nixon. Na verdade, o Acordo Smithsoniano, embora fosse um marco na cooperação financeira internacional, teve pouco impacto sobre o déficit do balanço de pagamentos dos EUA, que se alçou a novas alturas.

O capítulo final da história de Bretton Woods abriu-se em junho de 1972, quando o Reino Unido, em decorrência de seu próprio déficit, tornou a libra esterlina flutuante. Em fevereiro de 1973, outra onda especulativa contra o dólar forçou nova desvalorização de 11%, sendo esta acompanhada pela flutuação do franco suíço e do iene. Logo em seguida, em junho de 1973, as demais moedas da Comunidade Econômica Européia começaram a flutuar. O sistema de Bretton Woods de taxas de câmbio fixas encerrava-se. A economia internacional entrou em uma nova era de taxas de câmbio variáveis.

Razões do fracasso do sistema de Bretton Woods

Vários fatores contribuíram para o fracasso do sistema de Bretton Woods, destacando-se o "problema de liquidez" e o "problema de ajustamento", que serão descritos a seguir.

O problema de liquidez

Os bancos centrais aceitaram deter dólares enquanto tinham confiança de que podiam convertê-los em ouro à paridade de US$35 a onça. A expansão do comércio internacional acarretou maior necessidade de reservas em dólares por parte dos bancos centrais. Isso exigia um déficit no balanço de pagamentos dos Estados Unidos, o que se verificara de fato desde o início da década de 1950. Mas a taxa de expansão das reservas em ouro dos EUA não acompanhou a taxa de acumulação de dólares pelo exterior. Em conseqüência, o coeficiente de reservas em ouro dos EUA e os passivos externos em dólar deterioraram-se, tornando, já nos anos 60, a plena conversibilidade impossível. A crescente inevitabilidade de uma desvalorização da moeda dos EUA minou a confiança no sistema.

O problema de ajustamento

Embora o sistema de Bretton Woods previsse realinhamentos parciais, na prática estes foram raros. Países com superávits no balanço de pagamentos, notadamente Alemanha, Japão e Suíça, relutavam em valorizar suas moedas, o que reduziria a competitividade de suas exportações. Os países deficitários relutavam em desvalorizar por razões políticas — o eleitorado associava desvalorização com má administração econômica — ou em adotar políticas deflacionárias para corrigir o déficit, pois provocavam desemprego, o que era eleitoralmente impopular.

A posição dos EUA era especialmente problemática. A posição central do dólar significava que a desvalorização minaria a confiança em todo o sistema. Mais ainda, a competitividade dos EUA não melhoraria com a desvalorização do dólar em relação ao ouro se os demais países mantivessem sua paridade cambial com o dólar. Enquanto os déficits no balanço de pagamentos eram modestos, o resto do mundo estava satisfeito em deter dólares. Mas na prática, no caso dos EUA, o controle do déficit por meio de políticas deflacionárias foi um fator secundário para a popularidade política interna. Em tal contexto, as despesas com a guerra do Vietnã explodiram, resultando em déficits maiores e inflação crescente.

Dada a relutância geral em ajustar seja as paridades cambiais, seja as políticas econômicas, a manutenção de taxas fixas de câmbio em situação de desequilíbrios persistentes de balanço de pagamentos tornou-se uma contradição. Na década de 1960, a solução encontrada foi o suprimento de créditos aos países deficitários pelos bancos centrais dos países superavitários. Mas o dia do acerto de contas estava sendo apenas adiado.

TAXAS DE CÂMBIO FLUTUANTES, A PARTIR DE 1973

A partir de 1973 o sistema financeiro internacional convive com taxas de câmbio flutuantes determinadas pelo mercado e sujeitas a intervenções dos bancos centrais e a acordos multilaterais. Embora se fale com freqüência de um "sistema", trata-se de fato de um "não-sistema": "se cair a roda de seu carro", observou um cético, "não adianta rebatizá-lo de triciclo".[2] As taxas de câmbio têm se mostrado, certamente, mais variáveis do que sob o sistema de Bretton Woods. Nos anos 90, a volatilidade média mensal das taxas de câmbio das sete principais economias industrializadas foi quatro vezes maior do que nos anos 60,[3] mas isto não se deveu apenas ao abandono do câmbio fixo, uma vez que a variabilidade de outros fatores, como a inflação e os desequilíbrios em conta corrente, também aumentou.

Em janeiro de 1976, em reunião anual realizada em Kingston, Jamaica, o FMI alterou seus estatutos para levar em conta o novo regime de taxas flutuantes. O preço oficial do ouro foi abolido e deu-se maior importância à participação dos Direitos Especiais de Saque (DES) nas reservas internacionais (ver Box 5.1, Capítulo 5). Foi concedida ampla liberdade aos países-membros do Fundo para administrar suas taxas de câmbio, embora se defendesse a "supervisão firme" do FMI.

O dólar, o iene e a libra esterlina passaram a se pautar pelas forças do mercado, embora suas flutuações fossem moderadas por intervenções coordenadas dos bancos centrais. Muitos países em desenvolvimento ancoraram suas taxas de câmbio no dólar ou em alguma outra moeda internacional. Os membros da Comunidade Econômica Européia estabeleceram acordos para restringir as flutuações das taxas de câmbio entre suas moedas, permitindo, no entanto, flutuações em relação a terceiras moedas, como o dólar ou o iene. Este sistema, conhecido como a "serpente" foi implantado em 1971 (ver Capítulo 9). Em 1979, foi substituído pelo Sistema Monetário Europeu.

Aumento dos preços do petróleo e reciclagem dos petrodólares

A desvalorização do dólar no início da década de 1970 infligiu perdas aos detentores de dólares e aos produtores de *commodities* cotadas em dólar, principalmente o petróleo. Em fins de 1973, a Organização dos Países Produtores de Petróleo (OPEP) retaliou, aumentando o preço do petróleo e usando a guerra árabe-israelense como justificativa política adicional dos representantes árabes na OPEP. A quadruplicação dos preços do petróleo exerceu pesado impacto sobre a economia internacional e afastou a possibilidade de um restabelecimento do sistema de taxas de câmbio fixas.

Os aumentos de preço do petróleo provocaram superávits nos balanços de pagamentos de muitos países produtores de petróleo e déficits nos dos importadores. Os países-membros da OPEP registraram um aumento de seu superávit em conta corrente de US$6,2 bilhões em 1973 para US$66,7 bilhões no ano seguinte. Por outro lado, o Japão, que dependia inteiramente do petróleo importado, viu seu superávit em conta corrente de US$100 milhões, em 1973, transformar-se em um déficit de US$4,5 bilhões, em 1974. Contudo, o golpe maior recaiu sobre os países menos desenvolvidos (PMD), cujos déficits em conta corrente se elevaram de US$8,7 bilhões em 1973 para US$51,3 bilhões em 1975. Ante esta situação, o FMI constituiu, em meados de 1974, uma linha de crédito específica, tomando recursos emprestados dos países produtores de petróleo e repassando-os aos PMDs. Este foi o início da euforia da "reciclagem de petrodólares".

A parte do leão da reciclagem dos petrodólares coube aos bancos comerciais, especialmente filiais de bancos dos EUA no exterior. Os fluxos transitavam pelo mercado de euromoedas, especialmente por Londres, Luxemburgo e alguns mercados *offshore*. A reciclagem de petrodólares obrigou as autoridades dos EUA a suspender os controles oficiais de capitais, permitindo aos bancos americanos concorrerem livremente por depósitos e empréstimos em petrodólares. Os anos 70 testemunharam uma expressiva expansão dos negócios bancários internacionais por meio de empréstimos sindicalizados — os bancos atuavam em consórcios, pois as somas envolvidas eram demasiadamente grandes para emprestadores individuais.

Entre 1973 e 1978, a dívida dos PMDs aumentou de US$130 bilhões para US$336 bilhões. Mas esses foram anos de rápida expansão econômica, e o serviço da dívida não apresentou problemas. Uma combinação de fatores levou os encargos da dívida a um ponto de ruptura: em 1979, em decorrência da revolução iraniana, os preços do petróleo dispararam novamente, mais do que dobrando, de US$13 para US$32 o barril. Mais uma vez a máquina de reciclagem entrou em ação, e a dívida dos PMDs cresceu de US$336 bilhões, em 1978, para US$662 bilhões, em 1982. Os países da América Latina foram os tomadores de empréstimos mais prolíficos.

O primeiro choque do petróleo desencadeara inflação nos países desenvolvidos tanto em função do aumento dos custos da energia quanto da redução das taxas de juros por parte dos governos a fim de mitigar o impacto deflacionário sobre o crescimento e o emprego. Determinadas a controlar a inflação, as autoridades dos países da OCDE reagiram ao segundo choque do petróleo com políticas monetárias restritivas. Nos EUA as taxas de juros aumentaram de 9,5%, em meados de 1978, para cerca de 16,6%, em meados de 1981. Esta elevação desencadeou uma grave recessão nos países desenvolvidos, o que impactou as receitas de exportação dos PMDs tanto em virtude da redução da demanda por seus produtos e serviços por parte dos países desenvolvidos quanto pelo movimento adverso de seus termos de troca — a razão entre os preços de exportações e de importações. Além disso, os custos do serviço da dívida explodiram, uma vez que boa parte da dívida dos PMDs fora contratada a taxas flutuantes. As elevadas taxas de juros nos EUA provocaram uma apreciação do dólar em relação às moedas dos PMDs, aumentando assim o valor real do serviço de suas dívidas. Simultaneamente, os empréstimos tornavam-se escassos já que as altas taxas de juros americanas atraíam, para os EUA, os fluxos de capital disponíveis.

A crise da dívida

O Quadro 1.1 apresenta o impacto desses choques externos sobre o endividamento dos PMDs em 1981 e 1982. O problema da dívida foi exacerbado pelo uso dado a boa parte dos recursos captados. Em lugar de investir em projetos produtivos, os governos utilizaram-nos em consumo corrente para angariar mais popularidade na manutenção de empresas estatais ineficientes ou, simplesmente, desapareceram entre as mãos dos políticos e burocratas. O desfecho deu-se em 1982, quando muitos países em desenvolvimento viram-se impossibilitados de pagar o serviço de suas dívidas (Quadro 1.2).

Quadro 1.1: Impacto dos choques externos sobre a dívida dos países em desenvolvimento, 1981 e 1982

Choque	Aumento anual da dívida (US$ bilhões)
Perdas dos termos de troca	40
Aumento dos preços do petróleo em 1979 (em relação a 1978)	37
Aumento da taxa real de juros (em relação à média 1961-80)	20
Volume de exportações devido à recessão	10

Fonte: Cline, W.R., *International Debt: Systematic Risk and Policy Response* (Washington DC, Institute for International Economics, 1984)

A crise da dívida teve início em agosto de 1982 quando o México, o segundo maior devedor entre os países em desenvolvimento, anunciou a moratória dos pagamentos de sua dívida. Faziam-se necessários novos empréstimos e um novo cronograma de desembolsos. A moratória mexicana foi um choque para os bancos internacionais, que descobriram que outros PMDs enfrentavam problemas semelhantes. Os bancos americanos, em particular, estavam bastante expostos à dívida dos PMDs. Em alguns deles, a exposição superava o capital: por exemplo, para o Manufacturers Hanover o índice de exposição era de 2,6 vezes seu capital; para o Citibank, 1,7; e para o Chase Manhattan, 1,5 vez.[4] Como tinham esses bancos se colocado em tal situação de risco? Uma das razões foi uma avaliação inadequada dos impactos adversos da elevação da taxa de juros nos EUA. Outra, o cálculo equivocado de risco dos países. "Países não quebram", afirmara o presidente do Citibank. É verdade — mas isso não significa que paguem sempre suas dívidas. Os próprios bancos estavam longe de ser inocentes, relaxando seus critérios de concessão de crédito na ânsia de lucrar com a reciclagem dos petrodólares. Mais ainda, o sistema de empréstimos sindicalizados pelos bancos oferecia uma falsa sensação de segurança: esses sofisticados banqueiros internacionais não poderiam estar todos errados? De fato, eles estavam.

Quadro 1.2: Dívida externa de PMDs selecionados em 1982

País	Dívida externa (US$ bilhões)
Brasil	92,8
México	86,0
Argentina	43,6
Venezuela	32,1

Fonte: Banco Mundial: *World Debt Tables*

A exposição dos bancos nos países altamente endividados ameaçava o sistema bancário do Ocidente. Os governos dos países desenvolvidos e as instituições internacionais passaram a se envolver na administração da crise da dívida (ver Box 1.1). A solução do problema da dívida impôs custos aos devedores nas formas de austeridade e de desemprego, aos acionistas dos bancos e aos contribuintes de países do mundo desenvolvido que, em última análise, pagaram as operações de salvamento empreendidas por seus governos por meio das instituições financeiras internacionais. Em 1987, o Citibank, que liderara a concessão de empréstimos, deu início a um processo de reestruturação dos balanços dos bancos internacionais, realizando uma provisão de US$3 bilhões (30% do total) para possíveis inadimplências. Outros bancos seguiram seu exemplo, reportando as perdas a seus acionistas.

Box 1.1 A administração da crise da dívida dos anos 1980

Nos anos 80, a administração coordenada do problema da dívida foi realizada em três etapas principais. Apesar dessas etapas comuns, cada país foi objeto de tratamento específico.

- *Administração da crise* O tratamento dado à crise mexicana do verão* de 1982 abriu um precedente para os demais casos. O governo dos EUA e o Banco para Compensações Internacionais ofereceram empréstimos-ponte de emergência a fim de evitar a inadimplência. Ao mesmo tempo o FMI desempenhava papel-chave na renegociação da dívida e na reestruturação de acordos entre bancos e devedores: os países foram obrigados a implementar medidas de austeridade e reformas econômicas, sendo os bancos instados a fazer maiores empréstimos. O próprio FMI assumiu a liderança

* As estações do ano levarão em conta o calendário do hemisfério norte. (N.R.)

como emprestador. Os bancos comerciais participaram com relutância, já que isso implicava riscos adicionais. Mas não deixava de ser lucrativo, pois altas comissões foram obtidas durante o processo de renegociação.

- *Plano Backer, outubro de 1985* Os países devedores logo se decepcionaram devido às dificuldades econômicas decorrentes do "programas de ajustamento" do FMI. Em 1985, o secretário do Tesouro norte-americano lançou um programa trienal destinado a promover o crescimento em 15 das maiores nações devedoras, envolvendo liberalização das economias — privatizações, abertura comercial e cortes nas despesas do governo — e a injeção de novos empréstimos externos, sendo US$20 bilhões concedidos por bancos comerciais e US$10 bilhões por instituições multilaterais. O resultado foi decepcionante, em parte porque os empréstimos dos bancos não alcançaram a escala desejada e em parte por má administração dos próprios PMDS.
- *Plano Brady, fevereiro de 1989* O Plano Brady ampliou, caso a caso, o suporte aos acordos realizados entre credores e bancos sob o Plano Backer. Contudo, nesse ínterim, os governos ocidentais e os bancos já haviam acordado que a redução da dívida era parte da solução do problema. Assim, o Plano Brady partia de um apoio oficial à redução, ainda que limitada, da dívida. O principal mecanismo adotado foi a troca da dívida bancária pendente, com desconto substancial, por títulos garantidos pelo Tesouro dos EUA. Esses novos títulos ficaram conhecidos como "Bradies". O México foi o primeiro a renegociar a conversão da maior parte de sua dívida nesses novos títulos. Outros países seguiram seu exemplo. Em fins da década de 1990, a credibilidade de muitos dos devedores latino-americanos aumentara tanto que eles conseguiram recomprar seus Bradies com "títulos soberanos", bem mais baratos e sem a garantia dos EUA.

Na década de 70 e início da de 80, até a moratória mexicana de 1982, os países em desenvolvimento eram receptores líquidos de fluxos internacionais de capitais — isto é, os novos empréstimos excediam amortizações e pagamento de juros. Com o início da crise da dívida, o padrão inverteu-se e verificaram-se substanciais transferências líquidas dos países em desenvolvimento para os países desenvolvidos. Isto foi conseguido ao custo de recessão, diminuindo a despesa real per-capita da América Latina em torno de um quinto nos anos 80.

Os Acordos do Plaza e do Louvre

Na década de 90, as iniciativas tomadas para administrar o problema da dívida resultaram em tentativas de coordenação multilateral de políticas financeiras. O Acordo do Plaza, de setembro de 1985, anunciado alguns dias antes do Plano Backer, era um acordo entre as principais nações industrializadas no sentido de tomar medidas coordenadas a fim de assegurar a estabilidade monetária e as taxas de câmbio adequadas. Em especial, buscavam conter a valorização do dólar, que, desde 1981, já atingira 60%. De fato, o dólar estava muito apreciado e declinou tão rapidamente que os ministros do Grupo dos Sete (G7) — Canadá, França, Alemanha, Itália, Japão, Reino Unido e Estados Unidos — se reuniram para tentar reverter tal trajetória.

O Acordo do Louvre, de fevereiro de 1987, tinha em vista afirmar que a depreciação do dólar fora suficiente e que as taxas de câmbio eram "bastante coerentes com os fundamentais econômicos subjacentes". Na época, houve boatos de uma cláusula secreta objetivando manter as moedas em alinhamento pré-acordado com o dólar e um retorno velado às taxas de câmbio estáveis. Contudo, nada se concretizou.

A explosão do mercado de ações nas décadas de 1980 e 1990

Um dos fatores que estimulou o movimento dos mercados de ações ocidentais, em 1982, foi a fuga dos fluxos financeiros internacionais do mundo subdesenvolvido. Entre agosto de 1982 e outubro de 1987, o Índice Dow Jones, parâmetro de Wall Street, aumentou de 780 para 3.600 pontos. A queda mundial dos mercados de ações em outubro de 1987, quando muitos mercados perderam um quarto de seu valor, pareceu ser o fim dessa história. Temeu-se uma repetição da depressão que se seguiu à queda de Wall Street em 1929, o que levou as autoridades a relaxar as condições monetárias. De fato, a queda de 1987 provou ser apenas uma interrupção da trajetória altista dos preços das ações. Em Wall Street, o Dow Jones passou de 3.600 pontos em 1990, alcançou 8.000 em 1998 e, na primavera de 1999, atingiu 11.000, a maior corrida altista da história do mercado acionário dos EUA.

Muitos observadores alarmaram-se com o que o presidente da Reserva Federal, Alan Greenspan, denominou de "exuberância irracional" dos investidores norte-americanos. Nos 50 anos anteriores, o coeficiente preço/rendimento médio — um parâmetro para a avaliação de ações — do índice Standard & Poors 500 foi de 11,8. Em 1999, esse coeficiente era de mais de 30, três vezes a sua média histórica. A rentabilidade dos dividendos — uma medida da relação entre dividendos e preços das ações — caíra de 1,2%, em contraste com a média histórica de mais de 4%. No Reino Unido, o mercado de ações não atingiu os "níveis malucos" do mercado americano, mas o coeficiente preço/rendimento do índice FTSE 100 atingiu o nível mais alto em 35 anos.[5]

Os otimistas aventaram uma série de justificativas econômicas para explicar a valorização impetuosa do mercado de ações. Primeiro, que a melhoria da administração econômica por parte dos bancos centrais, especialmente pela Reserva Federal dos EUA, tornara a recessão um fenômeno do passado e que o mercado altista dos anos 1980 e 1990 representava a incorporação dessa realidade aos preços das ações. Como disse o economista Rudi Dornbucsh: "Nenhuma das expansões econômicas dos EUA nos últimos

40 anos morreu de velhice, todas foram assassinadas pela Reserva Federal."[6] Segundo, a qualidade dos ganhos das empresas era mais consistente devido à menor volatilidade econômica, à maior flexibilidade de preços e salários e melhor gestão de estoques. Terceiro, ocorrera um "milagre de produtividade" decorrente do impacto das novas tecnologias — computadores, telecomunicações e Internet — sobre a produtividade das empresas. Este suposto fenômeno foi chamado por alguns de "novo paradigma econômico". Quarto, os baixos níveis de inflação, dado que as pesquisas indicam que níveis elevados de inflação reduzem o preço das ações.

Mas outros analistas consideram a maior parte de tais argumentos ilusórios — "tolices de muletas", como disse Samuel Brittan do *Financial Times*.[7] Choques políticos ou econômicos acontecem sempre: "Nem as leis fundamentais da economia, nem a natureza humana em que estão embasadas mudaram ou estão prestes a mudar", diz Greenspan. Em vão foram buscadas evidências estatísticas para a hipótese do "novo paradigma econômico": "Os computadores estão em toda parte", observa o economista Robert Solow, "menos nos dados sobre produtividade". Os pessimistas interpretaram a elevação dos valores no mercado acionário como uma bolha de preços de ativos devida à orgia de crédito decorrente de condições monetárias muito especiais. Como nos EUA no final da década de 1920 e no Japão no final dos anos 80, a elevada expansão da oferta de moeda esteve associada a uma inflação sob controle. Os investidores tentam livrar-se do excesso de liquidez comprando ações, elevando assim seus preços. "Aonde isto irá parar?" — pergunta-se Gerald Holtham, estrategista global da Norwich Union Investment Management, instituição financeira que administra fundos no Reino Unido. "Certamente num colapso."[8]

Do comunismo ao capitalismo

Enquanto o capitalismo prosperava, o comunismo desmoronava. A queda do Muro de Berlim, em 1989, marcou o início do fim do império soviético. As duas Alemanhas reunificaram-se, e Hungria, Polônia e República Tcheca transformavam-se rapidamente em economias de mercado. Os países do Leste europeu e seus mercados de ações emergentes tornaram-se ímãs, atraindo investidores em busca de retornos superiores aos percebíveis nos caros e valorizados mercados ocidentais.

A transição da Rússia para a democracia e o capitalismo de mercado foi especialmente turbulenta e instável. O pacote financeiro e alimentar de emergência, montado pelo G7 em agosto de 1991, representou um alívio vital e foi um importante gesto de apoio aos reformadores russos em momento crítico. Foram criados na Rússia um mercado de ações e um sistema bancário privado, não destinados ainda aos cardíacos: o primeiro assemelha-se mais a um cassino; o segundo é dominado mais por bandidos do que por banqueiros. Mesmo assim, após resolvida a questão da dívida tzarista pendente, a Rússia tornou-se uma tomadora de empréstimos aceitável nos mercados internacionais de capital — pelo menos por certo tempo.

Blocos regionais

Os anos 1980 e 1990 testemunharam a crescente globalização dos fluxos comerciais e financeiros mas, também, o fortalecimento dos blocos comerciais regionais. No fim da década de 1990 havia pelo menos 80 acordos regionais assegurando acesso preferencial mútuo aos mercados dos países signatários. De fato, à exceção de três, todos os demais 130 países integrantes da Organização Mundial do Comércio pertenciam a pelo menos um pacto regional — Japão, Hong Kong e Coréia do Sul eram as exceções.[9]

Em 1994, Estados Unidos, Canadá e México assinaram o Acordo Norte-Americano de Livre Comércio (Nafta) visando reduzir barreiras comerciais. Argentina, Brasil, Paraguai e Uruguai têm sua própria área de livre comércio — o Mercado Comum do Sul (Mercosul) — com tarifas externas comuns. O Mercosul afirma que seus objetivos são o estabelecimento de economias mais produtivas e dinâmicas mediante a expansão dos mercados e a promoção de um desenvolvimento socioeconômico harmonioso e equilibrado por meio do uso efetivo de seus recursos humanos e naturais. A partir de 1993, uma série de conferências promovidas pela Cooperação Econômica da Ásia e do Pacífico (APEC) promove intercâmbio regional e desenvolvimento na Ásia.

O regionalismo avançou muito mais na Europa, que, por várias décadas, lutou para transformar-se numa única entidade político-econômica. Em 1972, os países da Comunidade Européia acordaram a adoção de um sistema de paridades fixas mas ajustáveis para suas moedas, o qual, em 1979, tornou-se o Sistema Monetário Europeu (ver Capítulo 9). O Tratado de Maastricht de 1992 representou o compromisso da União Européia (o novo nome da Comunidade Européia) com a criação de uma moeda única regional. Apesar das crises do Sistema Monetário Europeu em 1992 e 1993, 11 dos 15 membros da UE aderiram à moeda européia única — o euro —, que foi implantada com sucesso em 1º de janeiro de 1999, constituindo a inovação monetária mais importante desde a criação do dólar americano, em 1792.

Os economistas, de modo geral, desconfiam dos blocos regionais. Eles receiam que as tarifas tornem ineficientes os fluxos comerciais, um processo denominado "desvio de comércio". Também temem que o regionalismo tolha a liberalização global. Mas alguns argumentam que os blocos regionais promovem o desmantelamento das barreiras protecionistas entre seus membros, especialmente no caso dos países em desenvolvimento, agindo, assim, como "blocos de construção", e não como "pedras de tropeço" para a liberalização do comércio global e das relações econômicas.

A crise do peso mexicano de 1994-95

Durante a década de 1980, os fluxos transfronteiriços de capital concentraram-se basicamente nos países industriais — sobretudo em direção aos EUA. Contudo, a partir do início da década de 90, os fluxos para os países em desenvolvimento retornaram em escala substancial, como mostra o Quadro 1.3. O principal destino foi um grupo de países da Ásia e da América Latina, conhecidos anteriormente como "países menos desenvolvidos", como foi mencionado, mas atualmente denominados de "mercados emergentes".

Quadro 1.3: Fluxos líquidos de capital globais, 1975-94

	Médias anuais (US$bilhões)					
	1975-82	1983-90	1991	1992	1993	1994
Estados Unidos	-7,6	96,7	-14,8	25,7	35,3	113,9
Japão	-90,0	-118,9	-108,0	-1,8	-52,7	131,4
Europa Ocidental	21,6	8,6	73,5	45,1	-31,1	-16,5
Mercados emergentes	22,3	37,7	152,9	142,1	151,3	135,7

Fonte: Turner, Philip, "Capital Flows in Latin America: A New Phase", *Bank for International Settlements Economic Papers* nº 44 (Basiléia, maio de 1995)

O México foi o país que mais recebeu capitais. As reformas econômicas mexicanas do início dos anos 90 e as baixas taxas de juros nos EUA levaram os investidores a se voltarem para o exterior, o que resultou em uma maciça entrada de recursos no México. Às vésperas de uma eleição, os preços de títulos e ações subiram expressivamente, bem como o déficit em conta corrente mexicano e as despesas públicas. Quando se registrou um início de distúrbio político, em fins de 1994, os investidores internacionais se apavoraram, receando uma nova moratória mexicana. O peso despencou e os títulos mexicanos se diluíram com a rapidez de uma *enchilada** quente. Preocupados com a crise monetária ao sul de sua fronteira, os EUA convenceram os países do G7 a comprometer-se com um pacote de apoio ao governo mexicano, no montante recorde de US$40 bilhões, coordenado pelo FMI. Funcionou: a confiança foi restaurada e o peso recuperou-se. Mas o ministro das Finanças estimou que o custo do resgate do sistema financeiro mexicano foi de 14,5% do PIB.

---

* Espécie de empada apimentada muito popular no México. (N.R.)

Receios de que a crise do peso mexicano se espalhasse pelo resto da América Latina mostraram-se infundados. Em todo o continente, as reformas tinham provocado melhorias efetivas no desempenho econômico, e as importações de capital dos anos 90 tinham sido destinadas a usos produtivos. Também o México encontrava-se, fundamentalmente, em boa situação econômica — daí a rápida recuperação. Por volta de 1997, México, Brasil, Argentina, Venezuela e Panamá estavam suficientemente reabilitados para trocarem seus títulos Brady (ver Box 1.1) por outros títulos de dívida soberana a taxas de juros inferiores. Ao fazê-lo, eles não apenas pouparam dinheiro, como escaparam do estigma de "devedores contumazes".

Crise financeira do Leste asiático no final dos anos 90

Na década de 1990, as economias dos tigres asiáticos — Hong Kong, Indonésia, Malásia, Filipinas, Cingapura, Coréia do Sul, Taiwan e Tailândia — cresceram aceleradamente. Entre 1990 e 1995, a região respondeu por algo em torno de 60% a 65% do crescimento do PIB mundial, um resultado notável. Isto foi alcançado mediante investimentos em larga escala, que se expandiram a 15-20% ao ano, gerando grande aumento de capacidade produtiva. Os recursos financeiros foram fornecidos pelo sistema bancário internacional e pelos mercados financeiros globais, resultando em alto endividamento externo. Embora os recursos tivessem sido destinados em geral a atividades produtivas, os encargos da dívida acumulada mostraram-se finalmente insustentáveis.

"1997 foi o ano em que os mercados financeiros flexionaram seus músculos", comentou o *Financial Times*.[10] A crise financeira do Leste asiático teve início em julho, quando a Tailândia, que tinha praticamente exaurido suas reservas em moeda estrangeira, deixou o baht flutuar. A moeda tailandesa despencou, desencadeando um craque no mercado de ações e o colapso do preço de outros ativos financeiros. Logo Malásia, Indonésia e Filipinas registravam problemas semelhantes. Em Hong Kong, o mercado acionário caiu 30% em uma única semana de outubro de 1997, embora sua moeda se mantivesse firme, pois a ancoragem ao dólar estava sustentada por ampla cobertura cambial e pelo respaldo da China Continental. Em novembro do mesmo ano, a crise espraiou-se para a Coréia do Sul, cuja moeda e mercado de ações colapsaram. O Japão também foi afetado — o mercado acionário caiu vertiginosamente, havendo uma onda de falências bancárias e de corretoras de títulos e valores. A Yamaisho Securities e a Sanyo Securities faliram, a primeira sendo a maior falência corporativa do Japão. O mesmo ocorreu com o Hokkaido Takushaku, o décimo maior banco comercial.

Embora a dívida estivesse no centro das crises financeiras do Leste asiático dos anos 90 e da dívida da América Latina nos anos 80, os dois episódios foram muito diferentes. Os problemas da dívida latino-americana decorreram de uma herança de corrupção, desvios e mau uso dos recursos. No Leste asiático, foi o setor privado que tomou os empréstimos e originou o problema da dívida. O crédito fácil, generosamente concedido por bancos nacionais e estrangeiros, conduzia a uma espiral de preços de ativos. Esta, por sua vez, estimulava mais empréstimos, tomados para especular nos florescentes mercados. O resultado foi não só o grande endividamento e a sobrevalorização dos ativos, como também sérios divórcios entre passivos externos e ativos internos e entre passivos líquidos e ativos sem liquidez. Estes problemas foram exacerbados pela debilidade estrutural dos sistemas bancários, políticas monetárias inconsistentes, taxas de câmbio insustentáveis e pelo "capitalismo de compadres" — tratamento privilegiado dado aos negócios de propriedade da (ou apoiados pela) elite política.

Quando credores e investidores começaram a duvidar da capacidade de pagamento dos devedores, a confiança evaporou-se rapidamente e o crédito secou. Os fluxos externos de capital privado inverteram sua rota — a entrada líquida de US$93 bilhões, em 1996, transformou-se em saída líquida de US$12 bilhões, em 1997, para Indonésia, Malásia, Filipinas, Coréia do Sul e Tailândia em conjunto.[11] A corrida para vender moedas e ativos financeiros determinou quedas vertiginosas das moedas e a quebra dos mercados acionário e imobiliário. A falta de crédito que se seguiu levou até empresas intrinsecamente sólidas à falência, o investimento cessou e o crescimento diminuiu.

Regionalmente foram dadas explicações alternativas para tal colapso, tendo como mais contundente expositor o primeiro-ministro da Malásia, Dr. Mahathir Mohamad. Ele acusou os especuladores estrangeiros — "que mereciam um tiro" — de manipularem os mercados e "de se unirem para empobrecer os países pobres".[12] Em especial, acusou o financista e bilionário americano George Soros de liderar os ataque às moedas da região. "Todos estes países dedicaram 40 anos tentando construir suas economias", declarou o Dr. Mahatir, "e aí aparece um idiota como Soros".[13] Soros respondeu chamando Mahatir de "uma ameaça para seu próprio país".[14] A opinião ocidental, em geral, colocou-se do lado de Soros, considerando os ataques do Dr. Mahatir tentativas de encontrar um bode expiatório para as falhas da política econômica.

Os pacotes de auxílio totalizaram mais de US$100 bilhões e foram montados pelo Fundo Monetário Internacional: US$17 bilhões para a Tailândia, US$42 bilhões para a Indonésia e US$58 bilhões, o maior de todos, para a Coréia do Sul. Em 1998, a crise aprofundou-se na Ásia, espraiando-se mundialmente. O Japão registrou recessão durante o ano inteiro e o Produto Interno Bruto sofreu uma contração de 7% na Malásia, 8% na Tailândia e expressivos 14% na Indonésia. Em agosto, as autoridades de Hong Kong tomaram medidas para sustentar o mercado de ações e a economia local destinando US$29 bilhões à aquisição de *blue-chips* (ações de empresas de primeira linha). Esta intervenção, feita com o objetivo de afastar os especuladores, foi bem-sucedida. Foi, também, um exercício altamente controvertido de manipulação do mercado.

A controvérsia também cercou a volta de controles cambiais na Malásia para deter a especulação com sua moeda — o ringgit — em setembro de 1998: todos os ringgits mantidos no exterior deveriam ser repatriados dentro de um mês; os estrangeiros que venderam ações na Malásia foram impedidos de remeter para o exterior o resultado auferido, tendo sido estabelecido um limite para as despesas com viagens ao exterior. O objetivo dos controles cambiais foi o de isolar a moeda nacional das pressões especulativas conducentes à sua desvalorização, permitindo reduções das taxas de juros para estimular a economia da Malásia sem derrubar a cotação do ringgit. Mas os críticos argumentavam que os controles eram mal concebidos e ineficazes como medidas de curto prazo e que no longo prazo afastariam o investimento estrangeiro prejudicando o crescimento e o desenvolvimento.

Rússia e América Latina

As crises na Ásia minaram a confiança no valor das moedas de outros países endividados. A Rússia, mergulhada no caos político, na corrupção crescente e no banditismo, sofreu uma corrida contra o rublo, em maio de 1998. As autoridades defenderam a moeda elevando as taxas de juros de curto prazo em até 50%. Os preços das ações despencaram. Esses abalos de mercado tornaram mais urgentes as negociações entabuladas com o FMI para a obtenção de novos empréstimos destinados a sustentar a moeda, a promover reformas e a estabilidade econômica. Em julho, foi conseguido um empréstimo de US$23 bilhões patrocinado pelo FMI, tranqüilizando banqueiros e investidores.

Na verdade, a crise financeira russa estava apenas começando. Em poucas semanas, a moeda estava sob nova pressão para desvalorizar-se, e o mercado de ações registrou novas quedas. Mesmo taxas de juros de curto prazo de 150% não amenizaram a situação. Em agosto de 1988, não querendo desperdiçar ainda mais suas reservas para sustentar o rublo, o governo deixou a moeda flutuar, ou melhor, afundar, já que sua paridade com o dólar americano caiu quase 50%. O governo russo viu-se, também, incapacitado de resgatar títulos denominados em rublos que montavam a US$40 bilhões e de pagar juros sobre alguns dos empréstimos externos. Estes fatos foram grandes choques para o sistema financeiro internacional, minando a confiança e infligindo perdas aos bancos e a outros investidores.

Os países latino-americanos sofreram o "contágio" das crises asiática e russa, experimentando fugas de capital e desvalorizações de suas moedas. O Brasil, o mais afetado, entrou em recessão e teve de ser resgatado da ameaça de desvalorização e de moratória sobre sua dívida externa por um maciço pacote, liderado pelo FMI, de US$41 bilhões, em novembro de 1998. Mas verificou-se que foi muito pouco e muito tarde. Em janeiro de 1999, novo ataque especulativo levou à flutuação do real, que, num curto espaço de tempo, perdeu um terço de seu valor em relação ao dólar americano. Em março, foi concretizado um novo acordo com o FMI, enquanto a nona maior economia do mundo lutava contra a recessão e o desemprego crescente.

As turbulências financeiras de 1997-99 desacreditaram os regimes de ancoragem cambial adotado por vários países da Ásia e da América Latina na década de 1990. A maioria deles abandonou a ancoragem no dólar, optando pela livre flutuação, como, por exemplo, Brasil, México e Rússia. Mas alguns, destacadamente a Argentina, entreteram-se com a alternativa da "dolarização" — que representa a substituição da moeda nacional por dólares americanos — como solução para fragilidade e instabilidade de suas moedas. A dolarização traz seus próprios problemas, tanto políticos quanto econômicos. Contudo, é uma opção viável para economias relativamente pequenas e abertas. Poderia levar o Ocidente a se tornar uma área de moeda única, da mesma forma que o euro se espraia pela Europa.

O Long-Term Capital Management

Os fundos de *hedge** são grandes massas de capital que empregam técnicas financeiras supostamente sofisticadas para especular nos mercados financeiros. Seu capital é subscrito por grandes bancos comerciais e de investimento que estão impedidos pelas normas bancárias de exercer diretamente tais atividades. Capitais adicionais são levantados por meio de empréstimos dos bancos cotistas, entre outros agentes, apresentando alguns fundos de *hedge* coeficiente dívidas/ativos na espantosa e perigosa faixa de 50:1. Caso bem conduzida, tal especulação pode produzir taxas de retorno muito superiores àquelas das atividades bancárias comuns — a um risco muito maior, é claro.

Um dos maiores e mais prestigiados fundos de *hedge* era o Long-Term Capital Management (LTCM), sediado em Nova York, entre cujos diretores estavam um ex-vice-presidente da Reserva Federal, um dos principais inves-

* Palavra inglesa que poderia ser traduzida literalmente por "salvaguarda" ou "cobertura" e que designa vários instrumentos financeiros cujo objetivo seria o de minimizar riscos. (N.R.)

tidores de Wall Street e dois Prêmio Nobel de Economia. Em setembro de 1998, foram publicadas manchetes sensacionalistas a respeito do pacote de salvamento montado pelo Fed de Nova York para o LTCM, que conseguira perder a maior parte de seu capital e que estava à beira da falência em função da moratória russa e da turbulência dos mercados financeiros internacionais. Isso poderia ter desencadeado a liquidação de posições estimadas em US$200 bilhões, provocando o caos nos mercados financeiros. A estimativa das perdas dos bancos que tinham emprestado ao LTCM foi de US$14 bilhões, um golpe potencialmente devastador no sistema bancário internacional. Por conseguinte, o Fed resolveu agir e forçou os acionistas a re-capitalizar o LTCM em um montante de US$3,65 bilhões. O quase desastre e as perdas sofridas pelos financiadores do LTCM representaram um sério problema para vários dos maiores bancos do mundo, incluindo o Barclays, o Deutshe Bank, o Goldman Sachs, o Merrill Lynch e até o banco central italiano.

Socorro do Fed

O banco central dos EUA reagiu às crises na Ásia e na Rússia e ao quase colapso do LTCM reduzindo as taxas de juros no final de setembro de 1998. O objetivo dessa medida era diminuir o custo do crédito e restaurar a confiança no sistema financeiro internacional. "Não dá para acreditar que os Estados Unidos continuem um oásis de prosperidade, sem serem afetados por um mundo que registra um estresse crescente", observou o presidente do Fed, Alan Greenspan.[15] Em outubro e novembro houve novas reduções das taxas de juros, de 0,75%, levando-as a 4,75% ao ano. Os bancos centrais europeus contribuíram reduzindo suas taxas de juros no início de novembro.

A combinação de ação coordenada entre bancos centrais com assistência do FMI funcionou. Em meados de 1999, a maioria das nações emergentes do Leste asiático e da América Latina crescia novamente — bem como o Japão — e a ameaça de um colapso mundial estava afastada. "A crença oficial era de que, para os países emergentes, o pior da crise financeira global tinha passado", informava *The Economist* após o encontro dos países ricos do Grupo dos Sete, na primavera de 1999.[16] Mas uma nova nuvem surgia no horizonte, a elevação dos preços dos ativos nas economias ocidentais, liderada pela cotação das ações em Wall Street, parecendo, cada vez mais, uma bolha prestes a explodir.

Mercados financeiros globais

Os anos de 1980 e 1990 testemunharam o surgimento de um grande mercado financeiro global, que tinha várias dimensões: o mercado cambial; os empréstimos bancários internacionais; os títulos de longo prazo; os papéis de médio prazo — (euro)notas; a negociação internacional de ações e derivativos. A consultora internacional McKinsey estima que o estoque total de ativos financeiros negociados no mercado global de capitais expandiu-se de US$5 trilhões, em 1980, para US$35 trilhões, em 1992. Isto equivale a um ritmo de expansão duas vezes e meia mais acelerado do que a taxa de crescimento das economias da OCDE.[17] A McKinsey prevê que no ano 2000 o mercado terá atingido a marca de US$83 trilhões, equivalendo ao triplo do produto interno bruto conjunto dos países da OCDE.

Estimativas relativas ao financiamento pelos mercados internacionais divulgadas pelo Banco para Compensações Internacionais mostram um aumento de seis vezes entre 1982 e 1998, passando de US$1,3 trilhão para US$8,2 trilhões (Quadro 1.4). O grosso do financiamento dos mercados internacionais é constituído ainda por empréstimos dos bancos internacionais, mas tem havido um aumento gradual na proporção do financiamento mediante emissão de títulos, que aumentou de 20% para 40% no período.

Quadro 1.4: Financiamento líquido outorgado pelos mercados internacionais, 1987-97

	Saldos ao final do ano (bilhões de US$)		
	Empréstimos bancários líquidos internacionais	**Colocação líquida de (euro)notas**	**Financiamento líquido internacional de títulos**
1982	1.020		259
1983	1.085		345
1984	1.265		410
1965	1.480		550
1986	1.770		700
1987	2.220		984
1988	2.390	72	1.085
1989	2,640	79	1.252
1990	3.350	111	1.473
1991	3.610	145	1.651
1992	3.660	177	1.687
1993	3.780	256	1.850
1994	4.240	406	2.048
1995	4.645	594	2.210
1996	5.015	834	2.391
1997	5.285	184*	3.358**

Fonte: Banco para Compensações Internacionais, *Annual Reports*, 1983-98
* Aplicações líquidas no mercado monetário
** Financiamento líquido de títulos e obrigações

O desenvolvimento do mercado financeiro global é o resultado da expansão das transações bancárias internacionais e de alguns outros fatores:

- liberalização dos fluxos internacionais de capital

- desregulamentação dos mercados financeiros
- revolução na tecnologia das comunicações
- inovações financeiras

Liberalização dos fluxos internacionais de capital

A liberalização dos fluxos internacionais de capital significa a remoção dos controles sobre movimentos financeiros transfronteiriços. O surgimento do mercado de euromoedas no final dos anos 50 marcou a retomada de fluxos financeiros transfronteiriços, inicialmente na forma de empréstimos bancários. Desde 1958 existe um mercado de câmbio plurimonetário resultante da conversibilidade das moedas das economias européias. Mas somente em 1973, após o fim do sistema de taxas de câmbio fixas de Bretton Woods, assumiu papel central.

Nos anos 60, os controles de capital, impostos para canalizar as poupanças domésticas para o investimento interno, foram sendo progressivamente minados pela expansão dos euromercados. Por volta de 1973, EUA, Canadá, Alemanha e Suíça aboliram suas restrições. Pressionados pelas forças de mercado que tornavam os controles ineficazes — exceto para incentivar os aplicadores internacionais a buscar locais menos regulamentados —, outros países acompanharam esse movimento: o Reino Unido abandonou os controles em 1979, o Japão em 1980, França e Itália em 1990, Espanha e Portugal em 1992.

Os mercados financeiros globais receberam um impulso adicional em dezembro de 1997 quando, após anos de discussão, os representantes de 102 países assinaram o acordo sobre serviços financeiros da Organização Mundial do Comércio. Os signatários comprometeram-se a abrir seus setores bancário, de seguros e de títulos para a concorrência externa (em graus variados) e a submeter os serviços financeiros às regras e disciplina do comércio amparado. O acordo, que entrou em vigor em março de 1999, envolve cerca de US$38 trilhões de empréstimos bancários internacionais, US$18 trilhões em ativos financeiros globais e US$2,5 trilhões em prêmios de seguros. Sir Leon Brittan, o representante comercial da União Européia, aclamou o acordo como "um triunfo do saudável sistema multilateral para a economia mundial".[18]

Desregulamentação dos mercados financeiros

A remoção das barreiras aos fluxos internacionais foi acompanhada pelo desmantelamento das restrições internas às atividades financeiras, um processo conhecido como desregulamentação. Os marcos desse processo foram: 1º de maio de 1975 — o chamado "Mayday" — quando a Bolsa de Valores de

Nova York aboliu a cobrança de comissões mínimas fixas, e outubro de 1986, o "Big Bang" — quando Londres fez o mesmo, bem como reviu as regras quanto à propriedade de empresas de corretagem de forma a permitir a combinação de negócios de corretagem, de títulos e ações, de *market makers** e bancários. O Japão planeja seu próprio "Big Bang" para 2002 (ver Capítulo 7).

Revolução na tecnologia das comunicações

A tecnologia, na forma de computadores e telecomunicações, aumentou a velocidade dos fluxos internacionais de informações e de finanças e ampliou o escopo do investimento e dos negócios mundiais.

Inovações financeiras

O dinamismo das inovações financeiras criou novas oportunidades e novos negócios. A principal inovação de fins do século XX foi a proliferação dos "derivativos" financeiros — instrumentos derivados de ativos subjacentes ou de índices financeiros. Os derivativos financeiros são usados para controlar os riscos decorrentes da posse de ativos. Surgiram em meados dos anos 70 como um meio de fazer *hedge* (seguro) contra a crescente volatilidade das moedas e das taxas de juros subseqüente ao esgotamento do sistema de Bretton Woods (ver Capítulo 2). Os derivativos são comprados, vendidos e negociados em bolsas de futuros financeiros ou em "balcão" — isto é, diretamente entre bancos e outros agentes. Por volta de 1998, o movimento diário mundial de derivativos de balcão era de US$362 bilhões e o de derivativos negociados em bolsas era de US$1.372 bilhões.[19]

A "securitização" — isto é, a substituição dos tradicionais empréstimos bancários pela emissão de títulos negociáveis por empresas — aumentou a quantidade e variedade dos ativos financeiros negociáveis. É um fenômeno bem avançado nos EUA e que cresce no resto do mundo.

Governos e mercados globais

Há uma geração, os governos dispunham de um vasto arsenal de instrumentos de gestão econômica — taxas de juros, gastos públicos, tributação, controles

---

* *Market makers*: instituições financeiras cuja atividade principal é negociar títulos e ações no London Stock Exchange (mercado de valores), sendo conseqüentemente obrigadas a anunciar seus preços de compra e venda para os diversos títulos com diferentes prazos de vencimento. Administram tanto seus próprios port-fólios como os de terceiros, cobrando para isso comissões. (N.R.)

de crédito, controles de capital, políticas de renda e taxas de câmbio. A efetividade de tais instrumentos foi enfraquecida pela liberalização e pela desregulamentação, bem como pelo avanço dos mercados financeiros globais. A expansão maciça dos fluxos financeiros internacionais nas últimas duas décadas transformou a relação entre governos e mercados monetários internacionais. No início dos anos 80, as reservas monetárias agregadas dos países da OCDE eram equivalentes a várias vezes o volume diário de divisas negociadas internacionalmente, permitindo aos bancos centrais influir nas taxas de câmbio. Atualmente, o poderoso mercado reina — os US$640 bilhões das reservas monetárias agregadas dos países da OCDE representam metade do movimento diário dos mercados cambiais globais, equivalente a US$1,5 trilhão. "O mercado cambial é um gorila de 500 quilos e a intervenção é uma coleira frágil", diz o economista norte-americano Jeffrey Frankel. "Quando o gorila sabe para onde quer ir, não adianta querer detê-lo. Mas às vezes o gorila quer ser conduzido."[20]

A soberania econômica nacional foi erodida pelos mercados financeiros globais. Os governos têm sua margem de escolha de políticas e prioridades econômicas restringida pela necessidade de agradar aos mercados financeiros. Se estes mercados perdem a confiança em um país, as conseqüências são sérias — crise cambial, elevação das taxas de juros, fuga de capitais, desmoronamento do mercado de ações e mais desemprego. "Achava que se houvesse reencarnação, gostaria de voltar como presidente ou papa", observa James Carville, assessor do presidente Clinton. "Mas agora quero estar no mercado de títulos; você pode assustar todo mundo."[21]

O poder dos mercados globais

A "força bruta" dos mercados financeiros globais foi demonstrada repetidas vezes em anos recentes — as crises do mecanismo cambial europeu (ERM), em 1992-93, a crise do peso mexicano em 1994-95, as crises do Leste asiático, da Rússia e da América Latina, entre 1997 e 1999.[22] Terão os mercados financeiros globais se tornado demasiado poderosos? Cada episódio de turbulência financeira gera denúncias contra especuladores e leva os governos a um maior controle sobre o poder dos mercados por meio de uma maior coordenação internacional de políticas econômicas, pela reintrodução dos controles de capital, pela criação de um imposto sobre movimentação financeira e pelo fortalecimento das instituições existentes ou, talvez, pela criação de novas instituições multilaterais. Por trás dessas propostas está a idéia de que os mercados financeiros — considerados divorciados da atividade econômica produtiva e indiferentes às questões sociais e às medidas de longo prazo — não deveriam ter maior influência sobre a política econômica do que os governos democraticamente eleitos.

Por outro lado, a história da gestão econômica por parte dos governos do pós-guerra deixa muito a desejar. A disciplina externa dos mercados financeiros impõe aos políticos um saudável rigor, limitando suas tendências à irresponsabilidade e ao abuso de poder. Os mercados financeiros não são mais do que mecanismos para formar o preço do capital e alocá-lo de acordo com os objetivos mais produtivos. Os mercados reúnem e processam informação. Ao punir o desperdício público com empréstimos mais onerosos, propiciam aos governos um forte incentivo à redefinição de trajetórias. Maior honestidade e abertura preveniriam ajustes desestabilizadores de expectativas.

Os mercados tendem a exagerar as más (e as boas) notícias, mas raramente inventam problemas. Às vezes têm que reagir violentamente antes que os políticos empreendam reformas necessárias mas impopulares. Então os mercados ricocheteiam, dando a impressão de que a reação inicial foi exagerada. Mas sem essa reação excessiva, as mudanças de política benéficas não teriam acontecido.

A nova arquitetura das finanças globais

Houve consideráveis críticas à reação do FMI às crises financeiras do final dos anos 90. Na Ásia foi acusado de ter forçado uma excessiva elevação das taxas de juros, desencadeando uma recessão que afetou toda a região. O FMI respondeu que lamentava apenas não ter exigido antes e com maior ênfase um aperto monetário. Uma vez que as moedas flutuavam, as taxas de juros mais elevadas eram inevitáveis para evitar uma espiral descendente de depreciação e inflação — e de fato isso foi evitado. Alguns criticaram o FMI por colocar demasiada ênfase na reforma estrutural, enquanto outros reclamaram de sua insuficiência. Na Rússia e no Brasil, as tentativas de sustentar o valor das moedas foram malsucedidas, sendo o FMI criticado por tentar adiar o inevitável. O FMI respondeu que pelo menos tentou, mas que atualmente os fluxos de capital são demasiado volumosos para que pudesse desempenhar de modo efetivo seu papel de emprestador de última instância. Se o mundo deseja um emprestador de última instância efetivo, deveria criar um que tivesse recursos compatíveis com os grandes fluxos financeiros globais da atualidade. Mas que dimensão deveria ter o cofrinho global? Como deveria ser estruturado? E como resolver o problema do "risco moral" — o paradoxo de que a possibilidade de proteção pode incentivar a irresponsabilidade?

O debate também acirra-se em relação à necessidade, ou não, de um controle dos fluxos de capital. Embora haja uma ampla concordância no sentido de que as economias emergentes devam ser cautelosas a respeito da liberalização dos fluxos de capital, há uma divisão ideológica entre os que dão ênfase aos benefícios da livre mobilidade de capitais e aqueles que se preocupam com seus custos. E como o setor privado pode desempenhar um papel maior nas crises financeiras? Como os bancos e os detentores de títulos podem ser mobilizados para envolver-se mais de perto com os governos e o FMI?

"O mundo está repleto de propostas de novos mecanismos de combate às crises", diz o professor de ciência política Robert Wade.[23] O debate a respeito da "nova arquitetura financeira global" está cheio de vagos esquemas grandiosos sonhados por marqueteiros políticos para fazer seus patrões parecerem estadistas. O primeiro-ministro britânico fala de "um novo Bretton Woods para o novo milênio". O chanceler alemão defende "zonas alvo" para as principais moedas do mundo. O francês deseja "dotar as instituições internacionais de genuína legitimidade política". O presidente dos EUA tem um plano de seis pontos para resolver a confusão financeira mundial. O resultado, como diz um observador privilegiado, tem sido uma "cacofonia" de sugestões.

Na prática, o desenrolar dos acontecimentos tem sido bem menos espetacular. O grupo dos Vinte e Dois — um grupo informal *ad hoc* de 22 países ricos e emergentes organizado por Washington — assumiu nova importância como local para a discussão de questões financeiras internacionais. No outono de 1998, um novo Instituto para a Estabilidade Financeira, patrocinado pelo Banco para Compensações Internacionais foi criado para treinar supervisores para os sistemas bancários de todo o mundo no que tange aos aspectos práticos da regulação. Em fevereiro de 1999, os ministros das Finanças do Grupo dos Sete — o clube dos países ricos — aprovaram uma proposta alemã para a formação de um novo "foro para a estabilidade financeira". É um grupo de 35 especialistas dos países industrializados e das principais agências financeiras internacionais que tratarão de antecipar, e até prevenir, problemas no sistema financeiro global. Deverá reunir-se duas vezes ao ano, mais uma vez sob os auspícios do Banco para Compensações Internacionais.

Os mercados financeiros globais chegaram para ficar, e estão se tornando cada vez maiores. Os fluxos financeiros globais tomam um escopo e uma escala sem precedentes, crescendo sem remorsos.

Em resumo

O sistema financeiro internacional é uma estrutura de acordos, normas, convenções e instituições dentro da qual operam mercados e empresas internacionais. A evolução do sistema financeiro internacional no século XX registrou três fases principais: o padrão-ouro até os anos 30; o sistema de Bretton Woods, de 1944 a 1973; daí em diante, o sistema de taxas de câmbio flutuantes.

O sistema de Bretton Woods era um sistema de taxas de câmbio fixas entre as principais moedas do mundo. A partir de 1973, o valor das moedas passa a flutuar, mas suas variações têm sido mitigadas pela coordenação multilateral e por acordos regionais, como o Sistema Monetário Europeu.

Os anos 70 foram uma década de turbulência no sistema financeiro internacional, registrando altos níveis de inflação, instabilidade cambial e reciclagem de petrodólares. Os anos 80 testemunharam a crise da dívida na América Latina e em outros lugares, mas também a emergência de mercados financeiros no Ocidente e na Ásia. Nos anos 90 houve um progresso no que diz respeito à solução da crise da dívida da década anterior, mas também novas crises financeiras na Ásia, na Rússia e na América Latina.

As décadas de 80 e 90 viram o surgimento de um vasto mercado financeiro global. Os consultores internacionais da McKinsey estimam que o estoque total de ativos financeiros negociados nos mercados de capital globais tenha crescido 16 vezes ao longo do período, aumentando de US$5 trilhões, em 1980 para um valor projetado em US$83 trilhões por volta do ano 2000. Os fluxos financeiros atingem na atualidade escala e escopo sem precedentes e crescem incessantemente.

Leituras adicionais

Gibson, Heather, *International Finance: Exchange Rates and Financial Flows in the International System* (Londres: Longman, 1996)

Giddy, Fan, *Global Financial Markets* (Lexington, Mass DC: Heath, 1994)

Pilbeam, Keith, *International Finance* (Londres: Macmillan, 1992)

Valdez, Stephen, *An Introduction to Global Financial Markets* (Londres: Macmillan, 1997)

Notas e referências

Na lista abaixo qualquer referência a um autor isoladamente deve ser considerada uma referência ao trabalho incluído nas "Leituras adicionais", listadas acima.

1. Citado em *The Economist,* 7 de outubro de 1995.
2. McMahon, Sir Kit, *The International Monetary System: The Next 25 Years* (Basiléia: Banco para Compensações Internacionais, 1988), citando Janos Fekete.
3. *The Economist,* 7 de outubro de 1995.
4. Nunnenkamp, P., *The International Debt Crisis of the Third World* (Brighton: Wheatsheaf Books, 1986).
5. Professor Tim Congdon, *Lombard Street Research Monthly Economic Review,* abril 1999.
6. *The Times,* 2 de maio de 1999.
7. *Financial Times*, 13 de maio de 1999.
8. *The Times,* 19 de maio de 1999.

9. "Economic focus: trade blocks", *The Economist,* 22 de agosto de 1998.
10. *Financial Times,* 27 e 28 de dezembro de 1997.
11. *The Economist,* 7 de fevereiro de 1998.
12. *Financial Times,* 23 de julho de 1997.
13. *Financial Times,* 12 de janeiro de 1998.
14. *Financial Times,* 12 e 13 de janeiro de 1998.
15. "American interest rates", *The Economist,* 26 de setembro de 1998.
16. "Business this week", *The Economist,* 1º de maio de 1999.
17. "Survey of the world economy", *The Economist,* 7 de outubro de 1995.
18. *Financial Times,* 15 de dezembro de 1997.
19. Banco para Compensações Internacionais, *Central Bank Survey of Foreign Exchange and Derivative Market Activity in April 1998* (Basiléia, 1999).
20. "Two views on Asia", *The Economist,* 7 de novembro de 1998.
21. "Survey of the world economy", *The Economist,* 7 de outubro de 1995.
22 "Survey of the world economy", *The Economist,* 7 de outubro de 1995.
23 *Financial Times,* 27 e 28 de outubro de 1997.

CAPÍTULO 2

Mercados Financeiros Internacionais

INTRODUÇÃO

Este capítulo trata dos principais mercados financeiros internacionais, a saber: o vasto mercado cambial global; o mercado monetário internacional, especialmente o mercado de euromoedas; o mercado internacional de títulos; o mercado internacional de capital; o mercado global de derivativos em crescimento acelerado; e o mercado de ouro, o mercado financeiro mais antigo do mundo.

MERCADO CAMBIAL

O mercado cambial global é grande. Levantamento do Banco para Compensações Internacionais, de 1998, revelou que o movimento médio diário das transações cambiais "tradicionais" era de US$1.490 bilhões, mais US$362 bilhões em "derivativos".[1] Para se ter uma idéia, o movimento diário da bolsa de valores de Nova York, a maior do mundo, é de US$28 bilhões.[2]

O mercado cambial é o *locus* de negociação bilateral das moedas de diferentes países; e de compensação financeira dos compromissos entre países decorrentes do comércio — importações e exportações — e dos fluxos internacionais de capital. Mais ainda, há um grande volume de transações especulativas, em que os especuladores procuram lucrar prevendo corretamente as flutuações cambiais resultantes de fatores como variações nas taxas de juros ou de inflação.

O mercado cambial opera sem uma estrutura institucionalizada do tipo de uma bolsa de valores. Os compradores e vendedores, em sua maior parte mesas de operação de bancos, negociam entre si por meio de telefones ou computadores. São auxiliados pelos dados instantâneos fornecidos por provedores de informações financeiras como Reuters ou Bloomberg.

Participantes do mercado

Os principais participantes do mercado de câmbio são bancos centrais, bancos comerciais, bancos de investimento, importadores e exportadores, investidores em geral, fundos de *hedge* e instituições financeiras internacionais. Usam o mercado por várias razões: para fazer *hedge* sobre suas exposições em divisas; para transferir poder de compra de um país para outro; para fazer investimentos no estrangeiro; e para especular.

Os grandes bancos comerciais internacionais são os maiores participantes do mercado de câmbio. As transnacionais e as multinacionais de *commodities*, como as companhias petrolíferas, são também grandes participantes, pois seus produtos são em geral cotados em dólar nos mercados atacadistas, embora em moeda local nos varejistas. As taxas de câmbio são fatores importantes na geração ou redução de pressões inflacionárias e de problemas de balanço de pagamentos, de modo que os bancos centrais observam atentamente o mercado. Em geral mantêm-se à margem, mas às vezes intervêm ativamente para influir no movimento, ascendente ou descendente, das taxas de câmbio. Em algumas circunstâncias, as aquisições (de divisas) por um banco central podem se mostrar uma forma mais efetiva de sustentar sua moeda do que a elevação da taxa de juros. Contudo, sua capacidade decisiva de intervenção foi erodida a partir dos anos 80 à medida que a taxa de crescimento do mercado de câmbio superou a de expansão de suas próprias reservas: no final dos anos 90, as reservas agregadas dos bancos centrais equivaliam a pouco mais do que o movimento diário do mercado cambial global.

O crescimento do mercado cambial global desde a ruptura do sistema de Bretton Woods foi impressionante. No início dos anos 70, o movimento diário dos negócios era algo em torno de US$10 a US$20 bilhões. Em 1983, esse movimento já atingira cerca de US$60 bilhões ao dia e, por volta de 1986, superaria US$250 bilhões ao dia. Naquele mesmo ano, a expansão do mercado cambial motivou realização de pesquisa pelo Banco para Compensações Internacionais objetivando obter estatísticas acuradas sobre esse mercado. O levantamento de 1986 contemplou apenas os quatro centros principais, mas pesquisas realizadas em 1989, 1992, 1995 e 1998 incluíram todos os centros financeiros significativos. O Quadro 2.1 mostra o movimento diário com instrumentos cambiais globais "tradicionais" (que excluem derivativos) nos últimos quatro levantamentos. Entre 1989 e 1998, o movimento total cresceu duas vezes e meia, passando de US$590 bilhões para US$1.490 bilhões. A expansão foi resultado do crescimento do comércio mundial, dos grandes movimentos de capital, do aumento dos investimentos externos e do maior uso dos mercados cambiais para reduzir a exposição das empresas à volatilidade das taxas de câmbio flutuantes.

Quadro 2.1: Movimento dos mercados cambiais globais e de derivativos de câmbio negociados em balcão, 1989-98

	Movimento médio diário (US$bilhões)			
	1989	**1992**	**1995**	**1998**
Instrumentos tradicionais				
Transações à vista	350	400	520	590
Transações a termo e *swaps* de câmbio	240	420	670	900
Total	590	820	1.190	1.490
Derivativos				
Opções de divisas e *swaps*			45	97

Fonte: Banco para Compensações Internacionais, *Central Bank Survey of the Foreign Exchange and Derivatives Market*, 1998 (Basiléia, 1999)

Natureza do mercado cambial

O Quadro 2.1 também mostra o crescimento dos componentes do mercado cambial. Há três formas "tradicionais" de negociação cambial: transações "à vista" (*spot*), que implicam entrega imediata; "a termo", ou transações para entrega futura; e *swaps* de câmbio, ou seja transações de compra e venda de divisas simultâneas. As principais formas tradicionais de negociação são a termo e *swaps*, e sua proporção aumentou de 38% do total em 1989 para 60% em 1998. Embora a taxa de crescimento dos derivativos cambiais, opções de divisas e *swaps*, tenha sido mais elevada do que a dos instrumentos tradicionais, US$97 bilhões são ainda uma pequena fração do movimento total.

O dólar americano é a divisa mais importante do mercado cambial global tanto por sua importância no comércio mundial quanto por ser empregado como moeda-veículo para transações com outras moedas. Em 1995, o dólar americano estava envolvido em 87% de todas as transações cambiais mundiais (Quadro 2.2). (Observe que toda transação cambial envolve duas moedas e, portanto, os percentuais de todas as transações apresentadas no Quadro 2.2 representam vendas e compras de moedas e isso totaliza 200%.)

O marco alemão é a segunda moeda mais importante no mercado cambial, estando envolvido em 30% de todas as transações (Quadro 2.2). O dólar americano e o marco alemão são as duas únicas moedas que são trocadas em grande volume por um vasto conjunto de outras moedas. Em conjunto respondem por quase todas as transações com dólar canadense (98%), dólar australiano (97%), iene (97%), franco suíço (95%) franco francês (95%) e libra esterlina (93%).[3] O iene é a terceira moeda mais transacionada, estando envolvida em 21% de todas as transações mundiais com divisas (Quadro 2.2). As demais moedas são muito menos transacionadas. A participação da libra esterlina, a quarta moeda mais trnsacionada, caiu de 27% de todas as transações para 11% entre 1988 e 1998.

Quadro 2.2: Transações mundiais de divisas (abril de 1998)

	Participação percentual (%)
Dólar americano	87
Marco alemão	30
Iene japonês	21
Libra esterlina	11
Franco francês	5
Franco suíço	7
Outras moedas	39
Todas as moedas	200

Fonte: Banco para Compensações Internacionais, *Central Bank Survey of the Foreign Exchange and Derivatives Market*, 1998 (Basiléia, 1999)

Apesar da diminuição do uso da libra esterlina como moeda para transações e reservas, o Reino Unido — isto é, Londres — é o principal mercado cambial. Em 1998, os principais mercados cambiais eram Londres (US$637 bilhões), Nova York (US$350 bilhões), Tóquio (US$148 bilhões), Cingapura (US$139 bilhões), Frankfurt (US$94 bilhões), Suíça (US$81 bilhões), Hong Kong (US$78 bilhões) e Paris (US$71 bilhões) (ver Quadro 2.3). A importância de Londres aumentou significativamente entre 1986 a 1998, crescendo sua participação no mercado de 26% para 32%. A participação de Nova York também aumentou, de 16% para 18%, mas a de Tóquio diminuiu de 15% para 8%, apenas um pouco à frente de Cingapura. Outros centros financeiros são bem menos importantes e muitos dos europeus viram parte de suas transações cambiais desaparecerem com a introdução do euro.

O mercado cambial tem estreita ligação com os mercados monetários locais e com o de euromoedas. Essas ligações com os mercados locais decorrem dos diferenciais de taxas de juros. Quando as taxas de juros são mais elevadas em determinados mercados monetários, os fundos deslocam-se para os centros mais rentáveis, gerando transações cambiais à vista. A fim de eliminar a exposição ao risco cambial, os investidores estrangeiros vendem moeda a termo. Esta transação é um *swap* — uma aquisição à vista simultânea à venda a termo de moeda estrangeira.

Os diferenciais de taxas de juros nos mercados de euromoedas também oferecem oportunidades para "arbitragem" — isto é, lucros decorrentes da diferença entre os preços dos ativos em diferentes mercados — entre diferentes segmentos desse mercado. Os mesmos bancos e as principais moedas desempenham papel central tanto no mercado cambial quanto no de euromoeda. Mas transações cambiais e de euromoeda não são a mesma coisa. No mercado cambial, transacionam-se "depósitos a vista", que não pagam juros. Por outro lado, os "depósitos a prazo" — saldos de contas bancárias que rendem juros — constituem as transações dos mercados de euromoedas.

Quadro 2.3: Movimento diário do mercado de câmbio segundo países selecionados, 1989-98[a]

	1989		1992		1995		1998	
	US$ bilhões	Partici-pação %	US$ bilhões	Partici-pação %	US$ bilhões	Partici-pação %	US$ bilhões	Partici-pação %
Reino Unido	184	26	290	27	464	30	637	32
EUA	115	16	167	16	244	16	350	18
Japão	110	15	120	11	161	10	148	8
Cingapura	55	8	73	7	105	7	139	7
Alemanha	nd	nd	55	3	76	5	94	5
Suíça	56	8	66	5	86	6	81	4
Hong Kong	49	7	60	6	90	6	78	4
França	23	3	33	3	58	4	71	4
Outros países	126	17	212	19	288	18	373	18
Movimento total "líquido bruto"[b]	718		1.076		1.572		1.971	

Fonte: Banco para Compensações Internacionais, *Central Bank Survey of the Foreign Exchange and Derivatives Market Activity*, 1998 (Basiléia, 1999)

[a] Movimento do mercado cambial ajustado por país (em dupla contagem)

[b] Os percentuais podem não somar 100 devido ao arredondamento

Mercado monetário internacional

O *mercado monetário* é o mercado atacadista (grandes quantidades) para compromissos financeiros de curto prazo (em geral, até um ano). O *mercado monetário internacional* inclui:

- operações bancárias "tradicionais" internacionais
- operações com euromoedas

As operações bancárias "tradicionais" caracterizam-se pelo uso de recursos de um banco doméstico para fazer um empréstimo ao exterior, ou pelas atividades de suas sucursais em mercados estrangeiros. Os empréstimos e captações externos tradicionais estão sujeitos às regulações bancárias e outras do respectivo mercado nacional. Esta é uma diferença-chave — e uma desvantagem — em relação ao financiamento por meio do mercado de euromoedas.

Os euromercados são os mercados monetários e de capital internacionais que transacionam em moedas diferentes daquela do país de origem dos operadores. Os eurodólares, por exemplo, são depósitos em dólar realizados em bancos que operam fora dos EUA e usados para fazer empréstimos em dólar fora dos EUA. Da mesma forma, euro-ienes são depósitos em iene realizados em bancos que operam fora do Japão e usados para fazer empréstimos em iene fora do Japão. O prefixo "euro" é bastante enganador e fonte de confusões. Deriva da localização originária do mercado de euromoedas na Europa, principalmente Londres. Nada tem a ver com o "euro", a nova moeda única européia. "Externo" seria um termo mais adequado para indicar mercados e moedas distintos dos sistemas financeiros domésticos ou nacionais.

É uma característica essencial dos euromercados serem isentos da regulação das autoridades nacionais. Por exemplo, os mercados para depósitos em dólares, empréstimos e títulos fora dos EUA não estão sujeitos às normas bancárias e de títulos de valores americanos, tais como exigência de reservas, tetos de juros ou pagamento de taxa de seguros sobre depósitos. Por este motivo, as operações nos euromercados apresentam vantagens de custo sobre os negócios bancários internacionais tradicionais.

Desenvolvimento dos euromercados

O surgimento do mercado de dólar americano na Europa data de fins dos anos 50 e foi resultado de uma combinação de fatores econômicos e políticos. O mais importante foi uma série de déficits do balanço de pagamentos dos EUA que criou um fundo de US$17 bilhões mantidos no exterior, por volta do fim daquela década. A crise da libra esterlina de 1957 levou as autoridades britânicas a restringir o uso da libra no comércio internacional, levando os bancos britânicos a buscar depósitos em dólar para atender tal necessidade. O Regulamento Q, do banco central dos EUA, que restringia o nível das taxas de juros que os bancos americanos estavam autorizados a pagar sobre seus depósitos internos, também contribuiu para incentivar a colocação de dólares em bancos no exterior. Também contribuíram as tensões da Guerra Fria que levaram os países comunistas a preferir depositar seus dólares em Londres do que em Nova York, por receio de que um governo hostil os congelasse.

Nas décadas de 1950 e 1960, o dólar americano era a única divisa *offshore* (transacionada no exterior) e seu mercado era conhecido como mercado de eurodólares. À medida que o mercado se expandiu, surgiram os eurofrancos suíços, os euromarcos alemães, os *euro-ienes* e outras euromoedas, passando a ser conhecido como "mercado de euromoedas".

Os euromercados oferecem um amplo espectro de instrumentos financeiros internacionais. Os fundos ofertados pelo mercado de euromoedas têm prazos de 24 horas a um ano. Empréstimos de médio prazo dos bancos do mercado de eurocrédito variam de um a dez anos, sendo o de cinco anos o mais usual. Os mercados de (euro)notas e de eurobônus oferecem empréstimos a prazos mais longos (ver a próxima seção).

Os principais participantes dos mercados de euromoedas são os bancos comerciais, os bancos centrais, as instituições financeiras internacionais e as grandes empresas. O mercado de euromoedas é principalmente um mercado interbancário: os bancos solicitam e oferecem fundos uns aos outros e as transações são conduzidas entre mesas de operações ligadas por telefones e telas de computadores. Como em todos os euromercados, não há estrutura institucional como existente nas bolsas de valores. O mercado de euromoedas é muito competitivo e as margens são reduzidas. Mas o mercado não apenas aplica totalmente seus recursos; a participação ativa assegura que os bancos terão acesso a esta fonte de recursos sempre que necessário.

Os bancos participam no mercado de euromoedas para levantar depósitos, ajustar suas posições de liquidez e emprestar. Sendo um mercado atacadista, depósitos à vista são pouco comuns. Há dois tipos de instrumento para depósitos em euromoeda: depósitos a prazo e certificados de depósito com as seguintes características:

- *Depósitos a prazo*: os depósitos a prazo não-negociáveis constituem 90% dos depósitos em euromoedas. São fundos comprometidos por uma duração específica a uma taxa de juros determinada. Na maior parte dos casos os depósitos a prazo no mercado de euromoedas têm maturidade curta, de três meses ou menos.
- *Certificados de depósito (CD)*: são obrigações negociáveis emitidas pelo banco que recebe o depósito. Permitem ao depositante aplicar seus fundos por um prazo fixo ou por um longo período, obtendo assim taxas de juros mais elevadas, e, ao mesmo tempo, vender o CD no mercado secundário caso venha a necessitar. A liquidez do mercado de CDs torna-os atraentes para os investidores, que podem comprar e vender de acordo com suas necessidades. Os CDs em eurodólares foram introduzidos pelo Citibank em 1966. Constituem cerca de 10% do mercado de euromoedas. Os empréstimos no mercado de euromoedas tomam três formas: empréstimos consorciados, (euro)notas promissórias comerciais e (euro)notas de médio prazo (ver Quadro 2.4). A seguir são descritas suas principais características:

Quadro 2.4: Empréstimos nos mercados de euromoedas, 1996

		US$ bilhões
Empréstimos consorciados		792
(Euro)notas		364
— notas promissórias comerciais	72	
— notas de médio prazo	292	
Total		1.156

Fonte: *Bank of England Quarterly Bulletin*, fevereiro de 1997

- *Empréstimos consorciados*: (às vezes chamados créditos consorciados) são empréstimos volumosos concedidos a governos, agências supranacionais, como o Banco Mundial, e a empresas multinacionais. Constituem 70% dos empréstimos em euromoeda. Os empréstimos consorciados tiveram início nos anos 70 em decorrência do aumento da escala dos empréstimos demandados pelos tomadores. O consórcio foi o meio que os bancos encontraram para diversificar os riscos, permitindo que bancos de diferentes tamanhos e nacionalidades participassem dos empréstimos internacionais. Os empréstimos consorciados têm, em geral, prazo de maturação de três a oito anos.
- *(Euro)nota* é o termo genérico para uma variedade de instrumentos de empréstimos de curto prazo em euromoedas. Uma característica comum é que são negociáveis e, nesse sentido, assemelham-se mais a eurobônus do que empréstimos bancários. O principal título de curto prazo é, atualmente, a (euro)nota promissória. A forma mais comum de médio prazo é a (euro)nota de médio prazo.
- *(Euro)nota promissória comercial (ENP):* a nota promissória é um título ao portador com obrigações gerais, emitido por empresas, bancos ou governos para levantar fundos a curto prazo. A (euro)nota promissória é uma nota promissória emitida fora do país de origem da moeda em que é denominada. O custo para os tomadores é menor do que a dos empréstimos bancários ou dos empréstimos consorciados. A ENP, em geral, é emitida em valores elevados por grandes empresas e governos. O mercado teve início em Londres em 1985.
- *(Euro)notas de médio prazo (ENMPs):* assemelham-se às (euro)notas promissórias, porém sua emissão é subscrita por bancos de investimento, o que significa que o emitente garante os rendimentos mas paga uma taxa pelo privilégio. A maturidade das ENMPs vai de nove meses a 30 anos, mas em geral é de 2 a 3 anos. Estes títulos respondem por 25% do total de empréstimos em euromoedas (ver Quadro 2.4). Elas são bem aceitas tanto por emitentes quanto por investidores, uma vez que os termos da emissão podem ser adequados às necessidades dos investidores em termos de prazos de vencimento, moeda e outras características. Os emitentes apreciam sua flexibilidade, facilidade de emissão e liquidez. São títulos ao portador e muitos estão listados na bolsa de valores de Luxemburgo.

O mercado de euromoedas cresceu extraordinariamente desde sua implantação no final dos anos 50. Em 1964, os empréstimos em euromoeda somavam US$12 bilhões; uma década depois chegavam a US$221 bilhões. Por volta de 1981, após os dois grandes aumentos dos preços do petróleo e da explosão da reciclagem de petrodólares, tinham aumentado seis vezes, atingindo US$1.155 bilhões. Durante os anos de 1980 e 1990, quintuplicaram, atingindo US$5.285 bilhões em 1997 (ver Quadro 2.5).

Quadro 2.5: Empréstimos bancários em euromoedas, 1980-97

	Empréstimos realizados (US$bilhões)		Empréstimos realizados (US$bilhões)
1980	755	1989	3.530
1981	1.155	1990	3.550
1982	1.285	1991	3.610
1983	1.382	1992	3.660
1984	1.430	1993	3.780
1985	1.678	1994	4.240
1986	2.076	1995	4.645
1987	2.584	1996	5.015
1988	3.200	1997	5.285

Fonte: Banco para Compensações Internacionais, *Annual Reports* (vários anos)

O MERCADO INTERNACIONAL DE BÔNUS

Bônus são títulos de longo prazo que pagam juros e são emitidos por governos, empresas e organizações internacionais. O mercado internacional de bônus tem dois componentes: os bônus estrangeiros e os eurobônus, cujas características são:

- *Bônus estrangeiros* são títulos de longo prazo emitidos em um único mercado nacional em nome de um tomador estrangeiro. Em geral as emissões são, sobretudo mas não exclusivamente, subscritas por um grupo de bancos localizados no país da emissão. "Subscritas" significa que o banco garante comprar ou encontrar compradores para a emissão em troca de uma comissão. Os bônus são denominados na moeda do país onde é feita a emissão.
- *Eurobônus* são os títulos denominados em uma moeda diferente daquela do país ou mercado em que são emitidos, idênticos, a princípio, aos eurodólares ou euromoedas. Muitos dos eurobônus são títulos ao portador e o juro é pago sem retenção de impostos. Novas emissões são subscritas por um consórcio internacional de bancos e distribuídas internacionalmente em países outros que não o país em cuja moeda o título foi denominado. Assim, a emissão não está sujeita às restrições nacionais.

Evolução do mercado de eurobônus

O mercado de eurobônus é um novo estágio na evolução dos euromercados. O primeiro eurobônus foi emitido em Londres em 1963 para a entidade rodoviária italiana Autostrada. No mesmo ano, os EUA implantaram o Imposto de Equalização de Juros, que, deliberadamente, encarecia a tomada de capital no mercado norte-americano por meio de bônus estrangeiros para não-residentes. Isso deu grande impulso ao mercado de eurobônus, que não mais recuou. O volume de emissões de eurobônus rapidamente superou a oferta dos tradicionais bônus estrangeiros.

O incremento da emissão internacional de bônus entre 1980 e 1990 é apresentado no Quadro 2.6. Em 1982, as emissões internacionais de bônus — tanto estrangeiros quanto eurobônus — totalizaram US$78 bilhões; por volta de 1997 já eram de US$595 bilhões. Em meados dos anos 90, cerca de quatro quintos das emissões eram feitas a taxas fixas. Os títulos a taxas flutuantes (TTF), isto é, bônus a taxas de juros variáveis e bônus vinculados a ações, compreendiam o grosso do restante. O dólar americano é a principal moeda de denominação, seguido pelo iene e pelo marco alemão.

Quadro 2.6: Emissão internacional de bônus, 1982-97

	Valor das emissões (US$bilhões)		Valor das emissões (US$bilhões)
1982	78	1990	241
1983	76	1991	204
1984	107	1992	150
1985	168	1993	189
1986	226	1994	256
1987	177	1995	268
1988	226	1996	534
1989	263	1997	595

Fonte: Banco para Compensações Internacionais, *Annual Reports* (vários anos)

As novas emissões de eurobônus são feitas assim: o emitente designa um "gestor líder" — seja um banco de investimentos com o qual tenha estreitas ligações, seja o banco que ofereça os melhores termos — que organiza o consórcio de bancos que irá subscrever e vender os títulos. O consórcio é constituído por bancos de vários países: quanto mais cosmopolita for, maior o número de mercados cobertos. Mas a emissão em várias moedas aumenta o risco de movimentos monetários adversos, especialmente aumentos das taxas de juro ou depreciações cambiais. Para compensar os riscos mais diversificados dos emitentes, as comissões das subscrições de eurobônus são substancialmente maiores do que as das emissões de bônus estrangeiros.

Os vencimentos dos eurobônus dão-se, em geral, entre 5 e 15 anos, bem mais curtos dos que os 20 a 30 anos usuais para os bônus estrangeiros. O menor prazo torna-os atraentes para ricos investidores privados, que são importantes compradores de eurobônus, já que os vencimentos mais curtos representam maior estabilidade relativa de preços. Os rendimentos dos eurobônus seguem, em geral, as taxas vigentes no mercado de capitais internos da moeda em que são denominados.

Londres é o principal mercado em que são lançadas as novas emissões de eurobônus e também para a negociação secundária. O mercado é bastante desregulado: os eurobônus são títulos ao portador, o que significa que sua posse é considerada sinal de propriedade; isso atrai investidores que desejam permanecer anônimos por razões fiscais.

O montante anual do financiamento internacional líquido por meio de empréstimos bancários e de títulos internacionais ((euro)notas e eurobônus) de 1976 a 1997 é apresentado no Quadro 2.7. Embora ambas as formas de empréstimo tenham aumentado substancialmente, as formas securitizadas ultrapassam atualmente os empréstimos bancários, sendo que a proporção passou de 30% em meados da década de 1970 para mais de 50% no final dos anos 90.

Quadro 2.7: Financiamento anual líquido nos mercados internacionais, 1976-97 (em US$ bilhões)

	Empréstimos bancários internacionais líquidos	Aplicações líquidas no mercado monetário	Financiamento líquido com bônus e notas	Financiamento internacional líquido total (exclusive dupla contagem)
1976	70		30	97
1977	75		31	102
1978	90		29	113
1979	125		28	145
1980	160		28	180
1981	165		32	190
1982	95		59	145
1983	85		58	130
1984	90		86	145
1985	105		133	180
1986	205		171	295
1987	320		131	400
1988	260		159	350
1989	290		183	415
1990	430		164	515
1991	185		205	355
1992	165		151	245
1993	200		197	275
1994	190		286	415
1995	330		301	530
1996	405		540	745
1997	500	19	576	865

Fonte: Banco para Compensações Internacionais, *Annual Reports* (vários anos entre 1991 e 1997)

Mercado secundário de eurobônus

Uma consideração vital para os potenciais compradores de novas emissões é a existência de um mercado secundário ativo — um mercado para a negociação de títulos já emitidos. Tal negociação com eurobônus é realizada entre bancos, por telefone e computador, não havendo pregão ou bolsa organizada. Londres é o centro principal para a negociação de eurobônus, embora Luxemburgo também seja importante. Há dois sistemas de compensação que facilitam as transferências entre vendedores e compradores desses títulos: Euroclear, em Bruxelas, e Cedel, em Luxemburgo. Estas instituições oferecem financiamento bem como serviços de liquidação, fornecendo fundos para os formadores de mercado fazerem seguros de suas carteiras de títulos.

Os formadores de mercado são as principais figuras no mercado secundário de eurobônus. Estando sempre dispostos a comprar e vender, garantem a liquidez do mercado — a capacidade de comprar e vender títulos sem provocar movimentos adversos de preços. Contudo, os custos de desempenho desta função são consideráveis, e, de tempos em tempos, as operações de formação de mercado exigem subsídios cruzados entre lucros de emissão e de negociação de eurobônus.

O mercado de bônus integrou-se internacionalmente nos anos 80, quando decolaram as transações transfronteiriças. O estoque de bônus internacionais e de (euro)notas em circulação decuplicou, passando de US$259 bilhões, em 1982, para US$3,5 trilhões, em 1997. O maior componente do mercado internacional de bônus continua sendo os títulos da dívida do Tesouro dos EUA, que aumentaram expressivamente sua participação nas transações internacionais: entre 1983 e 1993, as vendas e aquisições agregadas transfronteiriças de títulos do Tesouro dos EUA aumentou de US$30 bilhões para US$500 bilhões.[4]

A globalização dos bancos de investimento e a concorrência pela posição de emissor de bônus levaram a um novo fenômeno: emissões de bônus globais, que são oferecidas simultaneamente nos principais mercados. Naturalmente, isto envolve consideráveis negociações e preparativos para superar obstáculos regulatórios e organizar efetivamente a comercialização; ainda assim, as emissões de bônus globais são atraentes tanto para quem emite quanto para quem investe:

- o grande número de potenciais compradores permite levantar grandes montantes de capital a taxas bastante razoáveis
- as grandes emissões, distribuídas de forma diversificada, têm alta liquidez no mercado secundário internacional
- a difusão do reconhecimento do tomador aumenta sua facilidade de levantar fundos no futuro

- há um valor mútuo na criação de um parâmetro de avaliação global

O Banco Mundial, que tem um apetite voraz por capital, foi o pioneiro na emissão de bônus globais no início dos anos 90. Estava em posição especial para fazê-lo, pois é uma agência internacional com classificação de crédito AAA. Além de levantar fundos a taxas mais baratas em nome dos países em desenvolvimento, estas emissões estabeleceram novos pontos úteis de referência financeira internacionais.

O MERCADO INTERNACIONAL DE AÇÕES

A negociação de ações domésticas é a tarefa tradicional das bolsas de valores. A negociação de ações *internacionais* — ações emitidas em outras bolsas de valores — é um fenômeno relativamente recente. É outra dimensão da evolução dos mercados globais, mas está menos desenvolvida do que o mercado de eurobônus. Evoluiu com a crescente atividade internacional de investidores e emissores.

A Bolsa de Valores de Londres foi pioneira em negociar ações internacionais por meio da SEAQ Internacional — sistema eletrônico de cotações para ações de fora do Reino Unido, criado nos anos 80. Os preços das ações são cotados na moeda de cada país emissor e as transações são liquidadas pelo sistema local de liquidação. A bolsa de Londres criou um negócio impressionante e, em 1993, o valor das ações internacionais ali negociadas superou o movimento de papéis domésticos.[5] Por volta de 1996, o movimento de ações internacionais em Londres era de US$865 bilhões, quase dois terços do movimento mundial de US$1.350 bilhões.[6]

A liderança londrina na negociação de ações sofre vigorosa concorrência por parte das principais bolsas européias. Há também um novo desafiante, a EASDAQ (Cotação Automatizada da Associação Européia de Corretores de Valores), um mercado europeu de balcão para ações com base na NASDAQ*, de Nova York, que funciona por computador. Foi lançada em 1996, como "um mercado de valores pan-europeu que congrega 12 países, dispondo de uma estrutura regulatória, regras de conduta e sistema de negociação e liquidação ininterrupto".[7]

Tendo suas ações cotadas em bolsas estrangeiras, as empresas internacionais têm a oportunidade de levantar fundos em diferentes mercados de

---

* NASDAQ: A National Association of Securities Dealers Automated Quotation System [Associação Nacional dos Corretores de Títulos] é um sistema informatizado americano para transações transfronteiriças de títulos com 180.000 terminais nos EUA, outros 25.000 operando no Canadá, Reino Unido, Suíça, Alemanha e França. (N.R.)

capitais, bem como ter suas ações negociadas localmente. Ações das principais empresas multinacionais, como General Electric, Exxon, Toyota Motor Corporation, IBM ou Nestlé, estão listadas em Londres bem como nas bolsas de seus países-sede. Nos EUA e em alguns outros países, a participação de ações estrangeiras é feita mediante o artifício de "recibos de depósitos de ações" — direitos sobre ações estrangeiras. O registro em múltiplas bolsas torna mais fácil para os investidores nacionais comprar ações estrangeiras, especialmente no caso de administradores de bens de terceiros [*trustees*] que estão proibidos de investir em papéis que não sejam cotados domesticamente. Contudo, o registro múltiplo é caro, uma vez que é necessário atender às exigências de cada bolsa, o que envolve preparar balanços e formulários de acordo com as especificações locais.

A integração internacional dos mercados de ações é restringida por diferenças de práticas contábeis dos países e pela falta de familiaridade com as empresas estrangeiras. Outro fator que pesa são as restrições ao nível de participação de ações estrangeiras nos fundos de pensão. Porém, o padrão está mudando à medida que as restrições vêm sendo amenizadas: entre o início dos anos 80 e meados dos 90, os fundos de pensão dos EUA aumentaram a participação de ações estrangeiras de 0,7% para 6% na composição de seus ativos; na Grã-Bretanha, essa participação passou de 10 para 20%, no mesmo período.

"Euroações" são ações internacionais lançadas em bolsas fora do país em que a empresa está sediada e denominadas em moeda estrangeira. São distribuídas internacionalmente por meio de consórcios multinacionais de bancos. Como títulos estrangeiros, são conceitualmente similares aos eurobônus; mas, na prática, tendem a retornar ao país de origem. Não há um mercado secundário específico para as euroações, que são negociadas em balcão pelo mercado de capitais do país da empresa-sede. As flutuações cambiais podem ser disruptivas a negociações com ações em múltiplas moedas.

NEGÓCIOS ELETRÔNICOS

Na década de 1980, os investidores de grande porte voltaram-se para a negociação por computador. No final dos anos 90, registra-se um aumento do uso da internet, por parte de investidores privados e profissionais, para negociar ações usando serviços exclusivos de execução de ordens a baixo custo de corretoras como a Charles Schwab. No verão de 1999, a Merryll Lynch, a principal corretora dos EUA, anunciou que também estava lançando um serviço de negociação de ações com desconto pela internet.

No final dos anos 90, a Bolsa de Valores de Nova York (NYSE), a maior bolsa de valores do mundo, era a única grande bolsa a ainda conduzir os negócios mediante pregões de viva voz. Mas a NYSE estava ameaçada não apenas pela NASDAQ, pioneira da negociação eletrônica, e que ocupa o segundo lugar nos EUA e no mundo no que se refere a negociação eletrônica, mas também por uma avalanche de novas "redes de comunicação eletrônica" (ECNs) que oferecem negócios a custos reduzidos. Outro desafio partiu das três principais corretoras dos EUA, Merryll Lynch, Goldman Sachs e Madoff Securities, que criaram uma nova bolsa eletrônica de ações, a Primex Trading. A NYSE respondeu com a ampliação de seus horários de pregão, mas muitos acreditam que esteja com os dias contados.

Derivativos financeiros

O mercado de derivativos financeiros é o mais novo e mais dinâmico dos mercados financeiros internacionais. "Derivativos" é a denominação genérica para um conjunto de instrumentos financeiros "derivados" de vários produtos. Os derivativos são utilizados para fazer *hedge* de riscos financeiros ou para apostar em variações de preços, de moedas e de taxas de juros. Não há, em momento algum, a intenção de tomar posse dos valores, moedas ou mercadorias subjacentes.

O mercado de derivativos teve início em 1972, quando a Chicago Mercantile Exchange (CME), bolsa de mercadorias que há muitos anos realizava negócios com contratos futuros, lançou um contrato futuro de moedas — o primeiro contrato futuro financeiro. O aumento da volatilidade das moedas, que se seguiu ao fim do sistema de Bretton Woods de taxas de câmbio fixas, provocou a demanda por um instrumento que permitisse às empresas, aos bancos e a outros agentes fazerem um seguro contra o risco cambial. As taxas de juros e os preços também tinham se tornado muito mais voláteis em conseqüência do aumento dos preços do petróleo, em 1973, e de outros fatores desestabilizadores. Em 1975, a Chicago Board of Trade, outra grande bolsa de futuros de Chicago e arqui-rival da CME, lançou o primeiro contrato futuro de taxa de juros. Os derivativos financeiros floresceram nos anos 80 e 90, e em meados desta década já havia ao redor do mundo 65 bolsas especializadas nesses instrumentos.[8]

O Quadro 2.8 apresenta a evolução do mercado global de derivativos financeiros na década de 1990. Os valores totais de mercado dos derivativos quintuplicaram, passando de US$7,9 trilhões em 1991 para assombrosos US$40,9 trilhões em 1997.

Quadro 2.8: Mercados para derivativos selecionados, 1991-97

	Valores em circulação no fim do ano (estimativas em US$bilhões)						
	1991	**1992**	**1993**	**1994**	**1995**	**1996**	**1997**
Instrumentos negociados em bolsa	3.519	4.634	7.771	8.863	9.188	9.885	12.207
— Futuros de taxas de juros	2.159	2.913	4.959	5.778	5.863	5.931	7.489
— Opções de taxas de juros[a]	1.073	1.385	2.632	2.624	2.742	3.278	3.640
— Futuros de câmbio	18	27	35	40	38	50	52
— Opções de câmbio	63	71	76	56	43	47	33
— Futuros de índices de mercado de ações	76	80	110	127	172	199	217
— Opções de índices de mercado de ações	133	159	230	238	329	380	776
Instrumentos de balcão	4.449	5.346	8.475	11.303	17.713	25.453	28.733
— *Swaps* de taxas de juros	3.065	3.851	6.177	8.861	12.811	19.171	22.115
— *Swaps* de câmbio[b]	807	860	900	915	1.197	1.560	1.585
— Opções de taxas de juros[c]	577	634	1.398	1.573	3.705	4.722	5.033
Total	7.968	9.980	16.246	20.166	26.901	35.338	40.940

Fonte: Banco para Compensações Internacionais, *Annual Reports*, 1997-98

[a] Opções de compra e de venda

[b] Corrigido para levar em conta o registro de ambas as moedas

[c] Opções de compra e de venda, *floors* e *swaptions*

"Derivativos" é o termo genérico que denomina um conjunto de instrumentos financeiros que se originam de outros instrumentos financeiros. Há três tipos de instrumentos importantes:

- futuros
- opções
- *swaps*

e cinco tipos de produto principal:

- taxas de juros
- câmbio
- índices de mercado de ações
- mercadorias
- crédito

Futuros

Os futuros financeiros são contratos que comprometem ambas as partes a transacionar um instrumento financeiro em uma data futura a um preço pré-estabelecido. São instrumentos negociáveis que podem ser transacionados em mercados futuros. Os contratos podem ser usados para fazer *hedge*, reduzindo a exposição ao risco a fim de diminuir perdas, ou para especular, aumentando a exposição ao risco na expectativa de obter lucro.

Opções

As opções financeiras são contratos que dão a seu detentor o direito de comprar ou vender um instrumento financeiro a um preço pré-estabelecido dentro de um período determinado. Não há obrigação de executar a transação. O detentor da opção pode lucrar com movimentos de preços favoráveis, tendo como único risco o prêmio pago, se os preços variarem adversamente. As opções são instrumentos negociáveis transacionados em mercados de derivativos.

Uma opção "comprada" confere o direito de comprar ao preço pré-estabelecido. São usadas para reduzir o risco de que os preços de um ativo tenham subido quando tiver que ser adquirido em algum momento do futuro. As opções compradas também são utilizadas para especular com a perspectiva de aumento de preço. As opções "vendidas" conferem a seu detentor o direito de vender a um preço pré-estabelecido. São usadas para reduzir o risco de queda de preços de ativos para seus detentores. Também são utilizadas para especular com quedas de preço.

Swaps

Swaps são transações em que duas partes trocam fluxos de pagamento. São empregados para converter uma exposição de mercado existente relativa a um empréstimo, um título, uma moeda ou uma taxa de juros em outra diferente. Os investidores recorrem aos *swaps* para alcançar um conjunto de objetivos do investimento, como aumentar o rendimento corrente (*yield pickup swap*), diversificação ou concentração de porta-fólio (*swap* de substituição ou *swap* de setor), obter melhor desempenho dos preços em caso de variações dos juros (*swap* de taxas de juros) ou minimizar o pagamento de impostos. Os bancos centrais recorrem às *swaps* a fim de obter moeda estrangeira para intervir no mercado cambial mediante acordos recíprocos de crédito de curto prazo.

Derivativos de taxa de juros

Futuros e opções de taxas de juros são formas de derivativos financeiros nas quais o contrato é relativo à taxa de juros sobre o ativo subjacente. *Swaps* de taxas de juros envolvem duas partes que trocam fluxos de pagamentos, onde a transação permite a um tomador de empréstimo com uma classificação de crédito relativamente fraca beneficiar-se do juro menor disponível para um tomador com melhor classificação — o qual cobra uma comissão pelo seu serviço.

Derivativos de câmbio

Futuros e opções de câmbio são formas de derivativo financeiro nas quais o contrato se refere à taxa de câmbio de uma moeda. *Swaps* de moeda envolvem a conversão de dois fluxos com a mesma taxa de juros em diferentes moedas.

Derivativos de índices de mercados de ações

Os futuros e opções de índices de mercados de ações são formas de derivativos financeiros nos quais os contratos são relativos ao movimento de tais índices, como Dow Jones, FTSE ou Nikkei. Os contratos de índices de mercados de ações são usados pelos investidores para se protegerem contra perdas em suas carteiras ou por especuladores desejosos de apostar nos movimentos dos mercados de ações.

Negociação de derivativos

Os participantes do mercado de derivativos financeiros incluem bancos, corretoras de títulos, tesourarias de empresas, formadores do mercado acionário, investidores institucionais, investidores privados, administradores de consórcios e distribuidores. Eles empregam os derivativos para três finalidades: fazer *hedge*, especular e fazer arbitragem, como a seguir:

- *Fazer hedge* é proteger uma posição de mercado contra movimentos adversos no futuro, sendo um meio de reduzir a exposição ao risco e às perdas potenciais
- *Especular* é apostar em movimentos de preço futuros para ganhar dinheiro. É um meio de aumentar a exposição ao risco, mas também de obter lucros potenciais ("atuar no mercado" é o termo elegante)
- *Fazer arbitragem* é (como já foi definido no Capítulo 1) lucrar com diferenciais de preços entre mercados de derivativos e de seus respectivos subjacentes.

Os derivativos são negociados de duas formas: em bolsas organizadas especializadas, como Chicago Mercantile Exchange, London Financial Futures Exchange (Liffe) e Deutsche Terminbörse, de Frankfurt, ou "em balcão"

(OTC)*. As vantagens da negociação em bolsa são liquidez, preços competitivos e proteção contra inadimplência. As transações de balcão são conduzidas diretamente entre bancos ou corretores. Como em outros mercados de balcão, os corretores especializados desempenham importante papel na promoção da liquidez e transparência do mercado.

Os contratos negociados em balcão podem adaptar-se melhor às necessidades de um cliente; de fato, nos anos 90, o volume dos instrumentos de balcão cresceu duas vezes mais rápido do que os instrumentos negociados em bolsa. Os principais instrumentos do mercado de balcão são os *swaps* de taxas de juros. Nas negociações em bolsa predominam os futuros e as opções de taxas de juros.

OURO

Ao longo da história da civilização o ouro tem sido usado como meio de troca — dinheiro — e como reserva de valor. Também é empregado em algumas indústrias, principalmente na eletrônica, odontológica e aeroespacial, além de na ourivesaria, dada sua maleabilidade, durabilidade e brilho. Mais ainda, o ouro tem sido tradicionalmente um instrumento especulativo, sendo mantido como *hedge* contra a inflação e a instabilidade política. Em tempos de crises diplomática ou econômica, a demanda por ouro expande-se, uma vez que se acredita que seja um repositório de valor mais seguro que o papel moeda.

Londres é o principal centro comercial e financeiro para o ouro. No século XVII, Londres já tinha papel destacado nos negócios com ouro; mas a corrida do ouro australiana, em 1852, e as descobertas de ouro nas minas da África do Sul, em 1886, cujas produções eram negociadas em Londres, consolidaram essa liderança.

Um aspecto famoso do mercado de ouro londrino é a "fixação" que tem lugar num banco mercantil, o Rothschilds, às 10:30 e 15 horas, todos os dias úteis. A determinação de preços, que teve início em 1919, conta com a participação de cinco outros integrantes do mercado de ouro: o Mocatta Group (uma divisão do Standard Chartered Bank), N.M. Rothschild; Deutsche Bank Sharps Pixley; Montagu Precious Metals (de propriedade do Hong Kong Shanghai Banking Corporation) e Republic National Bank de Nova York. Durante o processo, os participantes, ligados às suas mesas de operação por telefone, contabilizam todas suas ordens de "compra" e "venda". O

* A sigla OTC se refere à denominação em inglês desta forma de negociação: *at over the counter.* (N.R.)

preço em que o equilíbrio entre elas é alcançado é o de "fixação". Como preço indiscutível, a "fixação" londrina oferece um parâmetro global para as transações com ouro, seja a dos bancos centrais, a das mineradoras ou a dos usuários industriais.

O atrativo das negociações em Londres aumentou em 1987, quando o Banco da Inglaterra assumiu a responsabilidade formal pela supervisão do mercado atacadista de ouro em lingotes do Reino Unido. No mesmo ano foi criada uma nova associação industrial, a London Bullion Market Association (LBMA), que é integrada por 14 formadores de mercado e outros 46 membros. O mercado de Londres é também o local de "compensação" de muitas bolsas de ouro de todo o mundo.

Zurique é o principal centro atacadista de entrega e distribuição de ouro (em contraposição à liderança de Londres como centro de compensação). A proeminência de Zurique como centro de negociação de ouro mercadoria origina-se de seu papel histórico como mercado em que não havia restrições à detenção e ao comércio do ouro. Até 1999, o franco suíço era conversível em ouro, a última moeda importante sob padrão-ouro.

Os principais bancos suíços, o Crédit Suisse e o UBS, conduzem suas negociações internacionais com ouro de Zurique, onde têm suas próprias refinarias de ouro. A cada ano, cerca de mil toneladas de ouro mercadoria passam por Zurique, sendo os suíços os principais distribuidores para Itália, Turquia, Oriente Médio, sul da Ásia e Japão. A Suíça também é um centro importante para os investimentos em ouro por meio de bancos privados que, freqüentemente, mantêm parte de seus portfólios em ouro.

A New York Commodity Exchange (COMEX) é a principal bolsa de futuros e opções de ouro do mundo. Os contratos futuros, lançados em 1975, atingem, em média, 10 milhões ao ano, envolvendo um movimento de cerca de 30 mil toneladas de ouro, embora apenas uma pequena fração seja efetivamente entregue. As opções de ouro tiveram início em 1982.

Além da COMEX, vários bancos de Nova York são grandes participantes do mercado mundial de ouro, sobretudo Goldman Sachs, JP Morgan e Republic National Bank. Eles estão muito envolvidos nas exportações da produção de ouro dos EUA, principalmente para os mercados asiáticos.

Os mercados regionais de ouro desempenham importante papel na distribuição do ouro mercadoria. Os principais mercados regionais são Dubai, nos Emirados Árabes Unidos, que atende o Oriente Médio, e o subcontinente indiano; Cingapura, que atende Indonésia, Malásia, Tailândia e Coréia do Sul; e Hong Kong, voltado para a distribuição a Taiwan, China Continental, Vietnã e Coréia do Sul. Hong Kong é especialmente importante tanto pelo volume negociado quanto por ser o primeiro mercado a abrir, o que dá a perspectiva para o dia.

Estima-se que antes da corrida ao ouro da Califórnia, em 1848, cerca de 10 mil toneladas de ouro tivessem sido produzidas ao longo da história. Atualmente, um século e meio depois, há aproximadamente 130 mil toneladas de ouro no mundo. Cerca da metade são manufaturas, principalmente jóias. O segundo grande estoque são as perto de 36 mil toneladas nas reservas dos bancos centrais e outras instituições governamentais.

O preço do ouro atingiu seu máximo em 1980, US$800 a onça. Desde então tem-se registrado um declínio contínuo, chegando a US$260 por onça no final dos anos 90. Os preços elevados permitiram investir em nova produção, aumentando a disponibilidade. A queda também reflete a perda de posição do ouro como ativo de reserva. As turbulências financeiras na Ásia, Rússia e América Latina não conseguiram aumentar os preços do metal, prejudicando a posição do ouro como "porto seguro". "Embora o ouro sempre tenha sido considerado um bom ativo", diz Eddie George, governador do Banco da Inglaterra, "atualmente está sendo visto como a pior opção".[9] Nos anos 90, os bancos centrais começaram a vender parte de suas reservas de ouro, deprimindo ainda mais os preços. Dentre eles, os da Argentina, Austrália, Bélgica, Canadá, Holanda, Reino Unido e Suíça desfizeram-se de 4,3 mil toneladas. Discutiu-se ainda se o FMI deveria vender 300 toneladas de seu ouro e se a receita deveria ser utilizada para liquidar parte da dívida dos países devedores mais pobres do mundo.

Em resumo

Em 1998, o mercado cambial global registrava um movimento de US$1.490 bilhões ao dia. Os empréstimos bancários nos mercados de euromoeda totalizavam US$5.285 bilhões em 1997. As emissões de bônus internacionais de longo prazo somavam US$595 bilhões em 1997. O movimento de ações internacionais era de US$1.350 bilhões em 1996 e o volume de derivativos financeiros em circulação em 1997 era de US$40,9 trilhões. Os mercados financeiros internacionais não são apenas grandes: eles ficam maiores a cada ano.

Leituras adicionais

Banco para Compensações Internacionais, *Annual Reports.*

Eng, Maximo V.; Lees, Francis A. e Mauer, Laurence J., *Global Finance* (Nova York: HarperCollins, 1995).

Johnson, R.B., *The Economics of the EuroMarket: History, Theory, Policy* (Londres: Macmillan, 1983).

Tucker, Alan, Madura, Jeff e Chang Thomas. *International Financial Markets* (Nova York: West, 1991).

Walmsley, Julian, *International Money and Foreign Exchange Markets: An Introduction* (Chichester: John Wiley, 1996).

Notas e referências

Na lista abaixo qualquer referência a um autor isoladamente deve ser considerada como referência ao trabalho incluído nas "Leituras adicionais", listadas acima.

1. Banco para Compensações Internacionais, *Central Bank Survey of the Foreign Exchange and Derivatives Market*, 1998 (Basiléia, 1999).
2. *Fact Book for the Year 1996* (Nova York, NYSE, 1997).
3. Banco para Compensações Internacionais, *Central Bank Survey of the Foreign Exchange and Derivatives Market*, 1995 (Basiléia, 1999).
4. Banco para Compensações Internacionais, *Annual Report,* 1996.
5. Banco da Inglaterra, "Foreign equity turnover in London", *Quarterly Bulletin,* fevereiro de 1997.
6. *Fact Book for the Year 1996* (Nova York: NYSE, 1997) £519 foram convertidos a US$1.65 = £1.
7. "First anniversary advertisement", *Financial Times,* 27 de novembro de 1997.
8. Banco para Compensações Internacionais, *Annual Report,* 1997-98.
9. *Financial Times,* 13 de dezembro de 1997.

CAPÍTULO 3
Bancos Comerciais Internacionais

INTRODUÇÃO

Os bancos comerciais são os principais atores dos mercados financeiros internacionais. Desde os anos 60, os negócios bancários internacionais cresceram aceleradamente tanto em termos de escala como de escopo, desenvolvendo uma ampla gama de serviços e atividades. Os anos recentes testemunharam uma onda de fusões entre estes bancos, impulsionadas por fatores como concorrência, globalização, tecnologia e desregulamentação, gerando figuras maiores e mais poderosas.

OS BANCOS E SEUS NEGÓCIOS

A essência dos negócios dos bancos comerciais é o recebimento de depósitos e a concessão de empréstimos. Contudo, os bancos comerciais também oferecem vários outros serviços financeiros, como câmbio, seguros e cartões de crédito. Os bancos comerciais operam em nível atacadista e varejista. As atividades varejistas dizem respeito ao atendimento ao público em geral e às pequenas empresas, tradicionalmente por meio de uma rede de agências; envolvem grande volume de transações de pequeno valor. As atividades atacadistas dizem respeito a negócios com outros bancos (comerciais e de investimento), bancos centrais e outras instituições financeiras, principalmente o mercado interbancário — onde os bancos concedem e tomam empréstimos entre si. As atividades atacadistas envolvem um número relativamente reduzido de transações de alto valor. A atividade dos bancos comerciais internacionais é, fundamentalmente, atacadista.

A gama de atividades conduzidas pelos bancos comerciais varia de país para país. Nos EUA e no Reino Unido, os bancos comerciais, que aceitam depósitos e fazem empréstimos, são em geral entidades separadas dos bancos de investimento e dos bancos mercantis, cujas atividades se concentram na subscrição de papéis e outras do mesmo gênero (ver Capítulo 4). Nos EUA a separação é uma exigência legal determinada pela lei Glass-Steagal, ao passo que no Reino Unido decorre do costume.

Bancos múltiplos, como os existentes na Alemanha e na Suíça, aceitam depósitos, concedem empréstimos e também subscrevem papéis e desempenham várias outras atividades como seguros, gestão de investimentos, além de prestarem serviços de assessoria empresarial. Em outros países o sistema bancário combina elementos de ambos os modelos. Cada vez mais, a diversificação dos negócios bancários está se tornando a norma para os bancos internacionais. No Reino Unido, o "Big Bang" — a desregulamentação do mercado de títulos em 1986 — foi acompanhado pela inclusão das atividades de investimento no âmbito dos bancos comerciais e foi seguido pelo virtual desaparecimento dos bancos mercantis especializados (ver Capítulo 4). Até nos EUA, a lei Glass-Steagal perdeu força e é esperada sua revogação. A legislação bancária da União Européia reflete a idéia de que o banco universal é a forma relevante.

ATIVIDADE BANCÁRIA INTERNACIONAL

A atividade bancária internacional tem duas dimensões: os serviços bancários internacionais e os bancos multinacionais.

"Serviços bancários internacionais" representam o atendimento das necessidades internacionais de clientes como importadores, exportadores ou viajantes, no país ou no exterior. Para tanto, muitos bancos mantêm relações de "correspondência" com um conjunto de bancos no exterior. Como correspondentes, os bancos agem como agentes locais uns dos outros. Fazem e recebem pagamentos, mantém depósitos mútuos e assim por diante. Caso desenvolvam-se relações mais estreitas, podem oferecer outros serviços como informar a classificação de crédito de seus clientes e até passar negócios uns aos outros. A relação de correspondência é a forma mais rudimentar de atividade bancária internacional. Com a maior integração da economia internacional, os bancos passaram a ter presença própria nos mercados externos.

A atividade bancária multinacional assume várias formas:

- *Subsidiária* Uma subsidiária estrangeira é uma entidade legal inteiramente distinta do banco matriz. Pode ser de propriedade total da matriz ou ter acionistas locais. Pode ter sido constituída especialmente ou por aquisição de um banco existente. As subsidiárias estão autorizadas a empreender toda a gama de atividades bancárias.
- *Filial* Uma filial no exterior é um desdobramento de propriedade total do banco matriz, embora submetida a jurisdições regulatórias locais. A

responsabilidade da matriz pelos prejuízos operacionais permite à filial obter autorização para conduzir todo o espectro das atividades bancárias. O desenvolvimento de um sistema de filiais no exterior permite aos bancos internacionais atender localmente corporações multinacionais clientes. Uma rede internacional também permite aos bancos participarem de forma mais sofisticada dos mercados financeiros internacionais, negociando ao longo de todos os fusos horários de modo a tirar partido da evolução do mercado, reduzindo, assim, o risco de estar mal posicionado.

- *Agência* Uma agência assemelha-se a uma filial em termos das responsabilidades do banco matriz. Contudo, as agências não podem captar depósitos locais. As agências são instituídas quando os governos hospedeiros não permitem aos bancos estrangeiros a abertura de filiais. Também pode ser usada quando a principal atividade da operação local é a concessão de empréstimos e o padrão dos empréstimos é tal que uma filial autorizada a captar depósitos acabaria por infringir as normas bancárias — por exemplo quando há uma grande exposição de empréstimos a poucos clientes.
- *Escritório de representação* Os escritórios de representação funcionam como pontos de contato com bancos e clientes locais, mas não podem captar depósitos ou fazer empréstimos. São criados quando os governos-hóspede não permitem aos bancos estrangeiros abrirem subsidiárias ou filiais, ou como preparação para a criação de uma representação mais completa como uma subsidiária ou filial.
- *Banco consorciado* É um banco cuja propriedade está distribuída entre vários bancos e empreende atividades bancárias diferentes daquelas desenvolvidas pelos bancos acionistas. Nos anos 70 muitos bancos deste tipo foram criados para participar dos mercados de euromoedas, especialmente em Londres. Foram prejudicados quando os bancos acionistas começaram a operar por conta própria com euromoedas.
- *Corporação Edge Act* É um tipo especial de instituição dos EUA para a condução de atividades bancárias internacionais. São empresas autorizadas pelo governo federal americano para atuar conforme a Lei Edge de 1919. Prestam serviços de câmbio, de financiamento comercial e operações de mercado monetário. Oferecem meios para que bancos americanos e estrangeiros operando nos EUA contornem a legislação restritiva às atividades bancárias interestaduais.
- *Instrumentos bancários internacionais* [*International banking facility (IBF)*] É um artifício contábil que permite aos bancos americanos concorrerem por depósitos internacionais e concessões de empréstimos externos em dólares. As IBFs permitem captar depósitos em dólar no estrangeiro

sem infringir as exigências de reservas ou as restrições interestaduais da legislação americana. Foram criados em 1981 para permitir aos bancos de Nova York e de outros centros financeiros dos EUA concorrerem nos mercados de euromoedas (ver Capítulo 7).

A EVOLUÇÃO DAS ATIVIDADES BANCÁRIAS INTERNACIONAIS

As atividades bancárias internacionais têm uma longa história. Na Idade Média, o famoso Banco Médici, de Florença, operava por toda a Europa com oito escritórios e uma equipe de 57 pessoas. Atualmente, o Citicorp opera em todo o mundo com 170 mil funcionários em 100 países e territórios.

As atividades bancárias cresceram acentuadamente na década de 1960. Os bancos americanos assumiram a liderança, estabelecendo operações no exterior para atender seus clientes empresariais americanos que estavam expandindo rapidamente suas atividades multinacionais. Um motivo adicional era participar do florescente mercado de euromoedas, especialmente em Londres e outros centros no exterior (ver Capítulo 6). Em 1960, oito bancos americanos tinham 124 filiais no exterior, com ativos avaliados em US$12 bilhões. Em 1970, 79 bancos americanos tinham 532 filiais no exterior, cujos ativos somavam US$145 bilhões. Entre 1963 e o fim da década o montante de "ativos bancários internacionais" — ativos em moedas estrangeiras de bancos internacionais, uma medida das atividades bancárias sem euromoedas compilada pelo Banco para Compensações Internacionais — aumentou de US$12 bilhões para US$70 bilhões, uma taxa média anual de 29% (ver Quadro 3.1).

Quadro 3.1 Ativos bancários internacionais, 1963-97* (US$bilhões)

Ano	Ativos	Ano	Ativos	Ano	Ativos
1963	12	1975	289	1987	4.155
1964	14	1976	341	1988	4.509
1965	18	1977	419	1989	5.139
1966	26	1978	549	1990	6.253
1967	31	1979	834	1991	6.240
1968	45	1980	1.010	1992	6.196
1969	70	1981	1.196	1993	6.516
1970	92	1982	1.513	1994	7.110
1971	114	1983	1.573	1995	8.072
1972	149	1984	2.153	1996	8.299
1973	215	1985	2.511	1997	8.935
1974	247	1986	3.219		

Fonte: Banco para Compensações Internacionais, *Annual Reports* (vários anos)
* Ativos em moeda estrangeira dos bancos informantes

A década de 1970 e o início da seguinte testemunharam o rápido crescimento das filiais multinacionais e da atividade bancária com euromoedas, estimulada pela grande demanda por empréstimos dos países importadores de petróleo e pelo surgimento de um mercado de empréstimos consorciados. A expansão internacional dos bancos americanos continuou e, por volta de 1980, havia 159 bancos americanos com 787 filiais e ativos de US$311 bilhões. Os bancos europeus, japoneses e de outros países (sobretudo Canadá e Austrália) também estabeleceram operações no exterior a fim de participar do lucrativo negócio da reciclagem de petrodólares. Muitos deles estabeleceram-se nos EUA, especialmente em Nova York: o número de bancos estrangeiros na cidade aumentou de 73, em 1973, para 323, em 1985. O montante dos ativos estrangeiros de bancos internacionais aumentou, entre 1970 e 1982, de US$92 bilhões para US$1.513 bilhões, implicando uma taxa de crescimento anual médio de 22%.

O início da crise internacional da dívida, em 1982, quando o México e outros devedores soberanos registraram problemas de pagamento, desencadeou uma redução do ritmo de crescimento dos ativos em moeda estrangeira dos bancos internacionais e da criação de filiais multinacionais. Os bancos ocidentais passaram a recear emprestar a países em desenvolvimento mas não às empresas multinacionais em rápida expansão. De 1983 ao fim daquela década, os ativos em moeda estrangeira dos bancos internacionais cresceram de US$1.573 bilhões para US$6.253 bilhões, uma taxa média anual de 15%.

A desaceleração do ritmo de expansão de filiais de bancos internacionais foi mais acentuada especialmente pela retração da representação internacional de alguns dos bancos americanos. O número de filiais de bancos americanos caiu de 864 em 1985 para 703 em 1992. Outro fator que contribuiu para a desacelaração de meados dos anos 80 foi o fato de que os principais bancos internacionais já tinham estabelecido sua presença nos principais centros financeiros internacionais. Ainda assim criaram-se algumas novas filiais, já que bancos de economias em desenvolvimento acelerado, como os tigres asiáticos, se expandiram para o exterior.

Em 1991 e 1992, a recessão dos países industrializados reverteu a expansão dos ativos plurimonetários dos bancos internacionais, que seria retomada logo a seguir. Entre 1990 e 1997, os ativos dos bancos internacionais aumentaram de US$6,2 trilhões para US$8,9 trilhões, um crescimento médio anual de 7%. O ritmo mais lento de expansão dos ativos dos bancos internacionais em meados dos anos de 1990 refletiu o aumento do uso da emissão de títulos como alternativa ao financiamento bancário — o que é conhecido como "securitização". De fato, a securitização e outras inovações foram apenas formas diferentes de fazer negócios por parte dos bancos comerciais internacionais. O relatório anual do Banco para Compensações Internacionais de 1996-97 observou:

> Apesar do crescimento mundial da securitização, os bancos comerciais conseguiram, de modo geral, manter sua posição dominante no centro do sistema financeiro por meio de uma gestão mais ativa de seus ativos e passivos; da oferta de novos serviços que não se refletem no balanço patrimonial; e da aquisição de corretoras e fundos de investimento. Por seu turno, os bancos de investimento entraram em áreas até então dominadas pelos bancos comerciais, como os empréstimos consorciados e a avaliação de risco de crédito. Estas tendências destacaram a convergência entre bancos comerciais e de investimento num momento em que ambos os grupos enfrentam concorrência em seu próprio território por parte de outros participantes do mercado.

Atividades dos bancos comerciais internacionais

As atividades tradicionais dos bancos comerciais internacionais são:

- *Financiamento comercial* Financiamento de importações e de exportações na forma tradicional de "letras de câmbio" — documento bancário entre as partes* garantido por um banco; o endosso de pagamento que o transforma em instrumento negociável — ou por outros meios
- *Negociação com moedas* Operações de câmbio (ver Capítulo 2)
- *Empréstimo ao exterior* Outorga de empréstimos a clientes no exterior

Os anos 60 e 70 testemunharam o desenvolvimento de novas atividades nos euromercados:

- *Negociação com euromoedas* Atividades de corretagem envolvendo euromoedas
- *Empréstimos consorciados* Participação de grupos de bancos na concessão de empréstimos em euromoedas (ver Capítulo 2)
- *Eurobônus* Subscrição de emissões em nome de empresas e governos e negociação de eurobônus (ver Capítulo 2)

Várias outras inovações financeiras surgiram nas décadas de 1980 e 1990:

* Em inglês um *IOU*, ou seja, *I owe you*: "eu devo a você". (N.R.)

- *Derivativos e formas de financiamento inovadoras* Criação e negociação de novos instrumentos, incluindo *note issuance facilities* (NIFs) [instrumentos de emissão de títulos] — uma forma de eurocrédito de médio prazo com garantia de um banco — e futuros, opções e *swaps* financeiros.
- *Operações no mercado monetário global* Negociações contínuas no mercado monetário com instrumentos como os títulos do Tesouro dos EUA, efetuadas mediante operações seqüenciadas de filial para filial ou, às vezes, por uma mesa de operações centralizada que funciona 24 horas.
- *Custódia global* Liquidação de títulos e serviços de gestão para administradores de fundos e outros grandes investidores (estima-se que ativos no total de US$50 trilhões estejam sob custódia em todo o mundo).[1]
- *Negócios bancários privados globais* Oferta de serviços bancários e financeiros dirigidos para pessoas ricas; este mercado envolve um montante estimado em US$23 trilhões.[2]

OS MAIORES BANCOS DO MUNDO

Nos anos 60, os bancos americanos encabeçavam a lista dos maiores bancos do mundo, seguidos por bancos do Canadá e do Reino Unido. Nos anos 70 entraram na lista alguns bancos franceses, alemães e japoneses cujas taxas de crescimento superavam suas contrapartes anglo-saxônicas. As décadas de 1980 e 1990 testemunharam o domínio dos primeiros lugares pelos bancos japoneses. Mas, em meados da década de 1990, os problemas da economia e do sistema financeiro japoneses refletiram-se no desempenho desses bancos.

O Quadro 3.2 apresenta uma lista dos 20 maiores bancos, em 1997, classificados segundo "capital de nível 1"* — capital próprio mais reservas publicadas — (colunas à esquerda). Os dados são extraídos do levantamento dos 1.000 maiores bancos do mundo que a publicação *The Banker*, divulga todo mês de julho. Os 20 maiores segundo o capital de nível 1 compreendem seis bancos japoneses, quatro americanos, quatro do Reino Unido, dois suíços, dois holandeses, um francês e outro alemão. Em magnitude vão do HSBC, com US$27,3 bilhões de capital de nível 1 ao Halifax Bank, com US$11,9 bilhões.

The Banker também divulga uma classificação anual dos bancos mais internacionalizados, segundo a proporção de seus ativos no exterior.[3] Os 20

---

* Capital de nível 1: classificação, segundo o Acordo de Basiléia, para avaliação do capital dos bancos. O nível 1 equivale ao capital próprio mais reservas. (N.R.)

bancos mais internacionalizados estão apresentados no Quadro 3.2 (colunas da direita) e incluem quatro bancos americanos, três bancos suíços, dois franceses, dois irlandeses, dois do Reino Unido, e um de cada dos seguintes países: Austrália, Áustria, Bélgica, Canadá, Alemanha, Itália, Holanda. Nenhum banco japonês figura nessa lista, apesar de sua importância na classificação segundo o capital de nível 1, o que reflete sua orientação para atividades domésticas. O grau de internacionalização dos bancos vai desde o American Express Bank, com 79,9% de seus ativos no exterior, até o Bank of Ireland Group, com quase metade dos ativos no exterior.

Seis bancos aparecem em ambas as classificações, tendo posições de destaque tanto em capital quanto em proporção de negócios no exterior. São eles: ABN Amro Bank, Citicorp, Crédit Suisse, Deutshe Bank, HSBC Holdings e UBS.

Quadro 3.2: Classificação dos bancos internacionais

Classificação	Capital de nível 1		Ativos no exterior	
	Banco	US$	Banco	%
1	HSBC Holdings	27,3	American Express Bank	79,9
2	Chase Manhattan Corp	22,5	Standard Chartered	74,0
3	Crédit-Agricole Indosuez	22,2	Crédit Suisse Group	73,0
4	Citicorp	21,2	UBS	68,4
5	Bank of Tokyo-Mitsubishi	18,5	Swiss Banking Corp	67,2
6	Deutsche Bank	17,3	HSBC Holdings	65,0
7	BankAmerica Corp	17,2	Citicorp	63,0
8	ABN Amro Bank	15,8	Bank Austria-Creditanstalt	57,3
9	Sumitomo Bank	14,7	ABN Amro Bank	57,0
10	Dai-Ichi Kangyo	14,4	Paribas	55,0
11	Fuji Bank	14,0	Crédit Lyonnais	53,8
12	Sanwa Bank	13,8	Kredietbank	53,1
13	Nationsbank	13,5	Allied Irish Banks	53,0
14	UBS	13,5	JP Morgan	52,7
15	Barclays	13,0	Deutsche Bank	52,6
16	Crédit Suisse Group	12,9	Bankers Trust	51,8
17	Sakura Bank	12,9	National Australia Bank	50,7
18	Rabobank Nederland	12,6	CIBC	49,0
19	National Westminster Bank	12,3	Banca Commerciale Italiana	43,6
20	Halifax	11,9	Bank of Ireland Group	48,1

Fontes: Tier-one Capital: *The Banker*, julho de 1997. Business Overseas, *The Banker*, fevereiro de 1999

REGULAMENTAÇÃO

A atividade bancária é objeto de uma regulamentação muito mais rigorosa do que a maioria das demais atividades, dado seu papel crucial para a economia como um todo e devido às pressões econômicas e políticas para salvaguardar os fundos dos depositantes. Os bancos têm que atender normas específicas e conduzir seus negócios dentro dos limites determinados pelas autoridades competentes. No século XX, a incidência de quebras de bancos declinou nas economias ocidentais, e a melhor regulamentação é uma das explicações para o fato.

Contudo, também é possível argumentar que as salvaguardas estabelecidas pelos governos para os depositantes — seja explicitamente, por meio de seguros de depósitos, seja implicitamente, ao admitir que os bancos não podem quebrar — tornam os bancos sujeitos a assumir riscos maiores. Estima-se que os contribuintes franceses tenham pago US$25 bilhões para salvar do desastre o Crédit Lyonnais em função do comportamento irresponsável de seus administradores nas décadas de 1970 e 1980, período em que o banco estatal adquiriu, entre outras coisas, um estúdio de Hollywood. Mas isso foi uma gota no oceano quando comparado ao custo com o qual os contribuintes japoneses foram obrigados a arcar em função do prejuízo de cerca de US$345 bilhões em empréstimos duvidosos de seus 18 maiores bancos.

ADEQUAÇÃO DE CAPITAL

A relação entre o montante de capital de um banco e o montante de seus empréstimos desempenha importante papel na salvaguarda da solvência bancária e na proteção aos depositantes. Durante muitos anos, vários países tinham leis que estipulavam níveis prudentes de capital para os bancos. Mas a expansão das filiais multinacionais de bancos minou a confiabilidade dos coeficientes nacionais de adequação de capital como salvaguarda, e tem-se registrado uma tendência das filiais no exterior operarem com níveis mais elevados de empréstimos do que suas matrizes. Várias falências de destacados bancos chamaram atenção para os problemas regulatórios criados pela expansão das operações bancárias internacionais: o colapso do Intra Bank, do Líbano, em 1967; do alemão Bankhaus Herstatt, em 1974, devido a perdas cambiais; do Franklin National Bank, de Nova York, naquele mesmo ano e também provocado por perdas cambiais maciças; e o italiano Banco Ambrosiano, em 1982.

A crescente preocupação com o problema de adequação de capital em uma era de atividades bancárias internacionais levou aos Tratados de Basiléia de 1975 e 1983, assim chamados em função da localização da sede do Banco para Compensações Internacionais, que desempenhou papel fundamental em sua negociação. As autoridades financeiras mais importantes concordaram que, em caso de uma crise de solvência de um banco internacional, o banco central do país em que se localizasse sua matriz deveria agir como prestamista de última instância. Em 1988, um novo Acordo de Basiléia foi firmado com disposições novas e mais abrangentes para a adequação de capital com base em critérios de avaliação de risco. Foram estabelecidos critérios comuns para a definição do capital bancário e para o cálculo do nível de risco dos ativos de um banco; contém também uma tabela de coeficientes mínimos entre capital e risco dos ativos.

A necessidade urgente de um sistema mais abrangente e rigoroso de regulação dos negócios bancários internacionais foi demonstrada pelo colapso do Bank of Credit and Commerce International (BCCI), em 1991 (ver Capítulo 10). Registrado em Luxemburgo e sediado em Londres, com atividades em centros financeiros de todo o mundo, o BCCI estava estruturado de forma a tornar impossível a qualquer autoridade reguladora nacional investigar o quadro completo de suas atividades. Seu colapso e a imediata revelação de fraudes de grande extensão foram um dos fatores a impulsionar a implantação completa do Acordo de Basiléia, em 1992.

Todavia, o acordo foi criticado por não levar na devida conta a qualidade dos riscos assumidos, com o que se exigia o mesmo montante de capital para riscos mais altos e mais baixos. Isto incentivaria os bancos a assumirem maiores riscos devido à possibilidade de maiores retornos. Esta seria uma das razões para os grandes empréstimos feitos pelos bancos internacionais aos mercados emergentes nos anos 90 e seu fracasso no verão de 1998. A revisão do Acordo de Basiléia tenta adequar melhor o risco dos empréstimos às exigências de capital por dois meios: primeiro, utilizando mais intensamente as avaliações de risco das agências de classificação de crédito; segundo, por meio dos próprios modelos de gestão de risco já aplicados pelos bancos. O novo regime vigorará a partir de 2002.

TENDÊNCIAS E DESAFIOS

A atividade dos bancos comerciais está registrando várias pressões por mudanças: liberalização dos mercados financeiros, "desintermediação", tecnologia dinâmica; conglomeração e globalização. Combinadas, estas forças estão gerando poderosas pressões para a fusão de bancos buscando a obtenção de economias de escala.

Liberalização

A liberalização dos mercados financeiros provoca maior concorrência tanto por parte de outros bancos quanto de não-bancos. Na Europa, a moeda única está erodindo as fronteiras bancárias nacionais e promovendo a concorrência de outros bancos. Nos EUA, os bancos interestaduais estão se tornando lugar comum. Empresas especializadas em cartões de crédito concorrem pela concessão de empréstimos. Os supermercados e outras empresas orientadas para os consumidores oferecem serviços bancários junto com o feijão.

Nos mercados emergentes, a oferta de serviços financeiros pelos bancos multinacionais oferece perspectivas atraentes de expansão e de altos retornos. Mas aqui também, a concorrência de bancos internacionais e nacionais foi revigorada pela recente privatização.

Desintermediação

"Desintermediação" significa a dispensa dos serviços dos intermediários financeiros tradicionais por compradores e vendedores de serviços financeiros. No varejo, as pessoas estão deslocando seus fundos dos depósitos à vista para fundos mútuos que pagam juros. As empresas estão emitindo títulos e não tomando empréstimos bancários (securitização).

Tecnologia dinâmica

A tecnologia está transformando rapidamente os serviços que os bancos podem oferecer e os meios de fazê-lo. O banco por telefone e o banco por computador já se firmaram e o banco por internet acelera sua expansão à medida que mais residências se ligam à rede e que os problemas de segurança são superados. Antecipa-se que o banco por internet deverá alterar visceralmente a economia das atividades bancárias, uma vez que é um meio bem mais barato de oferecer serviços bancários do que o oferecido pelas agências tradicionais. Isto coloca para os bancos o problema do que fazer com suas onerosas filiais, especialmente na Europa continental, onde é impossível reduzir substancialmente as redes de agências devido à legislação trabalhista.

Conglomeração

A desregulamentação está mudando o escopo da integração horizontal e vertical entre bancos e outras instituições financeiras, criando novas instituições financeiras híbridas e abrindo o caminho para a entrada de novos atores. Os bancos estão adquirindo companhias de seguro e empresas de administração de fundos para poder vender seguros e produtos para aplicações em suas onerosas redes de agências.

Globalização

Mais e mais bancos estão se tornando multinacionais e estabelecendo presença direta em outros mercados. Uma notável tendência observada no final dos anos 90 é a da aquisição de bancos na Ásia e na América Latina por parte de bancos europeus, como por exemplo a compra do Banco Excel Econômico, o quinto maior banco brasileiro, pelo Banco Bilbao Vizacaya, e a compra do Bank of Asia, um banco tailandês, pelo ABN Amro.

Mas o Citibank (o braço comercial do Citigroup) é, de longe, o líder dos bancos comerciais internacionais. Já está estabelecido em 100 países, tendo como objetivo atingir um bilhão de clientes em todo o mundo por volta de 2010.

Fusões e aquisições

As pressões enfrentadas pelos bancos comerciais constituem fortes incentivos para as fusões e aquisições. Uniões podem dar lugar a cortes de custos e obtenção de economias de escala, além de, em certa medida, aliviar pressões competitivas. Mais ainda, ao alcançar maior dimensão, o próprio banco torna-se menos vulnerável à aquisição por um rival.

O final da década de 1990 presenciou uma onda de união de bancos em todo o mundo. Nos EUA, houve várias megafusões cujos resultados foram o Citigroup, o maior banco da América com maior capitalização de mercado, algo em torno de US$140 bilhões (fusão do Citicorp com o Travelers Group); Bank América, US$120 bilhões (fusão do BankAmerica com o NationBank); Chase Manhattan, US$75 bilhões (fusão do Chase Manahattan com o Wells Fargo). No Japão, a união do Bank of Tokyo com o Mitsubishi Bank, como Bank of Tokyo-Mitsubishi, gerou o maior banco do mundo em termo de ativos. Muitos outros países da Ásia e da América Latina também estão registrando crescente concentração de seus setores bancários.

Na Europa, uma onda de fusões está se verificando em muitos países. O UBS, resultado da fusão entre o Swiss Bank Corporation e o Union Bank of Switzerland, é um dos maiores bancos do mundo. Na Bélgica, na Alemanha, na Itália, na Espanha e no Reino Unido também está ocorrendo uma intensa concentração bancária. A aquisição do Republic Bank of New York por US$10 bilhões pelo HSBC, na primavera de 1999, reforçou sua liderança mundial em termos de capitalização de mercado. Na França, o Banque Nationale de Paris adquiriu o banco de investimento Paribas, depois de uma acirrada disputa com o Société Générale, criando um novo banco múltiplo francês.

Um fator especial a orientar a consolidação bancária européia é o euro, que tornou a Eurolândia um mercado de moeda única. Até aqui, o movimento de consolidação tem se dado principalmente dentro dos mercados bancários nacionais tradicionais, mas a próxima onda de fusões bancárias transfronteiriças deverá causar profundas modificações no panorama bancário europeu.

Em resumo

Há dois tipos de bancos, bancos comerciais e bancos de investimento, embora esta distinção tenha se tornado cada vez menos visível e o banco múltiplo (híbrido) esteja se tornando a norma. A essência da atividade dos bancos comerciais é a captação de depósitos e a concessão de empréstimos. Os bancos internacionais operam principalmente nos mercados financeiros atacadistas. A partir da década de 1960, suas atividades expandiram-se rapidamente em escala e escopo. A crescente preocupação com o sistema bancário internacional provocou iniciativas multilaterais para estabelecer padrões rigorosos e universais de prudência conhecidos como Acordos de Basiléia. Em todo o mundo, a concorrência entre bancos e não bancos, a tecnologia e a desregulamentação estão incentivando fusões entre bancos. O resultado são bancos cada vez maiores, inicialmente dentro de seus sistemas nacionais, mas que acabarão cruzando as fronteiras nacionais.

Leituras adicionais

Eng, Maximo V., Lees, Francis A., and Mauer, Laurence J., *Global Finance* (Nova York: HarperCollins, 1995).

Gibson, Heather D., *International Finance: Exchange Rates and Financial Flows in the International System* (Londres: Longman, 1996).

Heffernan, Shelagh, *Modern Banking in Theory and Practice* (Chichester: John Wiley, 1997).

Notas e referências

Na lista abaixo qualquer referência a um autor isoladamente deve ser considerada uma referência ao trabalho incluído nas "Leituras adicionais", listadas acima.

1. *Financial Times,* 10 de julho de 1998.
2. *Financial Times,* 9 de novembro de 1998.
3. *The Banker,* fevereiro de 1999.

CAPÍTULO 4

Bancos de Investimento Globais

INTRODUÇÃO

Os bancos de investimento exercem quatro atividades principais:

- *Levantar capital* Subscrição, estruturação e venda de ações e títulos de dívida para pessoas jurídicas, governos e instituições
- *Negociar* Determinação de preços de compra e de venda de títulos de investidores e operações de tesouraria do próprio banco
- *Gestão financeira institucional* Consultoria para empresas e governos sobre ampla gama de negócios
- *Gestão de ativos* Administração profissional de fundos de investidores institucionais, fundos mútuos próprios e demais fundos de investimento por cotas

Os bancos de investimento desempenham essas funções de diferentes formas. As atividades de negociação e as estruturas organizacionais dos principais bancos de investimento, tal como descritos por suas publicações, são apresentadas no Box 4.1.

A subscrição e negociação de títulos, a consultoria institucional e a gestão de ativos são as principais atividades dos bancos internacionais de investimento, mas não as únicas. Outras atividades importantes responsáveis pelo rendimento desses bancos são as transações cambiais, com *commodities* e derivativos, gestão de aquisições de controle acionário e de capital de risco, gestão monetária e atividades bancárias específicas. Algumas dessas atividades superpõem-se às dos bancos comerciais, cujo negócio básico é a captação de depósitos e concessão de empréstimos (ver Capítulo 3).

Há uma superposição crescente entre bancos de investimento e bancos comerciais, cujas distinções estão ficando cada vez mais tênues.

Atividades dos bancos de investimento

Subscrição de ações

Os bancos de investimento auxiliam as empresas a levantarem capital novo subscrevendo a emissão de ações. O procedimento é semelhante no caso das privatizações quando o governo é o vendedor das ações. A subscrição garante ao emissor ou vendedor das ações o recebimento dos recursos, independentemente de os papéis serem comprados por investidores individuais ou permanecerem nas mãos do subscritor atacadista. Os subscritores são remunerados com taxas, comissões e descontos decorrentes de suas atividades de realizar o negócio, organizar a emissão e comercializar os papéis. Os bancos de investimento que conseguem autorização do emissor ou do vendedor desempenham em geral o papel de gestor da emissão — lideram a administração da emissão e organizam o consórcio de bancos que adquire e comercializa os papéis.

Subscrição de dívida

A dívida, na forma de bônus de longo prazo, letras de médio prazo ou papéis de curto prazo, é emitida por empresas, governos e outras instituições dignas de crédito. Em princípio, o processo de emissão é semelhante ao da emissão de ações descrito acima, embora com significativas diferenças nos pormenores. Novas emissões de dívida e de capital podem ser feitas por meio de ofertas públicas — ofertas públicas iniciais — ou como "colocações privadas", levantando financiamentos pela reunião de investidores e tomadores de empréstimos. O mercado de novas emissões é conhecido como "mercado primário". O mercado de títulos já emitidos — que constitui o grosso da atividade de compra e venda de títulos — é conhecido como mercado secundário.

Formação de mercado e negociação

Os bancos de investimento atuam com vários produtos financeiros — ações, dívidas, câmbio, *commodities* e derivativos. Formação de mercado significa atuar como um corretor-distribuidor preparado para comprar e vender títulos específicos a qualquer momento, criando assim um mercado para esses títulos. A negociação é conduzida tanto em nome de clientes quanto como agente principal por conta do próprio banco de investimento. A negociação é um aspecto importante das atividades da gestão monetária de um banco de investimento — operações de tesouraria —, além de ser uma fonte significativa de receitas. Mas como muitos aprenderam pagando alto preço, também apresenta um elevado potencial de risco (ver Quadro 4.1).

Quadro 4.1: Prejuízos dos bancos de investimento com seus negócios

Banco	Data	Perda (US$bilhões)	Motivo
Barings	fev 1995	1,40	Derivativos
Daiwa Bank	out 1995	1,10	Negociação com bônus
Morgan Grenfell	set 1996	0,71[a]	Investimentos não autorizados
Kidder Peabody	abr 1994	0,35	Negociação com bônus
Salomon	1995	0,28	Erros contábeis
Chase Manhattan	out 1997	0,16	Negociação com bônus
NatWest	mar 1997	0,12[a]	Formação de preços equivocada
Salomon	ago 1997	0,10	Negociação com ações

Fonte: *The Economist*, 13 de dezembro de 1997
[a] Provisão

Fusões e aquisições, reestruturação e privatização

Os bancos de investimento atuam como assessores de empresas que desejam comprar outras empresas; também assessoram as empresas que estão sendo adquiridas. Ambos serviços geram comissões consideráveis. Atividades relativas a fusões e aquisições (F&A) assumem três formas:

- *Fusões* Combinações feitas de comum acordo entre empresas de igual peso
- *Aquisições* Uma empresa compra outra com o seu consentimento
- *Aquisição hostil* Uma empresa adquire outra, sem que haja consentimento prévio, por meio de uma oferta de compra hostil

A maior parte das atividades de F&A relaciona-se a combinações acordadas entre empresas, seja para fusão ou aquisição. Às vezes, combinações acordadas chegam às manchetes se as empresas envolvidas são de grande porte ou renomadas, mas a maior parte das transações ocorre sem alarde. Já as aquisições hostis são outro caso, atraindo grande atenção da mídia e despertando fortes emoções. Também geram elevadas comissões para os bancos de investimento que assessoram ambas as partes; de fato, às vezes, as empresas são postas "em jogo" por bancos de investimento apenas para gerar receita.

A década de 1980 presenciou uma onda de aquisições espetaculares nos EUA e na Grã-Bretanha, algumas delas (notadamente a aquisição da Destillers pela Guiness e as atividades de Ivan Boesky em Wall Street) tornando-se escândalos públicos (ver Capítulo 10). Por várias razões os anos 90 testemunharam a redução das ofertas hostis: melhor compreensão por parte do mercado do valor das empresas, deixando pouca margem para os predadores; divulgação da contabilidade da fusão, revelando o alto custo de uma oferta hostil aos acionistas; e restrições quanto ao escopo para incursões sobre os recursos acumulados nos fundos de pensão da empresa-alvo. Assim, os ganhos deixaram de superar os sofrimentos. "Parece que há poucos empreendedores dispostos ao agressivo negócio de fusões e aquisições hostis", observa Brian Keelan, diretor administrativo de finanças corporativas da Warburg, Dillon Read. "Os executivos das empresas podem agregar valor em outras atividades sem se expor às dificuldades de uma tomada de controle hostil."[1] Mas Lord Hanson, decano de batalhas por controle acionário, acredita que elas voltarão. "O mundo gira", diz, "as ofertas hostis estão vivas, porém adormecidas, e não tenho dúvida de que a situação vai mudar."[2]

A reestruturação de empresas envolve a assessoria para as reformas decorrentes de mudanças organizacionais e de transferências de propriedade. O trabalho de reestruturação toma muitas formas, incluindo aquisições de controle acionário, cisões, alienação de investimentos, recompra de ações, venda de ativos e revisões de estratégias.

O trabalho de privatização inclui o assessoramento aos governos quanto à estratégia de privatização e subscrição da venda das ações ao público. Os bancos de investimento atuam também como consultores do setor ou instituição que está sendo privatizado. Desde o início das privatizações na Grã-Bretanha, na década de 80, as privatizações têm se tornado grande fonte de receita para os bancos de investimento.

Gestão de ativos

A maioria dos bancos de investimento atua na área de gestão de ativos. As receitas relativamente estáveis dessa atividade são valorizadas como um estabilizador dos ganhos voláteis das subscrições, F&A e negociação de títulos. Os clientes dos serviços de gestão de ativos dos bancos de investimento são investidores institucionais (sobretudo fundos de pensão e companhias de seguros) e fundos de investimento (fundos mútuos, fundos próprios e fundos de investimento), que podem ser tanto do próprio banco quanto independentes. O gestor de fundos cobra uma comissão por sua administração e custos tais como as comissões de corretagem. Há muita concorrência pela gestão de fundos e seu desempenho é monitorado de forma estreita e contínua.

Serviços bancários especializados

No Reino Unido e na Europa continental os bancos de investimento oferecem vários serviços bancários especializados para grandes empresas e clientes institucionais. Tradicionalmente especializaram-se em financiamento ao comércio exterior por meio de letras de câmbio — títulos de crédito negociáveis garantidos pelo banco — tanto para importadores quanto para exportadores. A partir dos anos 80, os bancos de investimento focaram sua atuação mais nos serviços de consultoria do que nos próprios empréstimos, orientando seus clientes sobre as formas mais adequadas de negociação.

"Financiamento de projetos" são serviços que envolvem assessoria e a criação de complexos arranjos financeiros para projetos de infra-estrutura, como aeroportos, pontes e usinas de eletricidade, muitas vezes para países em desenvolvimento. Como o montante das somas envolvidas é significativo, os financiamentos são muitas vezes executados por um consórcio de bancos.

"Financiamento estruturado" é um termo da moda, apesar de ainda impreciso. Embora represente coisas diferentes para bancos diferentes, envolve sempre criação e implementação de pacotes financeiros sofisticados e eficientes em termos tributários. A maior parte das atividades sob esta rubrica envolve negócios com "financiamento de projetos" seja mediante empréstimos bancários, seja por meio do mercado de títulos. Formas sofisticadas de securitização — como, por exemplo, lastrear a emissão de títulos em fluxos futuros de receita decorrentes de empréstimos bancários a uma empresa de propósito especial — são uma das dimensões dessa atividade que está em crescimento.

O Projeto de Financiamento Privado (PFP) do governo do Reino Unido, criado no início dos anos 90, representa nova alternativa para os bancos de investimento. O objetivo do PFP é levantar recursos do setor privado para projetos de inversão do setor público como escolas, hospitais, museus ou o Channel Tunnel Rail Link. Os bancos de investimento oferecem seu conhecimento na estruturação da combinação de fundos públicos e privados e obtêm os recursos privados. As atividades de PFP têm se expandido bastante no Reino Unido e têm grande potencial de expansão internacional.

Outras atividades

Sendo organizações empresariais, os bancos de investimento desenvolvem novas atividades sempre e quando percebem oportunidades lucrativas. Tais iniciativas são muitas vezes empreendidas por subsidiárias independentes, que podem ser vendidas se surgir uma oferta atraente. A corretagem de seguros, seguros de vida, leasing, incorporação e venda de imóveis são algumas das atividades em que os bancos de investimento têm se envolvido em anos recentes. Suas atividades com ouro e *commodities* derivam de suas ligações tradicionais com vários mercados específicos de mercadorias.

Os bancos de investimento podem atuar em aquisições alavancadas e capital de risco seja como gestores de fundos, seja como investidores. As aquisições alavancadas envolvem a aquisição de uma empresa — em geral uma subsidiária de uma empresa que está mudando seu foco e vendendo ativos periféricos — por um fundo próprio de aquisição ou por fundo administrado — uma "aquisição gerenciada" — assessorada por um banco de investimento. Os fundos de capital de risco às vezes financiam aquisições alavancadas ou podem apoiar novas empresas privadas que são muito pequenas ou muito inexperientes para obter financiamento convencional. Em troca da obtenção do financiamento, os fundos de capital de risco adquirem um interesse na empresa esperando realizar ganhos substanciais de capital quando for lançada no mercado de ações no futuro.

Os fundos de *hedge* são grandes fundos que usam técnicas financeiras sofisticadas para especular nos mercados financeiros e outros. Suas atividades mais conhecidas são o uso de derivativos para especular com variações de taxas de juros e de câmbio, que podem desestabilizar moedas. O primeiro-ministro da Malásia, Mahathir Mohamad, chama-os de "guardas de trânsito da economia global". Os bancos investem em fundos de *hedge* na expectativa de obter lucros maiores do que nos negócios do dia-a-dia, já que, em função das normas bancárias, eles próprios não podem empreender diretamente essas atividades de alto risco. Estima-se que existam cerca de 1.200 fundos de *hedge*, que administram cerca de US$120 bilhões. A relação entre os bancos de investimento e os fundos de *hedge* foi posta sob holofotes com o quase colapso do Long-Term Capital Management (ver Capítulo 1).

A EVOLUÇÃO DOS BANCOS DE INVESTIMENTO

Os bancos de investimento têm várias origens, a saber:

- Bancos de investimento e corretoras dos EUA
- "Bancos mercantis" britânicos
- Bancos universais da Europa continental
- Corretoras de títulos japonesas

Bancos de investimento e corretoras dos EUA

Nos EUA do início do século XX, JP Morgan e Kuhn Loeb & Co., além da rede de seus respectivos associados bancários e corretoras, dominavam a subscrição de títulos e também ofereciam serviços bancários para corporações. A Lei Glass-Steagall de 1933 determinou a separação entre bancos comerciais e de investimento: os bancos comerciais — bancos que captam depósitos e fazem empréstimos — foram impedidos de negociar títulos; os bancos de investimento — bancos que atuam na subscrição de títulos — foram proibidos de captar depósitos. JP Morgan decidiu especializar-se em banco comercial voltado para grandes empresas; os sócios que preferiram atuar na subscrição de títulos formaram uma empresa distinta, a Morgan Stanley. Kuhn Loeb concentrou-se na subscrição e fechou seus negócios bancários.

Morgan Stanley, Kuhn Loeb, Lehman Brothers e Dillon Read eram os principais bancos de investimento nas décadas de 1940 e de 1950. Nos anos 60 sua importância na atividade de subscrição de títulos foi desafiada por algumas das principais corretoras — empresas que atuam no mercado de valores como corretores-distribuidores — e pelos demais bancos de investimento. A Merrill Lynch tornou-se uma força no segmento ao desenvolver uma habilidade ímpar na distribuição de novas emissões para investidores do varejo. Salomon Brothers, Goldman Sachs e Donaldson, Lufkin & Jenrette, fundadas em 1959, ganharam reputação atendendo investidores institucionais. Ao mesmo tempo, os bancos de investimento estavam implementando suas operações na área de negócios com títulos e a distinção entre bancos de investimento e algumas das principais corretoras tornara-se tênue.

O fim do sistema de comissões fixas de corretagem em maio de 1975, vigente há 183 anos na Bolsa de Valores de Nova York, foi um marco para a evolução dos bancos de investimento nos EUA. Os níveis das comissões despencaram, desencadeando uma onda de fusões entre as corretoras. O resultado foi o surgimento de um punhado de grandes empresas e um conjunto de pequenas "butiques". A negociação de títulos deslanchou e suas receitas tornaram-se cada vez mais importantes para as empresas de Wall Street. Com a chegada das corretoras ao comando, a venerável Kuhn Loeb desapareceu, e junto com ela a tradicional cultura ao estilo antigo de Wall Street. Os bancos de investimento de Wall Street desempenharam um papel ativo e lucrativo nas aquisições hostis de empresas dos EUA, característica dos anos 80. A "mania das fusões" foi incentivada pelos novos "títulos de alto risco" — títulos de empresas de alto rendimento — cujo pioneiro foi o Drexel Burnham Lambert. Infelizmente, a empresa envolveu-se nas atividades ilegais de Ivan Boesky e Michael Milken e terminou sendo liquidada (ver Capítulo 10).

As décadas de 1980 e 1990 presenciaram a expansão das operações internacionais dos bancos de investimento de Wall Street. O processo do "Big Bang" em Londres, de 1983 a 1986, ofereceu-lhes uma oportunidade de lá se estabelecer, seja comprando corretoras inglesas, como fizeram Lehman Brothers e Merrill Lynch, seja contratando outros agentes. Além disso, Merrill Lynch, Morgan Stanley e Goldman Sachs estavam entre as primeiras empresas estrangeiras que se tornaram membros da bolsa de valores de Tóquio quando, em fevereiro de 1986, foi aberta à participação estrangeira. No final dos anos 90, a maioria das empresas listadas no Quadro 4.2 já estava presente em todos os centro financeiros de alguma importância, bem como em vários mercados emergentes.

Quadro 4.2: Principais bancos de investimento dos EUA, 1996

Banco	Fundo acionário (US$bilhões)	Receitas	Funcionários
Morgan Stanley Dean Witter	10,5	12,0	45.000
Salomon Smith Barney	9,0	10,5	8.500[a]
Merrill Lynch	6,9	13,1	54.000
Goldman Sachs	5,3	6,1	10.000
Lehman Brothers	3,9	3,4	8.000
Bear Sterns	3,6	3,5	8.000
PaineWebber	1,7	3,7	16.000
Donaldson, Lufkin & Jenrette	1,6	3,5	5.000
JP Morgan[b]	11,4	6,9	15.500
Bankers Trust	4,4	4,2	15.000[c]

Fonte: Relatórios anuais e informações das empresas; *Financial Times*, 25 de setembro de 1997
[a] Salomon Brothers apenas, antes da aquisição pela Smith Barney
[b] Banco comercial com grandes investimentos na área de negócios de bancos de investimento
[c] Bankers Trust apenas, antes da fusão com Alex, Brown ou Deutsche Bank

Os anos 1990 foram palco de nova consolidação dos bancos de investimento em Wall Street e de mais uniões com corretoras. As empresas combinadas não apenas tornaram-se maiores, como também dedicaram-se a um leque de atividades mais abrangente e complementar, que se estende da corretagem de varejo à consultoria empresarial, aos negócios com títulos, à gestão de ativos, e ao levantamento de fundos no mercado financeiro atacadista. Uniões notáveis foram a aquisição do Morgan Stanley pelo Dean Witter Discover, que resultou na criação do Morgan Stanley Dean Witter e a aquisição do Salomon Brothers pelo Travelers Group, que formou o Salomon Smith Barney, ambas em 1997.

Ao longo desse processo surgiu uma hierarquia dual entre os principais bancos de investimento dos EUA: os chamados "gigantes" — Goldman Sachs, Merrill Lynch, Morgan Stanley Dean Witter e Salomon Smith Barney — e as demais. O primeiro grupo tem extensa rede de âmbito mundial, atua nos mercados de capital mais fortes dos EUA e nas operações de financiamento às grandes empresas, bem como (à exceção do Goldman Sachs) possui volumosa carteira de operações varejistas de seguros. Compartilham da ambição de não apenas serem líderes em Wall Street, como também no mercado mundial dos bancos de investimento. E seu sucesso é confirmado, pois encabeçam as listas dos principais em todas as classificações, seja por mercados de produto, seja por mercados geográficos, como o trabalho de assessoria para F&A (Quadro 4.3).

Embora a lei Glass-Steagall de 1933 continue em vigor nos EUA apesar de sua rejeição geral, os anos recentes assistiram a um sensível abrandamento de sua interpretação e já não constitui um impedimento total à combinação das atividades de banco comercial com as de banco de investimento. Os bancos comerciais JP Morgan, Bankers Trust e Chase Manhatan já atuam em larga escala nas atividades de investimento e, em algumas delas, já podem ser comparados aos bancos de investimento gigantes. A fusão do Citicorp, banco comercial internacional, com o Travelers Group, proprietário do Salomon Smith Barney, criou o primeiro banco múltiplo dos EUA. Ao consentir na fusão, o Conselho da Reserva Federal assinalou o fim das restrições da lei Glass-Steagall. O Citigroup, com ativos de US$698 bilhões, tornou-se o maior banco dos EUA e o maior grupo de serviços financeiros do mundo — um supermercado financeiro global que oferece um amplo leque de serviços por meio de vasta gama de canais de distribuição. O presidente do Citicorp, John Reed, qualificou-o como "modelo da empresa de serviços financeiros do futuro".[3] A aquisição do Bankers Trust pelo Deutsche Bank por US$9,2 bilhões, no final de 1998, criou um novo banco universal americano-europeu. A maior aquisição de um banco de investimentos dos EUA por um banco estrangeiro foi motivada pela determinação do Deutsche Bank de se tornar parte da elite emergente global dos bancos de investimento, para o que necessitava de uma significativa presença nos EUA.

Quadro 4.3: Classificação mundial de fusões e aquisições, 1998

	Banco	Valor (US$bilhões)	Número de negócios	Propriedade
1	Goldman Sachs	596	311	EUA
2	Monrgan Stanley Dean Witter	537	345	EUA
3	Merril Lynch	536	299	EUA
4	Salomon Smith Barney	350	298	EUA
5	Credit Suisse First Boston	287	246	Suíça
6	Lehman Brothers	278	219	EUA
7	JP Morgan	266	244	EUA
8	Lazard Houses	255	187	EUA/RU/FR
9	Warburg Dillon Read	214	269	Suíça
10	Chase Manhattan	112	86	EUA
11	Donaldson, Lufkin & Jenrette	103	260	FR/EUA
12	Deutsche Bank	102	142	Alemanha
13	Bank of America	102	89	EUA
14	Rothschild Group	79	110	RU
15	Bear Stern	66	65	EUA

Fonte: *Financial Times*, 29 de janeiro de 1999

À medida que os bancos de investimento se consolidavam, os sócios da Goldman Sachs — a última grande sociedade limitada de Wall Street —

decidiram que estava na hora de se tornarem sociedade anônima. Isto, argumentavam, seria mais adequado à escala do empreendimento e permitiria à empresa fazer grandes aquisições estratégicas. O momento, pico de um longo período de expansão do mercado, também era bom. A oferta pública inicial, em maio de 1999, avaliava a empresa em US$33 bilhões, tornando seus sócios milionários.

"BANCOS MERCANTIS" BRITÂNICOS

A tradicional expressão britânica "banco mercantil" — pouco usada atualmente — reflete as origens históricas dos bancos de investimento sediados em Londres, mercadores envolvidos no comércio internacional. Em determinado momento, em geral nos séculos XVIII e XIX, eles passaram a se especializar no financiamento do comércio internacional, oferecendo recursos por meio de letras de câmbio para outros mercadores. No século XIX e início do XX, a maioria do comércio internacional era denominada em libras esterlinas, e o mercado para seu financiamento concentrava-se em Londres, principal centro financeiro internacional do mundo. Essa é razão pela qual muitos dos bancos mercantis britânicos, como Barings, Hambros, Kleinworts, Rothschilds e Schroders, foram lá sediados por comerciantes estrangeiros.

A expansão da economia internacional no século XIX exigia uma significativa transferência de capital dos poupadores europeus para tomadores nas Américas, Ásia e outros lugares. Os bancos mercantis londrinos, com suas situações inigualáveis, estavam em posição ímpar para atuar como intermediários. Em troca de uma comissão, patrocinavam e administravam a colocação de títulos internacionais — a maioria emitidos por governos e empresas ferroviárias — no mercado de capitais de Londres. No início do século XX foram desenvolvidas duas atividades adicionais, gestão de ativos e "financiamento para grandes empresas", esta última aliando consultoria a levantamento de fundos para empresas britânicas.

A década de 1960 e o início da de 1970 marcaram o apogeu dos bancos mercantis britânicos que se beneficiaram do comércio exterior, dos fluxos de capital em expansão e de uma onda interna de fusões e reestruturações empresariais. Mas uma crise bancária secundária, em 1974-75, provocou a quebra de alguns bancos menores e cortou as asas de outros. A concorrência entre bancos de investimento americanos, maiores e mais dinâmicos, bancos comerciais britânicos e estrangeiros provocou fusões, consolidações e aquisições de alguns bancos mercantis britânicos. Embora mantivessem posições de liderança, no Reino Unido, em financiamento a grandes empresas e gestão de ativos, não conquistaram — à exceção do Warburgs — uma posição de destaque na emissão de eurobônus ou nos mercados de euromoedas, o segmento mais importante dos negócios internacionais que estava se desenvolvendo, no período, em seu próprio território.

Os principais acontecimentos dos anos de 1980 foram: primeiro, a inclusão da negociação de títulos no rol das atividades dos bancos mercantis e, segundo, o estabelecimento de escritórios em centros financeiros do exterior. Os bancos mercantis reagiram à desregulamentação da Bolsa de Valores de Londres, em 1983-86, tornando-se corretores e formadores de mercado, expandindo assim suas atividades no comércio internacional. A abertura de escritórios em centros financeiros internacionais foi impelida pelas oportunidades de vender sua experiência e pela crescente globalização dos mercados financeiros. Simultaneamente, a concorrência intensificava-se em seu mercado interno à medida que muitos dos bancos de investimento de Wall Street, os principais bancos europeus e as "Quatro Grandes" corretoras japonesas se instalavam em Londres.

No final da década de 1980, o segmento de bancos mercantis britânicos de primeira linha incluía oito grandes empresas autônomas e as subsidiárias dos bancos de compensação do Reino Unido, Barclays e NatWest. Os autônomos — Barings, Flemings, Hambros, Kleinwort Benson, Morgan Grenfell, Rothschilds, Schroders e Warburgs — eram casas prestigiadas com atividades abrangendo um amplo leque de serviços mercantis, mas bem menores do que suas contrapartes em Wall Street. As subsidiárias de bancos comerciais — Barclays de Zoette Wedd (BZZW) e County NatWest (mais tarde NatWest Markets) — tinham o respaldo de suas matrizes e, assim, estavam aptas a acompanhar as instituições de Wall Street. Havia, também, algumas firmas de segunda linha, como Charter House, Hill Samuel, Lazards e Samuel Montagu.

Os anos 90 presenciaram a expansão dos bancos de investimento em Londres — em meados da década, as transações financeiras atacadistas internacionais lá geraram receitas de US$15 bilhões, empregando 150 mil funcionários. Ainda assim, cinco dos principais bancos mercantis autônomos de primeira linha foram adquiridos por bancos estrangeiros, o que pôs fim às aspirações dos bancos ingleses de concorrerem no segmento de bancos de investimento internacionais. O processo teve início em 1989 quando o Morgan Grenfell foi adquirido pelo Deutsche Bank. O Barings foi adquirido por um conglomerado holandês de bancos e seguradoras, o ING, em março de 1995; o Warburg foi comprado pelo Swiss Bank Corporation, em maio de 1995; o Kleinwort Benson não sucumbiu a uma oferta do Dresdner Bank no mês seguinte. Em dezembro de 1997, o Hambros foi desmembrado e seu braço de financiamento a grandes empresas foi vendido à Société Générale de France e suas atividades de empréstimo a corporações ao belga Générale de Banque.

Crises na condução dos negócios foram o elemento desencadeador de muitas dessas vendas. O Morgan Grenfell ficou sob nuvem de suspeição devido a seu envolvimento no escândalo da aquisição da Guiness; e o Hambros foi afetado adversamente pelo seu patrocínio à controvertida aquisição da Cooperative Wholesale Society. O Barings quebrou graças ao "corretor-bandido" Nick Leeson (ver Capítulo 10). O Warburg foi minado por uma série de avaliações estratégicas equivocadas. Por outro lado, o Kleinwort Benson simplesmente foi vendido por ser considerado muito pequeno para prosperar em meio a bancos de investimento globais em rápida consolidação. A importante corretora de títulos Smith New Court sujeitou-se à mesma consideração, sendo vendida à Merrill Lynch em 1995.

A venda das instituições financeiras britânicas também incluiu empresas de gestão de ativos e seguradoras. Em outubro de 1997, o ambicioso Zurich Group, suíço, anunciou a compra dos negócios de gestão de ativos e de seguros do conglomerado BAT, incluindo Allied Dunbar, Eagle Star e Threadneedle Asset Management. No mês seguinte, a Merrill Lynch adquiriu importante empresa de administração de fundos, a Mercury Asset Management (MAM), por US$5,1 bilhões. A MAM não conseguiu implementar sua estratégia de expansão global, fracassando, especialmente, em estabelecer negócios substanciais nos EUA, de modo que a administração preferiu vendê-la. Em 1999, o importante grupo de seguros europeu AXA pagou US$5,6 bilhões pela Guardian Royal Exchange, a terceira maior seguradora do Reino Unido.

No outono de 1997, tanto a Barclay quanto a NatWest anunciaram que estavam desistindo da estratégia de concorrer com as empresas gigantes dos EUA no mercado global de bancos de investimento. A NatWest "reestruturou" seu negócio de investimentos, a NatWest Markets, vendendo suas atividades com ações para o Bankers Trust e sua unidade de derivativos para o Deutsche Morgan Grenfell. As unidades de gestão de dívidas e de investimentos foram integradas ao grupo. O Barclays vendeu suas unidades de ações e consultoria ao Crédit Suisse First Boston. O que restou, agora focado exclusivamente em gestão de dívidas, passou a ser denominado Barclays Capital.

Estes movimentos surpreenderam os observadores, uma vez que ambos os bancos haviam destinado recentemente muitos de seus recursos e esforços à montagem de suas operações de banco de investimento. Mais ainda, afastaram-se da opinião convencional segundo a qual os bancos de investimento só teriam sucesso se operassem integradamente. A tais argumentos esses bancos replicaram que o segmento estava se consolidando globalmente e que sem uma presença significativa nos EUA — o que exigiria a onerosa e arriscada aquisição de uma empresa de Wall Street — seria impossível concorrer com os atores globais. "Um ano é muito tempo neste mercado", raciocinou o principal executivo do Barclays ao anunciar sua decisão de desmembrar a BZW.[4]

Do ponto de vista da posição de liderança de Londres como centro das atividades dos bancos de investimento internacionais, teria importância o fato de os atores serem, em sua maior parte, não britânicos? Para muitos, isso não tem importância alguma. "Na verdade, não tem nenhuma importância quem é o proprietário de uma instituição da City", diz Stanislas Yassukovich, destacada figura da City londrina. "Deveríamos considerar isso um elogio e não um problema. Wimbledon ainda é o principal evento do tênis mundial, e há quanto tempo não vemos nenhum inglês entre os dez principais tenistas?"[5] Mas outros são menos entusiastas. George Mallinckrodt, presidente do Schroders, principal banco de investimento autônomo, comenta que "é necessário um equilíbrio entre bancos de capital nacional e bancos de capital estrangeiro".[6]

Às portas do século XXI, os bancos de investimento autônomos do Reino Unido incluem três grandes empresas autônomas, Flemings, Rothschilds e Schroders, todas protegidas de aquisições indesejáveis por participações acionárias das famílias fundadoras. Também encontramos a Lazard Brothers, que, em meados de 1999, anunciou que estava se reunificando com suas afiliadas de Paris e Nova York. O duradouro sucesso dessas empresas desafia a generalização segundo a qual o que é "grande é melhor" no segmento de bancos de investimento. "Atores de porte médio têm que ser mais do que ágeis para sobreviver", diz o presidente do Schroders, Win Bischoff. "Para ter um futuro lucrativo e independente ... você tem que escolher seus focos em termos de geografia e leque de atividades."[7]

Bancos universais da Europa continental

"Bancos universais" — querendo dizer banco comercial *mais* banco de investimento — é o padrão nacional tradicional da atividade bancária na Europa continental. O francês Banco Paribas foi pioneiro em negócios internacionais dentre os bancos do Continente. Em 1973 fez uma aliança com o banco mercantil Warburgs de Londres mediante troca de ações. No ano seguinte estabeleceram presença conjunta em Wall Street ao adquirir o banco de investimentos norte-americano AG Becker. Mas a aliança com o Warburg não durou, devido aos diferentes estilos de gestão e rivalidades, sendo desfeita em 1982. O banco AG Backer, deficitário, foi vendido dois anos mais tarde à Merrill Lynch. Entretanto, o Crédit Suisse também estava tomando o caminho da parceria para se internacionalizar. Em 1978, criava-se o CS First Boston, uma joint-venture com o First Boston Corporation, que teve um notável sucesso. Subseqüentemente, o Crédit Suisse adquiriu a propriedade total desse banco, que passou a se denominar Crédit Suisse First Boston.

O Quadro 4.4 apresenta a relação dos principais bancos de investimento europeus. Embora os maiores bancos continentais já tivessem sucursal ou escritório em Londres, muitos tiraram partido da sacudidela no segmento de títulos de 1983-86 para adquirir corretora ou distribuidora. A desregulamentação das bolsas de valores da Europa continental no final dos anos 80 e início dos 90, seguindo o exemplo do Big Bang londrino, permitiu aos bancos europeus expandirem suas atividades no mercado de títulos por todo o continente. Mais ainda, a abertura da Bolsa de Valores de Tóquio, permitindo a entrada de estrangeiros em 1986, foi acompanhada por uma entrada maciça dos bancos europeus: no fim daquele ano, instituições que negociavam títulos foram criadas pelo Banque Indosuez, Deutsche Bank, Union Bank Swiss, Swiss Bank Corporation, Dresdner Bank, Société Générale, DG Bank, Westdeutsche Landesbank, Commerzbank, ABN-Amro, Paribas, NatWest, Midland Bank, Hong Kong and Shanghai Bank, Jardine Fleming e SG Warburg.

Quadro 4.4: Principais bancos de investimento europeus em 1996

Banco	Fundos dos acionistas (US$bilhões)	Receitas (US$bilhões)	Número de empregados
Warburg Dillon Read		3,5[a]	14.000[b]
Crédit Suisse First Boston	7,2	5,3	10.000
Banque Paribas	4,5	2,6	9.000
Deutsche Morgan Grenfell	0,8	1,0	7.000
Fleming	1,2	0,7	7.000
Schroders	1,5	1,6	5.000
Dresdener Kleinwort Benson	0,7	0,8	3.000
ING Barings			3.000
HSBC Investment Banking (1995)	1,3		2.500
ABN-Amro Investment Banking			nd

Fonte: Relatórios anuais e informações das empresas
[a] SBC Warburg somente, antes da aquisição do Dillon Read e da fusão com Union Bank of Switzerland
[b] Funcionários do Warburg Dillon Read e do Union Bank of Switzerland
nd: não disponível.

A aquisição de bancos mercantis londrinos pelo Deutsche Bank, ING, Dresdner Bank, Swiss Bank Corporation, Société Générale e Générale de Banque já foi mencionada. Em maio de 1966, o banco holandês ABN-Amro associou-se ao Rothschilds para atuar nos mercados de participação acionária — subscrição e distribuição de ações na Europa e na Ásia. Outros bancos da Europa continental expandiram organicamente suas atividades bancárias de investimento em Londres, sobretudo o Westdeutsche Landesbank, o Crédit Lyonnais e o Paribas. E não só em Londres: no final dos anos 1990, o Paribas contava com uma rede substancial atuando em 60 países.

Mas muitos bancos europeus com aspirações globais apresentam desvantagem considerável em suas redes internacionais, sobretudo em Wall Street. Há três exceções: o Crédit Suisse UBS (resultado da fusão do Union Bank of Switzerland com o Swiss Banquing Corporation), o Deutsche Bank (ver acima) e o Schroders. O mais forte deles é o Crédit Suisse, cuja subsidiária, Crédit Suisse First Boston, com 10 mil funcionários e operando em 30 países, não é apenas um dos grandes bancos de primeira linha de Wall Street, mas um rival dos gigantes americanos nos negócios internacionais. Em 1997, poucos meses antes de sua fusão com o UBS, o SBC fincou um pé em Wall Street com a aquisição do Dillon Read, o que combinava com seus interesses bancários, fora dos EUA, para formar o Warburg Dillon Read. Schroder Wertheim, a subsidiária americana do banco britânico, que tinha um quadro de 1.500 funcionários e detinha alguns nichos de mercado bastante interessantes.

Corretoras japonesas de títulos

No Japão, como nos EUA, há uma separação legal entre as atividades bancárias comercial e de investimento. A base legal é o Artigo 65 — a contrapartida japonesa da lei Glass-Steagall — que foi imposto ao Japão pelas forças de ocupação dos EUA logo após a II Guerra Mundial. Por volta de 1996, o setor de bancos de investimento no Japão compreendia 230 corretoras japonesas e cerca de 50 corretoras estrangeiras.[8] Durante décadas, a atividade foi dominada pelas "Quatro Grandes" corretoras — Nomura, Daiwa, Nikko e Yamaichi — que têm extensas redes de agências em todo o Japão. Desde a década de 80, elas também têm escritórios no exterior e uma presença significativa em Londres e Nova York.

As corretoras japonesas têm como principal atividade interna a negociação de títulos de terceiros no mercado secundário. A negociação de títulos por conta própria é também fonte importante de receitas, e a negociação de derivativos financeiros cresceu a partir de meados dos anos 80. A subscrição de emissão de títulos do governo japonês também é um compromisso antigo. Desde os anos 80, as empresas japonesas recorrem bastante aos euromercados para financiar suas dívidas. Embora tenham tradicionalmente dominado a subscrição de títulos privados, as Quatro Grandes têm enfrentado acirrada concorrência dos bancos de investimento americanos e europeus, que têm aumentado sua fatia do mercado desde os anos 90. A assessoria a empresas é uma atividade em expansão. As filiais no estrangeiro têm desenvolvido atividades especializadas para empresas. Contudo, têm sido desafiadas pela emissão de títulos em euro-ienes para tomadores não japoneses por parte dos grandes bancos comerciais japoneses.

A década de 1980 foi bastante próspera para as corretoras japonesas, especialmente para as Quatro Grandes. O recurso crescente das empresas ao mercado de capitais, em detrimento dos financiamentos bancários, aumentou as receitas originadas da subscrição e distribuição de títulos. E a negociação no mercado secundário foi altamente lucrativa graças à expansão do mercado de ações e às comissões fixas — entre 1983 e 1987, as receitas oriundas de comissões quadruplicaram.[9]

A década de 1990 mostra-nos uma história bem diferente. A queda constante dos preços das ações a partir de 1990 — em 1995 elas tinha perdido 60% de seu valor — tornou difíceis as condições de negociação. As comissões diminuíram e o valor das ações erodiu-se. Em julho de 1995, os preços iniciaram uma recuperação mas, no outono de 1997, a elevação foi revertida por queda significativa. Para vários bancos e corretoras, foi a gota d'água (ver Capítulo 7): uma das vítimas foi a Sanyo Securities, a sétima maior corretora japonesa; outra, a Yamaichi Securities, uma das Quatro Grandes, que comemorava seu centenário naquele ano.

Os problemas da Yamaichi começaram durante a primavera de 1997, quando foi revelado que a empresa fizera pagamentos ilegais a gângsters em troca de proteção *sokaiya* (ver Capítulo 10). Em agosto de 1997, o presidente da Yamaichi e nove executivos demitiram-se e alguns foram detidos pela polícia. Três dias mais tarde, um gerente-sênior foi apunhalado em uma rua de Tóquio, confirmando as alegadas ligações com o crime organizado. Então, em novembro de 1997, revelou-se que a empresa não tivera lucros na maior parte da década e que suas perdas somariam US$2 bilhões, ocultados por empresas fictícias nas ilhas Caimã. "Esta situação inesperada, no centenário de nossa empresa, é lamentável. Não sabemos como pedir perdão aos nossos clientes, acionistas e outras pessoas",[10] lastimou-se o presidente da Yamaichi, Shohei Nozawa, anunciando a falência da empresa, com a perda 9.500 empregos e dívidas de US$24 bilhões.

Assim, restaram as "Três Grandes" — Nomura, Daiwa e Nikko. Mas, elas também, estavam envolvidas no escândalo da *sokaiya*, com o que ficaram desacreditadas, tendo sido abaladas por renúncias e prisões de altos executivos. Depois de ter lutado durante anos para obter lucros em Tóquio, os bancos de investimento estrangeiros de repente foram sobrecarregados por ordens de negócios. O programa de liberalização e o "Big Bang" japonês — iniciado em 1997, para tornar os setor financeiro mais competitivo — permitiram aos bancos estrangeiros aumentar substancialmente sua presença. A Merrill Lynch abriu o caminho, desenvolvendo primeiro uma grande corretora atacadista e, depois, investindo no varejo, sendo a primeira empresa estrangeira a fazê-lo. Contratou dois mil ex-funcionários da Yamaichi e ocupou muitos de seus antigos escritórios. Os negócios floresceram.

Os bancos e corretoras japoneses despencaram com os golpes sofridos pelos seus negócios nacionais e estrangeiros. A Nikko Securities formou uma joint venture defensiva com a Salomon Smith Barney, mas o preço foi a tomada de controle, por parte dos americanos, de suas operações atacadistas no exterior. Nomura e Daiwa reforçaram seus laços com bancos japoneses e reduziram suas operações no exterior. À medida que o fizeram, a possibilidade do Japão tornar-se membro destacado da elite dos bancos internacionais ficava cada vez mais remota. "Nos anos 90 diziam-nos que conquistaríamos o mundo", relata um executivo de importante corretora. "Agora, ficamos imaginando se uma empresa japonesa pode ser um ator global sério."[10]

Quadro 4.5: Alcance internacional dos bancos de investimento globais

Banco	Número de escritórios	Número de países
Bankers Trust	80	50
Crédit Suisse First Trust	55	34
Daiwa Securities	158	27
Deutsche Morgan Grenfell	40	
Dresdner Bank Group	1.600	70
Flemings	67	40
Goldman Sachs	34	20
HSCB Holdings	5.000	79
INC Barings		33
JP Morgan		33
Lehman Brothers	34	22
Merrill Lynch		45
Morgan Stanley Dean Witter	419	22
Nomura Securities		27
PaineWebber	298	9
Paribas	220	60
Schroders	49	35

Fonte: Relatórios anuais dos bancos, 1996-98

Bancos de investimento globais

A atividade dos bancos de investimento é global. O Quadro 4.5 apresenta o alcance internacional de alguns dos principais bancos de investimento. Os líderes são os gigantes americanos, mas há muitos outros bancos lutando para entrar no grupo. É inevitável uma maior consolidação entre bancos americanos e europeus, talvez até com a inclusão de empresas japonesas.

Os requisitos para se atingir o status de "gigante" são:

- presença global, incluindo operações substanciais nos EUA
- considerável base de capital para sustentar operações no mercado de capitais e posições negociadoras
- oferta de amplo leque de serviços
- pessoal altamente qualificado
- tecnologia de informação de ponta

A luta entre os bancos de investimento internacionais apóia-se no suposto de que poucas firmas bem-sucedidas, com escala, experiência e alcance global, prosperarão vendendo seus serviços de banco de investimento às empresas globais e aos poupadores do mundo inteiro. Prevê-se que a demanda pelos serviços oferecidos pelos bancos de investimento internacionais de primeira linha explodirá: os serviços de assessoria internacional para empresas têm grande demanda à medida que as empresas se internacionalizam, especialmente na Europa sob o efeito da moeda única; os países emergentes necessitam de bancos de investimento para conseguir capital do exterior; nos países desenvolvidos, o crescimento da poupança deverá gerar maior demanda por serviços de gestão de ativos; e a difusão da securitização — a substituição de empréstimos bancários pela emissão de títulos negociáveis — favorecerá os bancos de investimento em detrimento dos bancos comerciais.

Mas muitos desses fatores operaram durante boa parte das décadas de 1980 e 1990, anos em que as margens dos bancos de investimento internacionais encolheram e que os retornos sobre o capital declinaram constantemente. A intensa rivalidade entre bancos de investimento internacionais foi um dos fatores explicativos, mas alguns outros também contribuíram para esse resultado. O papel dos bancos de investimento como intermediários foi erodido à medida que informações financeiras de alta confiabilidade tornaram-se disponíveis em tempo real graças à tecnologia das comunicações. Os clientes adquiriram mais poder e tornaram-se mais exigentes, tanto em relação aos serviços prestados quanto às taxas pagas. A concorrência dos bancos comerciais, avançando sobre o terreno tradicional dos bancos de investimento, reduziu os ganhos e elevou os salários, já que novos atores concorrem por qualificações escassas.

Os bancos de investimento reagiram à redução dos lucros tornando-se maiores, tendo maior influência no mercado, obtendo economias de escala e assumindo riscos maiores. A busca de retornos mais elevados levou-os a conduzir suas atividades de subscrição e negociação de forma mais arriscada, mas potencialmente mais lucrativa, tais como são os usos das aquisições integrais de emissões e das negociações em bloco. O colapso do Peregrine Investment Holdings, o maior banco de investimentos de Hong Kong, em janeiro de 1998, foi outro aviso do perigo dos negócios de subscrições. Os bancos de investimento também estão apostando mais no mercado com recursos próprios por meio da administração de seu próprio capital (*proprietary trading*) — o uso de parcela do capital próprio e de empréstimos por este garantidos para participar dos diversos mercados. Essa alavancagem pode transformar pequenos movimentos de preços em grandes ganhos — ou em grandes perdas.

À medida que a atividade dos bancos de investimento se tornou mais arriscada, as exigências de capital tornaram-se maiores. A partir de 1980, o capital das nove maiores firmas dos EUA aumentou mais de 1.000%. Bancos maiores têm maior capacidade de compensar resultados deficitários de algumas de suas atividades essenciais. E quanto maior a escala do capital, maior as barreiras à entrada, limitando a concorrência. Se a situação estabilizar-se, com os negócios dos bancos de investimento nas mãos de um oligopólio de megaempresas, poderá ser possível reduzir custos e exigir taxas mais elevadas, revertendo assim a tendência declinante dos retornos de capital. Mas, dado o número de bancos com aspirações a status de gigante, esse dia parece estar bem longe.

Em resumo

Os bancos de investimento exercem quatro funções principais:

- *Levantar capital*: Subscrições, estruturação e venda de ações e títulos de dívida de empresas, governos e instituições
- *Negociar*: Determinação dos preços de compra e venda de títulos de investidores e operações de tesouraria do próprio banco
- *Financiamento de grandes empresas*: Assessoria a empresas e governos sobre um amplo leque de assuntos financeiros
- *Gestão de ativos*: Administração profissional de fundos de investidores institucionais, fundos mútuos próprios e demais fundos de investimento por cotas

As empresas também conduzem várias atividades correlatas.

O segmento de bancos de investimentos internacional é dominado por quatro empresas americanas — Goldman Sachs, Merrill Lynch, Morgan Stanley Dean Witter e Salomon Smith Barney —, os chamados "gigantes". Estes bancos têm sólidas operações nos mercados de capital e atuam em finanças corporativas. Uma segunda linha de instituições americanas inclui os bancos de médio porte, o Lehman Brothers, Bear Stears e Donaldson, Lufkin Jerrette, bem como bancos comerciais que atuam pesadamente no segmento de investimentos e possuem extensa rede internacional, em particular JP Morgan, Bankers Trust e Chase Manhattan, com suas extensas redes internacionais. Os bancos europeus ABN-Amro, Crédit Suisse, Deutsche Bank, Dresdner Bank, ING, Paribas, Schroder, Rothschilds e UBS também têm destacada atuação como bancos de investimento internacional.

A concorrência entre os bancos de investimento é feroz, e as margens de lucro são sempre pressionadas. Os bancos de investimento têm assumido maiores riscos e fundiram-se para obterem bases de capital mais substanciais, maior influência no mercado e possibilidade de prestar serviços mais diversificados, tudo isto com o objetivo de aumentar significativamente suas taxas de rentabilidade. Deverão ocorrer ainda mais esforços de consolidação, mas, com tantos bancos aspirando a vender serviços de investimento para empresas globais e poupadores internacionais, a concorrência continuará acirrada.

LEITURAS ADICIONAIS

Alletzhauser, Al, *The House of Nomura* (Londres: Bloomsbury, 1990).
Chernow, Ron, *The House of Morgan* (Nova York: Atlantic Monthly Press, 1990).
Chernow, Ron, *The Warburgs*, (Londres: Pimlico, 1993)
Erdic, Lisa, *Goldman Sachs* (Londres: Little Brown, 1999).
Hayes, Samuel, e Hubbard, Philip, *Investment Banking* (Boston, Mass.: Havard Business School Press, 1990).
Letwin, Oliver, *Privatising the World* (Londres: Cassell, 1988).
Roberts, Richard, Schroders: *Merçhants & Bankers* (Londres: Macmillan, 1992).
Sobel, Robert, *Salomon Brothers* (Nova York: Salomon Brothers, 1986).

NOTAS E REFERÊNCIAS

Na lista abaixo qualquer referência a um autor isoladamente deve ser considerada uma referência ao trabalho incluído nas "Leituras adicionais", listadas acima.

1. *Sunday Telegraph*, 7 de setembro de 1997.
2. *Sunday Telegraph*, 7 de setembro de 1997.
3. "Watch out for the egos", *The Economist*, 11 de abril de 1998.
4. *Financial Times*, 4 e 5 de outubro de 1997.
5. *Sunday Times*, 2 de julho de 1995.
6. *Sunday Times*, 2 de julho de 1995.
7. *Financial Times*, 23 de janeiro de 1998.
8. Hayes e Hubbard, p.171
9. *Financial Times*, 25 de novembro de 1997
10. *Financial Times*, 29 de janeiro de 1999.

Box 4.1: O que fazem os bancos de investimento?

Atividades e organização estrutural

Compagnie Financière de Paribas

- Serviços financeiros para grandes corporações
- Mercados de capitais
- Gestão de ativos
- Serviços de consultoria

Fonte: Banque Paribas, *A Wholesale Bank with Global Perspectives* (Paris: Banque Paribas, 1995)

Crédit Suisse First Boston

- Negócios bancários para grandes corporações — financiamento, participações acionárias e títulos conversíveis; subscrições/fusões e aquisições e financiamento de aquisições/venda de empresas e alienação de bens/empréstimos a empresas e financiamento consorciado/financiamento alavancado/aquisições alavancadas/financiamento de comércio exterior genérico e estruturado/joint ventures/defesa contra tentativas hostis de aquisição
- aquisição/reestruturação empresarial/bancos correspondentes/privatizações/aplicações privadas/financiamento de ativos/finaciamento de projetos/leasing
- Renda fixa — títulos de renda fixa públicos e privados/câmbio global/mercados emergentes/subscrição de novas emissões/títulos respaldados por ativos/finaciamento alavancado/hipotecas/financiamento de imóveis/fundos mútuos/dinheiro/metais preciosos/pesquisa de renda fixa
- Cotas de capital — pesquisa/vendas/negociação/subscrição/financiamento de participações acionárias/papéis de primeira linha/valores mobiliários conversíveis/derivativos/negócios com recursos próprios
- Crédit Suisse Financial Markets — instrumentos de taxa de juros/instrumentos de ações/instrumentos cambiais/commodities/negociação de ativos e derivativos de crédito

Fonte: *Crédit Suisse First Boston Annual Review,* 1996

Daiwa Securities

- Corretagem de títulos
- Corretagem
- Subscrições
- Consultoria estratégica
- Desenvolvimento de produtos
- Financiamentos estruturados

Fonte: *Daiwa Securities Report and Accounts,* 1997

Deutsche Morgan Grenfell

- Mercados globais
- Negociação de títulos
- Participações acionárias
- Banco de investimento
- Gestão de ativos institucional
- Mercados emergentes
- Financiamentos estruturados

Fonte: *Deutsche Bank Annual Report,* 1996

Dresdner Kleinwort Benson
- Financiamentos globais para empresas — novas emissões, fusões e aquisições e consultoria financeira
- Participações acionárias globais — negociação e distribuição de ações; pesquisa de renda fixa
- Financiamentos globais — financiamento de projetos e financiamentos estruturados
- Mercados globais — novas emissões, negociação e distribuição de títulos com juros fixos, câmbio e metais preciosos, derivativos, gestão de risco de mercado

Fonte: *Dresdner Bank Annual Report,* 1996

Flemings
- Gestão de ativos
- Banco de investimentos
- Títulos
- Serviços bancários

Fonte: *Robert Fleming Holdings Limited Annual Report,* 1996

Goldman Sachs
- Banco de investimento
- Juros fixos
- Ações
- Moeda
- Gestão de ativos

Fonte: *Goldman Sachs Annual Review,* 1996

HSBC Investment Banking
- Consultoria e financiamento
- Participações acionárias
- Gestão de ativos
- Serviços bancários para pessoas físicas
- Serviços fiduciários

Fonte: *The HSBC Group: A World of Financial Services,* 1997

ING Barings
- Corretagem de ações, negociação, vendas e pesquisa
- Títulos de dívida e derivativos, negociação e vendas
- Serviços bancários e financiamento estruturado
- Financiamento para grandes empresas — mercados desenvolvidos
- Financiamento para grandes empresas — mercados emergentes
- Operações e gestão central

Fonte: *ING Barings Annual Review,* 1995-6

JP Morgan
- Finanças e consultoria — consultoria/dívidas e subscrição de ações/crédito
- Formação de mercado — renda fixa/ações/câmbio/commodities
- Gestão de ativos e serviços — gestão de ativos/serviços bancários para pessoa física/futuros e opções/sistema euroclear
- Investimentos de capital — gestão de portfólio de investimento em ações à conta do Morgan

- Investimentos e negócios próprios — posicionamento de risco de Mercado para a própria conta do Morgan/gestão de capital e liquidez

Fonte: *JP Morgan Annual Review*, 1996

Morgan Stanley

- Banco de investimento — fusões, aquisições e reestruturações/subscrição de ações/subscrição de títulos da dívida/financiamento imobiliário
- Vendas e negociação — ações/renda fixa/câmbio/commodities/produtos estruturados/pesquisa
- Gestão e administração de ativos — gestão de ativos institucionais/gestão de ativos varejista/serviços a clientes privados/participações acionárias privada/custódia global

Fonte: *Morgan Stanley Annual Report*, 1996

Nomura Securities

- Corretagem de títulos
- Negociação
- Banco de investimento
- Banco comercial

Fonte: *The Nomura Securities Co. Annual Report*, 1996

Rothschilds

- Serviços bancários e tesouraria
- Financiamento para grandes empresas

Fonte: *NM Rothschild Limited Annual Report*, 1996

Schroders

- Banco de investimento — financiamento para grandes empresas e mercados de capital e ações/financiamento de projetos

CAPÍTULO 5

Instituições Financeiras Internacionais

INTRODUÇÃO

Este capítulo tem como objetivo resenhar as principais instituições públicas que operam as finanças internacionais. São elas que oferecem o marco operacional dos mercados financeiros e empresas internacionais. Mesmo assim, a rápida expansão da escala dos mercados financeiros internacionais nos anos recentes reduziu o papel dessas instituições financeiras. Ironicamente, a expansão dos mercados é conseqüência do sucesso das instituições financeiras internacionais em promover um sistema de negociações internacionais aberto; a liberdade dos movimentos de capitais; e o desenvolvimento econômico mundial. O final dos anos 90 assistiu a uma avalanche de propostas visando a criação de uma "nova arquitetura financeira global" — a reforma das instituições financeiras internacionais existentes e a criação de novas instituições —; entretanto, o resultado tem sido modesto (ver Capítulo 1).

FUNDO MONETÁRIO INTERNACIONAL E BANCO MUNDIAL

O Fundo Monetário Internacional (FMI) e o Banco Mundial (ver adiante) foram resultado da conferência internacional realizada por 44 nações, em Bretton Woods, em julho de 1944, para planejar o sistema monetário do pós-guerra. Apesar de sua origem comum, as duas instituições são independentes e têm objetivos diferentes, resumidos no Quadro 5.1.

Fundo Monetário Internacional

O FMI, cujas operações tiveram início em março de 1947, é a principal instituição financeira internacional; algumas de suas funções são análogas às de um banco central global. O papel que lhe foi destinado foi o de ser o marco institucional para estimular o comércio mundial e o crescimento econômico por meio da regulação, da promoção da estabilidade e da cooperação para as questões monetárias internacionais. Encarregado de estabilizar e sustentar o sistema de taxas de câmbio fixas estabelecido em Bretton Woods, recebeu autoridade e meios para assistir as nações com déficits temporários de balanço de pagamentos. Com um mandato bem definido e uma estrutura cuidadosamente equilibrada de contribuições dos membros, direitos de crédito e poder de voto, além de suporte político, o FMI tornou-se uma instituição confiável e efetiva que tem prestado importante contribuição à prosperidade global desde os anos 40. Atualmente conta com 182 países-membros.

Quadro 5.1: Diferenças entre o FMI e o Banco Mundial

	FMI	**Banco Mundial**
Objetivos	Instituição monetária	Instituição de desenvolvimento
Atividades	Estabilização do sistema monetário internacional. Financiamento de déficits temporários do balanço de pagamento	Promoção do crescimento e desenvolvimento econômico nos países em desenvolvimento
Fonte de recursos	Reservas oficiais e monetárias dos países. Direitos Especiais de Saque (DES)	Cotas de capital. Emissão de títulos no mercado internacional
Tomadores potenciais	Todos os membros	Países em desenvolvimento
Perspectiva	Curto prazo	Longo prazo
Horizonte de crédito	Empréstimos de 3 a 5 anos (máximo de dez anos)	Empréstimos de 15 a 20 anos (máximo de 50 anos)
Número de funcionários	2.700	9.500

O FMI desempenha três atividades principais:

- *Vigilância* O FMI avalia as políticas cambiais dos países-membros a partir de análise abrangente da situação econômica geral e das estratégias de política econômica de cada membro. O FMI desempenha suas funções de vigilância por meio de: consultas anuais bilaterais por país; inspeções semestrais multilaterais direcionadas por suas "Perspectivas Econômicas Mundiais" e por sugestões preventivas individualizadas; fiscalização cada vez mais aprimorada e programas de monitoração dos resultados para membros individuais.
- *Assistência financeira* Inclui créditos e empréstimos concedidos pelo FMI a países-membros com problemas temporários de balanço de pagamentos para apoiar políticas de ajuste e reformas. No início de 1999, o FMI tinha

créditos pendentes em 60 países em um montante aprovado 61,2 bilhões de DES (cerca de US$85 bilhões).

- *Assistência técnica* É o apoio e consultoria oferecidos pelo FMI a seus membros em várias áreas: planejamento e implementação de políticas fiscais e monetárias; formação de instituições — como desenvolvimento de bancos centrais e departamentos do Tesouro; tratamento e prestação de contas de transações com o FMI; coleta e aperfeiçoamento de dados estatísticos; e treinamento de pessoal.

Os fundos do FMI são constituídos por cotas subscritas pelos países-membros, pagas em ouro, dinheiro e Direitos Especiais de Saque (DES). As cotas são determinadas de acordo com uma fórmula que leva em conta um conjunto de variáveis econômicas e financeiras, revistas a cada cinco anos. Em 1962, houve um aumento substancial dos recursos disponíveis do FMI quando os países do Grupo dos Dez (ver adiante) assinaram o Acordo Geral para Captação de Empréstimos pelo qual foi concedido ao FMI um crédito de US$6,5 bilhões, a ser usado em caso de necessidade. Este instrumento de crédito expandiu-se repetidamente. Em 1970, houve um novo aumento de fundos com a criação de uma nova forma de moeda internacional, os Direitos Especiais de Saque (ver Box 5.1).

Box 5.1 — Direitos Especiais de Saque (DES)

Os DES são uma forma de moeda internacional criada pelo FMI para transações internacionais entre bancos centrais, e cujo valor corresponde à média ponderada das cinco principais moedas internacionais — dólar, iene, marco alemão, franco francês e libra esterlina. São alocados aos países-membros como proporção de suas cotas de subscrição no FMI. Mediante recurso ao FMI, um membro pode trocar, com outros membros, seus DES por moeda forte (em geral dólares americanos) a ser usada para atender compromissos internacionais.

Os DES foram criados como uma resposta coordenada ao problema da dependência do dólar por parte do sistema financeiro internacional, num contexto em que os aumentos dos déficits do balanço de pagamentos dos EUA, no final dos anos 60, abalavam a confiança na manutenção do valor do dólar. A primeira alocação de DES ocorreu em janeiro de 1970, havendo várias emissões nos anos seguintes.

As transações financeiras do FMI são denominadas em DES e, atualmente, os bancos comerciais aceitam depósitos denominados em DES. Ainda assim, a moeda internacional emitida pelo FMI não atendeu às aspirações de seus idealizadores, que pretendiam que ela se tornasse um dos principais ativos de reserva do sistema financeiro internacional.

Em meio século de existência, o FMI registrou duas fases distintas. Na primeira, que foi do final da década de 1940 até 1973, supervisionou a adoção da conversibilidade geral entre as principais moedas, fiscalizou o sistema de Bretton Woods de taxas de câmbio fixas em relação ao ouro e forneceu financiamentos de curto prazo aos países que precisavam de rápida transferência de divisas para manterem a paridade de suas moedas ou para se ajustarem a modificações da conjuntura econômica. Com o fim do sistema de Bretton Woods e a adoção de taxas de câmbio flexíveis, houve também uma mudança na função do FMI. Após cinco anos de análise e negociação (1973-78), teve início a segunda fase do FMI com a emenda de seus estatutos. Suas funções foram ampliadas para permitir-lhe lidar com os novos desafios decorrentes do novo sistema financeiro internacional que passava a operar sob taxas de câmbio flutuantes.

A década de 1970 presenciou a tomada de empréstimos em grande escala junto aos bancos comerciais por parte dos países em desenvolvimento. Por volta de 1982, a dívida acumulada dos países em desenvolvimento totalizava US$600 bilhões. A partir de 1979, as sucessivas elevações das taxas de juros nos EUA e a apreciação do dólar pressionaram a capacidade dos países em desenvolvimento de atender o serviço de sua dívida.

Em agosto de 1992, o FMI desempenhou um papel vital no enfrentamento da moratória da dívida mexicana, que marcou o início da "crise da dívida" (ver Capítulo 1). O Fundo não apenas forneceu assistência com recursos próprios, como coordenou e convenceu bancos e credores internacionais a fazer contribuições. O FMI desempenhou o papel de principal intermediário entre todas as partes envolvidas. Foi conseguido um equilíbrio entre "reescalonamento" — a prorrogação dos empréstimos existentes e o fornecimento de novos recursos — e "ajustamento" — a adoção de políticas econômicas mais rigorosas pelos tomadores — orientado caso a caso. O Plano Brady de 1989 (ver Box 1.1, Capítulo 1) deu uma nova dimensão à questão, permitindo ao FMI negociar cerca de 25% dos recursos aportados por um programa de financiamento para a redução de dívidas.

A queda da União Soviética provocou a entrada de novos membros no FMI. O Fundo forneceu assistência fundamental aos países que fizeram a transição de economias centralmente planejadas para economias de mercado. Ofereceu tanto instrumentos financeiros quanto apoio técnico para o desenvolvimento de uma gestão econômica sólida, um setor financeiro dinâmico e para a privatização de empresas estatais. Em 1993, um novo instrumento sistêmico de transformação (STF) foi criado para apoiar de forma flexível esses países. Em 1995, a Rússia e a Ucrânia obtiveram, também, grandes créditos para contingenciamentos.

O México afundou em nova crise financeira no final de 1994, quando o peso caiu 50%. Temeu-se que os problemas do México provocassem uma perda de confiança nos mercados emergentes, comprometendo os avanços obtidos com a solução da crise da dívida. O FMI agiu prontamente, conseguindo um pacote de apoio recorde no valor de US$40 bilhões, além de um programa de ajustes. A confiança foi restaurada, reabilitando o México junto aos mercados financeiros.

Naturalmente, o FMI também esteve profundamente envolvido nas tentativas de resolver a crise financeira do Leste asiático, que teve início no verão de 1997. Foram montados pacotes de auxílio à Tailândia e à Indonésia, e foi fornecido um pacote de salvamento no montante recorde de US$58 bilhões à Coréia do Sul. Contudo, o FMI foi objeto de pesadas críticas, em grande parte devido aos termos em que os pacotes de ajuda foram concedidos. Houve críticas às costumeiras exigências do Fundo quanto à austeridade fiscal e monetária, que foram consideradas inadequadas e até mesmo prejudiciais em circunstâncias em que o excesso de gastos públicos ou a inflação não eram problemas. E a insistência na liberalização dos mercados financeiros locais a instituições estrangeiras foi vista na região como uma tentativa de promover os interesses dos bancos internacionais ocidentais, especialmente os americanos.

No Ocidente, alguns comentadores ponderaram que, ao correr para fornecer auxílio, o FMI estaria incentivando a irresponsabilidade de emprestadores privados e governos regionais, impedindo que enfrentassem as conseqüências de sua imprudência ou incompetência — o chamado problema do "risco moral". "O verdadeiro custo da salvação do México é a atual crise da Ásia", comentou *The Economist*, em janeiro de 1998 (ver Capítulo 1).[1]

Redução e perdão da dívida são questões particularmente relevantes no caso dos países muito pobres. A partir da década de 1980, o FMI viu-se confrontado com o problema de atrasos nos pagamentos. Alguns países tiveram suspensos seus direitos de usar os recursos do Fundo até saldar seus atrasados. O primeiro plano para assistir Países Pobres Altamente Endividados (PPAE) foi formulado em 1996. Mas os resultados foram decepcionantes e, por volta de 1999, apenas três países — Bolívia, Guiana e Uganda — tinham sido beneficiados. No encontro do Grupo dos Sete, em Colônia, em junho de 1999, foi aprovado um novo plano de assistência aos PPAE. Os 33 países mais pobres do mundo (com uma população total de 430 milhões de habitantes) deverão beneficiar-se da Iniciativa de Colônia, que deverá reduzir suas dívidas pendentes de US$130 bilhões para US$60 bilhões.

O FMI tem pouca influência sobre as decisões de política econômica dos países industrializados. Nesse caso, seu mandato para exercer "firme vigilância" sobre os membros é quase sem sentido — não tem influência alguma sobre os déficits dos EUA ou as taxas de juro européias. Também tem pouca influência moderadora sobre os inchados mercados financeiros mundiais. A grande expansão da escala dos fluxos financeiros internacionais nas décadas de 1980 e 1990, as taxas de câmbio flutuantes, a liberalização e integração dos mercados de capitais e a incapacidade dos países industrializados de coordenar suas políticas econômicas contribuíram, em conjunto, para colocar os mercados financeiros internacionais fora do alcance das exortações do FMI, quanto mais de sua disciplina. A prevenção é melhor que a cura, mas não faz sentido culpar o médico se o paciente age segundo sua cabeça e só chama o médico quando a situação está fora de controle.

Banco Mundial

O Banco Internacional para Reconstrução e Desenvolvimento (BIRD) — mais conhecido como Banco Mundial — começou suas atividades em junho de 1946. Sua sede é em Washington, bem em frente à sede do FMI. Tem cerca de 180 países-membros.

Os recursos do Banco Mundial são constituídos a partir de subscrições de capital de seus membros proporcionais à participação no comércio mundial. Um quinto de cada cota é subscrita em ouro e na moeda nacional do país, os outros quatro quintos não sendo negociáveis, mas estando somente disponíveis para lastrear empréstimos privados a países em desenvolvimento. Recursos adicionais são captados no mercado internacional de capitais mediante a emissão de títulos.

A finalidade original do Banco Mundial era promover a reconstrução econômica da Europa devastada pela guerra. Posteriormente transformou-se em uma fonte importante de recursos para fundos de investimento de longo prazo e assistência técnica e econômica a países em desenvolvimento.

O Banco empresta a governos ou a projetos com garantia governamental. Em 1956, criou uma afiliada, a Corporação Financeira Internacional (IFC) a fim de promover fluxos de capital privado para países em desenvolvimento. A IFC investe diretamente em empresas privadas ou oferece empréstimos ou garantias para investidores privados. Toma empréstimos diretamente do BIRD, repassando-os a entidades privadas sem garantias de seus governos. Outra afiliada importante é a Associação para o Desenvolvimento International (IDA), criada em 1960. Especializou-se em conceder empréstimos aos países mais necessitados do mundo a taxas de juros muito baixas ou nulas por prazos de até 50 anos. Esses empréstimos destinam-se principalmente ao financiamento de projetos de infraestrutura, como transportes e energia, que não trazem retornos de mercado a curto prazo, mas são vitais para o desenvolvimento.

Tradicionalmente, a principal atividade do Banco Mundial está relacionada aos empréstimos. Mas em anos recentes, tem oferecido garantias parciais para projetos de investimento, bem como assumido alguns dos riscos que afastam os investidores. As garantias do Banco Mundial têm algumas vantagens sobre os empréstimos. Elas ajudam os países a ter, de novo, acesso aos mercados privados de capital; podem ser adequadas de forma a cobrir riscos específicos que mais assustem investidores; e podem ajudar os países a ampliar o prazo de seus financiamentos. As garantias proporcionam ao Banco Mundial uma forma criativa de lidar com um problema sério — a repentina perda de acesso aos mercados privados de capitais por parte dos países emergentes, que ocorre quando os investidores ficam amedrontados, como no caso das crises financeiras do final dos anos 90.

A partir de 1995, o Banco Mundial é presidido por James Wolfensohn, um prestigiado executivo de banco de investimento americano, dando continuidade à tradição de que a organização seja presidida por americanos. Wolfenshon, que tem algo de *showman* em sua personalidade, descreve sua instituição como um "banco de conhecimento" e sugeriu que seu desempenho deva ser avaliado pelo "sorriso das crianças" dos países pobres.[2] Declarou que seu objetivo é tornar o Banco Mundial a "principal instituição de desenvolvimento global" do século XXI. No caso dos países em desenvolvimento mais dinâmicos, a maior parte dos fluxos é de capitais privados, mas, para os mais pobres, o Banco Mundial e outros bancos multilaterais de desenvolvimento continuam desempenhando papel muito importante. Em 1999, a criação do Fundo para Reestruturação Asiática, sob os auspícios do IFC, com recursos de US$1 bilhão para investir em empresas regionais afetadas pela crise e depois reestruturá-las, foi um fato significativo.

Banco para Compensações Internacionais (BIS)

O Banco para Compensações Internacionais — o banco central dos bancos centrais — é a mais antiga das instituições financeiras internacionais. Foi criada em 1930 com o objetivo de coordenar o pagamento das reparações de guerra alemãs aos bancos centrais europeus. Após a II Guerra Mundial, as funções operacionais de um banco central internacional foram delegadas ao FMI.

Contudo, o BIS continuou tendo papel significativo devido às suas reuniões mensais com os governadores (ou presidentes) dos bancos centrais dos principais países industrializados em sua sede na Basiléia, Suíça. O objetivo de tais reuniões é o entendimento mútuo e a coordenação internacional das políticas monetárias a fim de assegurar estabilidade aos mercados financeiros internacionais. Os funcionários do BIS previram a crise financeira da Ásia em 1997, mas nenhuma ação foi tomada. O BIS atua também como gestor ou agente de liquidação de pagamentos financeiros internacionais, quando chamado pelas partes.

O BIS é uma instituição pública de propriedade dos bancos centrais de vários países europeus, da Austrália, Canadá, Japão e África do Sul, bem como de vários bancos comerciais dos EUA. É gerido por um Conselho de Diretores, formado por representantes da Alemanha, Bélgica, França, Itália, Holanda, Suécia, Suíça e Reino Unido, e, a partir de 1994, também do Canadá, Japão e EUA.

Seus principais departamentos são o Departamento Bancário e o Departamento Monetário e Econômico. O Departamento Bancário assiste os bancos centrais na gestão e investimento de suas reservas cambiais. Atualmente cerca de 120 bancos centrais mantêm depósitos junto ao BIS, representando cerca de 7% das reservas cambiais do mundo. O Departamento Monetário e Econômico levanta e divulga dados sobre os mercados financeiros, as atividades bancárias internacionais e publica relatórios de pesquisa sobre tendências e problemas potenciais. A revisão abrangente da situação econômico-financeira internacional apresentada nos relatórios anuais do BIS é bastante considerada.

A grande expansão dos empréstimos internacionais nos anos 70 aumentou a vulnerabilidade do sistema financeiro internacional às falências bancárias. O Comitê de Basiléia para a Supervisão Bancária, criado em 1974 pelo "Grupo dos Dez", tem como objetivo monitorar e compatibilizar os padrões bancários nacionais. O Tratado de Basiléia de 1975, reforçado em 1983, especificou a responsabilidade do BIS quanto à supervisão das agências e subsidiárias estrangeiras dos bancos. Em 1988, foram acordados padrões mínimos para adequação de capital dos bancos — o Acordo de Basiléia. Isto não apenas aumentou a confiança no sistema bancário internacional, como também estabeleceu condições competitivas comuns para os bancos internacionais — um campo de jogo nivelado. As exigências de adequação de capital do BIS tornaram-se padrão para todos os centros financeiros significativos. Em 1995, novas regras prudenciais foram apresentadas para restringir os riscos de mercado nas transações envolvendo derivativos. Uma revisão do Acordo de Basiléia, com parâmetros refinados de avaliação de risco de empréstimos bancários, foi acordada no verão de 1999.

Sendo, em sua origem, uma instituição européia, o BIS desenvolveu relações estreitas com os bancos centrais da União Européia. Antes da criação do Instituto Monetário Europeu (ver adiante a seção referente ao Banco Central Europeu), o BIS forneceu instalações e assistência à secretaria do Comitê de Governadores dos Bancos Centrais da Comunidade Européia. Em 1986, passou a atuar como câmara de compensação para transações interbancárias na unidade monetária européia (ecu*), que eram conduzidas por bancos comerciais.

* Sigla para European Currency Unit, unidade de conta criada em 1979 para servir como ativo de reserva e unidade de conta do Sistema Monetário Europeu. Seu valor era calculado pela média ponderada de uma cesta composta por montantes pré-especificados das moedas da Comunidade Européia. (N.R.)

O BIS atua como um banco central dos bancos centrais aceitando depósitos e concedendo empréstimos de curto prazo para bancos centrais com necessidade de liquidez. A discricionaridade com que presta essa assistência contribui para seu efetivo desempenho em moderar a especulação com moedas. Exemplos notáveis foram o apoio dado ao Banco da Inglaterra em 1966, 1967 e 1977 e ao Banco da França, em 1968.

O BIS desempenhou papel significativo auxiliando o FMI na gestão da crise da dívida internacional de 1982. Sob seus auspícios, os bancos centrais dos países credores conseguiram linhas de crédito adicionais do FMI, aumentando os recursos disponíveis nos países em desenvolvimento. Além disso, às vezes o BIS faz empréstimos-ponte de curto prazo aos países em desenvolvimento que estão à espera de aprovação de empréstimos do FMI ou do Banco Mundial.

BANCOS CENTRAIS

O papel de um banco central varia um pouco de país para país, mas a maior parte dessas instituições desempenha, se não todas, a maioria das seguintes funções:

- *Banco de governo* O banco central administra as necessidades de cruto e longo prazos do governo por meio da emissão de títulos e bônus. Gerencia a receita pública e as contas dos órgãos do governo.
- *Banco dos bancos* O banco central atua como "emprestador de última instância" dos bancos do país, mantendo a confiança no sistema bancário. Se um banco comercial vir-se sem fundos, pode requerer a assistência do banco central. Dado que o banco central determina os termos de tais empréstimos, sua atuação exerce uma influência importante sobre as taxas de juros e sobre a oferta de moeda.

O banco central atua como banqueiro dos bancos comerciais, aceitando seus depósitos e concedendo-lhes empréstimos, bem como ao mercado monetário. Às vezes exige-se que os bancos comerciais mantenham determinado nível de recursos em suas contas no banco central, sendo o nível de tais depósitos não operacionais um instrumento para controlar o desempenho dos bancos e as condições monetárias.

- *Agente de política monetária* Os bancos centrais assessoram os governos quanto à política monetária, isto é, quanto à quantidade de moeda na economia, à taxa de juros e à taxa de câmbio. Implementam a política econômica do governo nesse campo e supervisionam o sistema bancário comercial para atingi-la. Também atuam no mercado de títulos públicos objetivando o cumprimento da política monetária.

Quando os países têm controles cambiais — restrições à livre transferência de dinheiro entre o país e o resto do mundo — essas medidas são conduzidas pelo banco central, assim como em caso de intervenção nos mercados cambiais para influenciar o valor da moeda. A intervenção é mais efetiva se conduzida em conjunto com outros bancos centrais e, para tal, os funcionários dos bancos centrais mantêm-se em contato por meio do Banco para Compensações Internacionais, de outras instituições financeiras internacionais e de relações informais.

A zona do euro, Nova Zelândia, Reino Unido e EUA têm bancos centrais "independentes", isto é, com certo grau de responsabilidade na obtenção de preços estáveis e, às vezes, outros objetivos econômicos, já que se acredita que os governos sejam facilmente tentados a adotar políticas inflacionárias para alcançar objetivos políticos de curto prazo. Uma distinção feita comumente é aquela entre "independência instrumental" — quando o banco central tem liberdade de decidir apenas como alcançar os objetivos — e "independência de objetivos" — quando também pode determinar os objetivos. O Banco da Inglaterra tem o primeiro tipo de independência, o Bundesbank alemão, o segundo.

- *Emissor de moeda* Os bancos centrais controlam a emissão de notas e moedas.
- *Supervisor e regulador do sistema financeiro* Muitas vezes, mas nem sempre, os bancos centrais têm responsabilidade regulatória sobre o sistema bancário e, em certas ocasiões, por outros aspectos do sistema financeiro. Ao exigir informações regulares dos bancos, podem monitorar suas atividades e atuar no sentido de salvaguardar a solidez do sistema bancário.

Em geral os bancos centrais atuam como autoridade licenciadora dos bancos comerciais. Para manter sua licença de funcionamento, os bancos devem atender padrões determinados de adequação de capital e de liquidez, que são vigiados pelo banco central ou outra autoridade bancária.

- *Atuação internacional* Os bancos centrais conduzem as transferências de ouro e de outras divisas para outros bancos centrais e instituições financeiras internacionais. Os bancos centrais são membros do Banco para Compensações Internacionais, o clube dos banqueiros centrais.

Abertura e responsabilidade são duas características desejáveis das operações de um banco central. Por abertura entende-se o processo pelo qual as decisões são tomadas de forma publicamente transparente. Assim, o Banco da Inglaterra e a Reserva Federal dos EUA divulgam minutas de suas deliberações, embora com certo atraso. Já responsabilidade quer dizer que os dirigentes dos bancos centrais, que não são eleitos, têm que responder, em última instância, perante instituições democráticas, legitimando assim sua autoridade.

Quadro 5.2: Quatro formas de independência dos bancos centrais

Banco Central Europeu	**Banco da Reserva da Nova Zelandia**	**Banco da Inglaterra**	**Sistema da Reserva Federal (EUA)**
Estrutura			
Independência estatutária (determina alvos e taxas)	Determina taxas para alcançar metas. Penalidade para falhas	Independência operacional (determina taxas mas não alvos)	Totalmente independente mas responde perante o Congresso
Objetivos/metas			
Estabilidade de preços (inflação de 0% a 2%)	Estabilidade de preços (inflação entre 0% e 2%)	Estabilidade de preços (inflação de 2,5%). Apóia a política de crescimento e de emprego do governo	Estabilidade de preços e maximização do emprego
Poderes do governo			
Não podem se sobrepor	Pode sobrepor-se em casos de emergência	Pode sobrepor-se em caso de emergência	Não pode sobrepor-se sem alterar os termos de referência do Fed
Supervisiona os bancos?			
Não	Sim	Não	Sim
Diretores/conselho			
17 membros: 6 executivos, 11 diretores dos bancos centrais, nacionais	7 a 10 integrantes, principalmente para monitorar o governador	9 integrantes, 5 do Banco, 4 de fora	Conselho com 7 integrantes/Comitê Federal de Mercado Aberto, com 12 integrantes
Reuniões			
Mensais; membros votam; não há minutas	O governador decide diariamente; não há minutas	Mensais; um membro, um voto; minutas divulgadas com seis semanas de atraso	8 vezes ao ano; divulgação de minutas
Presidente			
Wim Duisenberg; mandato de 8 anos, renovável	Donald Brash; mandato de 5 anos, rotativo	Eddie George; mandato de 5 anos, renovável	Alan Greenspan; mandato de 4 anos, renovável

Banco da Inglaterra

O Banco da Inglaterra foi pioneiro no exercício de muitas das funções dos modernos bancos centrais. Desde sua criação, em 1694, atuou como banco de governo, levantando recursos para atender suas necessidades. No século XIX, adquiriu o monopólio da emissão de moeda, assumiu a função de emprestador de última instância para o sistema bancário, atuou na fiscalização dos mercados monetários e na regulamentação dos bancos bem como tornou-se guardião do padrão-ouro, a pedra fundamental do sistema financeiro internacional. O Banco esteve estreitamente associado à política de volta ao padrão-ouro após a I Guerra Mundial, e seu prestígio foi arranhado quando a libra esterlina foi forçada a abandonar o padrão-ouro em 1931.

Nacionalizado em 1946, o Banco curvou-se formalmente ao Tesouro, embora conservasse, na prática, considerável autonomia. Da década de 1940 à de 1990, suas principais responsabilidades foram: assessorar o governo quanto à política monetária e implementar suas decisões; provisão de recursos para o governo mediante adiantamentos e emissão de Notas de Tesouro e de Bônus; e a administração dos controles cambiais do Reino Unido, até sua abolição em 1979. Também atuou como porta-voz da City* junto ao governo e vice-versa. Seu relatório anual e o famoso *Quarterly Bullefin* permitem-lhe atingir vasto público, o mesmo acontecendo com os pronunciamentos do governador e de outros altos funcionários.

O Banco também respondeu pela fiscalização e apoio ao sistema bancário. Em certos momentos agiu para socorrer instituições com problemas, sendo os casos mais notáveis a crise do Barings, em 1890 e a crise bancária de 1974-75. Contudo, quando o Barings explodiu pela segunda vez, em fevereiro de 1995, em decorrência dos colossais prejuízos provocados por um corretor de derivativos, o Banco da Inglaterra achou que não havia ameaça ao sistema financeiro como um todo e não tomou medida alguma para salvar a empresa. O tratamento dado pelo Banco a dois outros episódios — a quebra de Johnson Matthey Banckers, em 1984, e o colapso do Bank of Credit and Commerce International, em 1991 — atraiu consideráveis críticas. Finalmente, em maio de 1997, as responsabilidades do Banco quanto à regulamentação do sistema bancário foram transferidas para uma nova instituição regulatória, a Financial Services Authority (ver Capítulo 6).

Outra mudança foi a transferência das tradicionais responsabilidades do Banco em relação à gestão da dívida do governo para o Tesouro. Mas o Banco conservou suas responsabilidades quanto a outros agentes e quanto à gestão de curto prazo das taxas de juros. Também controla as reservas

* Distrito financeiro de Londres, equivalente a Wall Street, em Nova York. (N.R.)

cambiais do Reino Unido, que pode utilizar para sustentar seus objetivos de política monetária. Para conduzir o novo sistema, o cargo de vice-governador foi desmembrado em dois. Um é responsável pela estabilidade financeira, em outras palavras, por monitorar a saúde do sistema financeiro e avaliar quando os problemas de alguma instituição ameaçam todo o sistema; o outro é responsável pela política monetária.

Essas mudanças são aspectos de uma redefinição mais ampla das funções do Banco pelo novo governo trabalhista britânico, a partir de maio de 1997. Ainda mais importante foi a concessão de independência operacional — o poder de determinar as taxas de juros do Reino Unido com o objetivo de manter a estabilidade de preços, definida como meta inflacionária anual de 2,5%. Foi criado um novo Comitê de Política Monetária, composto por funcionários do Banco e pessoas de fora, para determinar as taxas de juros. Segue de perto o modelo do Comitê de Mercado Aberto da Reserva Federal dos EUA, reunindo-se mensalmente durante dois dias. As minutas dessas reuniões são divulgadas com defasagem de seis semanas. A condução da política monetária do Reino Unido pelo Comitê de Política Monetária rapidamente fez-se objeto de apreço. O *Financial Times* saudou o segundo aniversário de sua criação com a manchete "Feliz Aniversário".[3]

Sistema da Reserva Federal dos EUA (Fed*)

Em 1913, foi instituído nos EUA um sistema equivalente a um banco central, compreendendo um órgão de formulação de políticas, o Conselho da Reserva Federal, sediado em Washington, e um conjunto de instituições operacionais — 12 bancos regionais, 25 filiais e 11 escritórios. A Reserva Federal atua como agente do governo federal para a arrecadação de impostos e administração da dívida pública. A moeda dos EUA é constituída por papel-moeda e moedas metálicas emitidas pela Reserva Federal.

Os bancos regionais da Reserva Federal atuam como banco central em suas regiões, desempenhando uma série de funções, entre elas a de emprestador de última instância, de particular importância em virtude da fragmentação do sistema bancário americano (três quartos dos 14 mil bancos do país são instituições com uma agência única). Os bancos comerciais são obrigados a manter reservas nos bancos regionais do Fed, que também executam os serviços de compensação. O Banco da Reserva Federal de Nova York é o mais importante dos bancos de reserva regionais.

---

* Abreviação pela qual é popularmente conhecido o Sistema da Reserva Federal (Federal Reserve System). (N.R.)

O Conselho do Fed, em Washington, tem um presidente, nomeado pelo presidente dos EUA e aprovado pelo senado com mandato de quatro anos e sete governadores com mandatos de 14 anos. A política monetária dos EUA é determinada pelo Comitê Federal de Mercado Aberto, composto por sete conselheiros e cinco presidentes de bancos regionais da Reserva Federal, que se sucedem em regime de rotatividade. O Fed dispõe de bastante independência tanto na definição dos objetivos da política monetária quanto na fixação das taxas de juros embora seus objetivos não se restrinjam à estabilidade de preços, abarcando também o nível máximo de emprego. Seu poder é contrabalançado pelo controle exercido sobre suas transparência e responsabilidade. As minutas das reuniões mensais são divulgadas bem como os dados utilizados para a formulação de políticas. O Fed responde ao Congresso, onde seu presidente comparece regularmente perante comissões e é interrogado pelos políticos. O Congresso também faz a supervisão do orçamento e das atividades regulatórias do Fed.

Alan Greenspan, presidente do Fed desde 1987, atingiu um status lendário pela sua sagacidade e capacidade de gestão da economia norte-americana. Seus pronunciamentos são capazes de movimentar os mercados, especialmente quando faz observações como, por exemplo, quando afirmou, em dezembro de 1996, que os preços das ações estavam sobrevalorizados em função de uma "exuberância irracional". "Ele tem uma percepção notável dos detalhes da economia", diz um antigo membro do Conselho de Governadores do Fed, "que lhe permite vislumbrar perigos antes mesmo que se manifestem."[4] "Um tesouro nacional", elogia um fascinado senador dos EUA.[5]

Banco do Japão

Criado em 1885, o Banco do Japão atua como emprestador de última instância, agente fiscal do governo e supervisor do funcionamento dos principais mercados de juros. Também desempenha funções de fiscalização dos mercado de títulos. Entretanto, os bancos comerciais são regulamentados pelo departamento bancário do Ministério das Finanças. Além disso, a autoridade do Banco em relação à política monetária é limitada, uma vez que cabe ao Ministério das Finanças alterar as taxas de juros e sua autorização é também exigida para modificar os coeficientes de reservas dos bancos comerciais.

O Banco do Japão é conduzido por uma diretoria com sete integrantes, o governador, quatro representantes do setor bancário privado e dois do governo — um, do Ministério das Finanças; outro, da Agência de Planejamento Econômico. Desde abril de 1998 eles têm exercido considerável poder discricionário quanto à determinação da política monetária japonesa, embora não sendo totalmente independentes do Ministério das Finanças.

No início de 1998, um escândalo abalou o Banco do Japão: o diretor da divisão de mercado de capitais foi detido por aceitar suborno de dois grandes bancos japoneses. Isso provocou a demissão do governador Yasuo Matsushita e de seu vice bem como o suicídio do funcionário responsável pela segurança.

Banco Central Europeu (BCE)

A União Econômica e Monetária Européia requereu a criação de uma nova instituição para supervisar o euro a nova moeda única, e conduzir a política monetária da área do euro — a "Eurolândia", como passou a ser conhecida (ver Capítulo 9). O primeiro passo foi a criação do Instituto Monetário Europeu (EMI), em janeiro de 1994, uma instituição precursora. Sua localização em Frankfurt reforçou, para os eleitores alemães, que teriam que abrir mão, em algum momento, de seu querido marco alemão. De seus escritórios no prédio da Eurotower, o EMI empreendeu a tarefa de planejar a introdução da moeda única européia ao longo dos anos de 1999 a 2002.

O Banco Central Europeu (BCE) passou a funcionar plenamente em junho de 1998. É a peça chave do Sistema Europeu de Bancos Centrais (SEBC) — o "Eurosistema" — que compreende o BCE e os bancos centrais nacionais (BCNs) de todos os países-membros da União Européia — e não apenas daqueles que participam da área da moeda única. As tarefas básicas do SEBC são:

- definir e implementar a política monetária da área do euro com o objetivo prioritário de manter a estabilidade de preços
- conduzir operações cambiais
- deter e administrar as reservas cambiais públicas dos estados da área do euro
- promover a operação ordenada do sistema de pagamentos

A independência é a marca do BCE. Este não apenas define sua própria meta inflacionária, determinando, em consonância com tal meta, as taxas de juros, como está totalmente isolado de influências políticas. Primeiro, não está obrigado a publicar nenhum relatório específico sobre suas deliberações ou a justificar suas ações. Segundo, seu mandato, respaldado pelo Tratado de Maastrich, é praticamente incontestável e inalterável. Terceiro, tem poucas contas a prestar, seja a governos eleitos, ao Conselho de Ministros, ou ao Parlamento Europeu. Fica claro que o BCE adotará sempre uma atitude firme de combate à inflação, não importando o que os políticos europeus pretendam.

Os principais órgãos do BCE são o Conselho Executivo e o Conselho de Governadores. O Conselho Executivo é composto por um presidente, um vice-presidente e seis membros, todos designados para mandatos de oito anos. O primeiro presidente é Wim Duisenberg, anteriormente presidente do Banco Central holandês e ex-ministro das Finanças da Holanda. O Conselho de Governadores é integrado pelos membros do Conselho Executivo e pelos governadores dos bancos centrais de todos os países-membros. As decisões de política monetária são tomadas por maioria simples.

Os bancos centrais dos países da Eurolândia, tais como o Bundesbank ou o Banque de France formam agora uma rede de postos avançados do BCE — como os bancos regionais da Reserva Federal nos EUA. No início do euro, os bancos centrais da "Eurolândia" empregavam 54 mil funcionários — o dobro do contingente do Sistema do Fed. Com muitas de suas responsabilidades transferidas para o BCE, espera-se substancial redução.

Com o inicio da união monetária européia, o BCE passou a ser a única instituição a autorizar a emissão de moedas dentro da União Européia, mas partilha o processo de emissão com os bancos centrais nacionais. Os Estados-membros podem emitir moeda nacional, mas estão sujeitos à aprovação do BCE.

Bancos regionais de desenvolvimento

Inspirados no exemplo do Banco Mundial, mais de 50 bancos regionais de desenvolvimento já foram criados a fim de promover projetos de desenvolvimento em áreas determinadas do mundo. Isso foi resultado das demandas políticas locais por instituições com raízes regionais mais profundas tanto em termos de pessoal quanto de experiência. A seguir descreveremos cinco dos principais bancos regionais de desenvolvimento. Informações a respeito dos demais podem ser encontradas em seus sites na internet.

Banco Europeu de Investimentos (BEI)

É o banco de desenvolvimento regional da União Européia, com sede em Luxemburgo. Conta com 800 funcionários.

Na década de 1950, os políticos europeus decidiram criar seu próprio banco de desenvolvimento, pois consideravam o Banco Mundial um agente do Departamento de Estado dos EUA, dominado pelos americanos. O BEI foi parte integrante do Tratado de Roma de 1958, que criou a União Européia; o objetivo do banco era promover o desenvolvimento econômico, sobretudo nas áreas mais atrasadas da Europa continental. Os estatutos do BEI parafraseiam os artigos do acordo sobre o Banco Mundial, e sua posição em relação à União Européia é análoga àquela do BIRD em relação às Nações Unidas.

A função do BEI é a concessão de empréstimos e de garantias para empréstimos destinados a projetos nas regiões menos desenvolvidas da União Européia (bem como em algumas ex-colônias francesas na África) e a promoção da integração econômica e do desenvolvimento europeu. É o maior emprestador multilateral do mundo. Detendo a mais elevada classificação de crédito possível, consegue captar recursos em condições favoráveis em mercados de capitais de todo o mundo. Em geral, o BEI contribui com recursos próprios, que financiam cerca de um quarto do custo de capital dos projetos. Os recursos são concedidos a médio prazo, algo em torno de sete a doze anos. O BEI está envolvido no apoio de cerca de 4% do investimento bruto da Europa, embora nas regiões mais pobres essa participação possa chegar a 12%. Desde o início dos anos 90, o BEI tem sido um dos principais atores nos esforços da União Européia para reduzir o desemprego.

Banco Inter-Americano de Desenvolvimento (BID)

Sediado em Washington, o BID foi criado em 1959 por iniciativa da Organização dos Estados Americanos. Inicialmente tinha como foco projetos públicos de infraestrutura, especialmente estradas e usinas hidroelétricas. Mas nas décadas de 1980 e 1990 passou a apoiar projetos privados, em especial empreendimentos agrícolas e voltados para a exportação. Com um capital de US$100 bilhões, é maior supridor de capital para países da América Latina do que o Banco Mundial. No início dos anos 90 havia dúvidas quanto ao futuro do BID por duas razões: primeira, uma antiga disputa entre os EUA, o principal acionista, e os credores latino-americanos; e, segundo, a abundância de investimentos privados na região. Mas quando os fluxos de capital privado secaram em decorrência da crise mexicana de 1995, todo o hemisfério voltou a reconhecer a importância do BID. Conta atualmente com 1.500 funcionários.

Banco Africano de Desenvolvimento (BAD)

O BAD — cuja sigla em inglês é AfDB, African Development Bank — foi criado em 1963. Sua sede é em Abidjan, na francófona Costa do Marfim e tem cerca de mil funcionários.

Sua história é movimentada, e seus recursos, desperdiçados por empréstimos imprudentes, incompetência e corrupção. Em 1995, houve uma iniciativa de se fazer reformas vitais no banco, mas os novos critérios de crédito foram tão rígidos que 39 dos 59 países africanos associados ao banco ficaram impossibilitados de tomar empréstimos. Em meados de 1998, um novo acordo com seus patrocinadores não africanos prometeu um aumento de capital de US$30 bilhões, com o que se esperava torná-lo "um instrumento crucial para a erradicação da pobreza e a promoção do crescimento" na África.[6]

Banco Asiático de Desenvolvimento

Foi criado em 1966, com sede em Manila, capital das Filipinas. Atualmente o banco tem um capital de US$48 bilhões e um quadro de 1.700 funcionários. Tem 41 membros regionais em toda a Ásia, mas a China não se encontra entre eles. Concede empréstimos e investe no mercado de capitais, objetivando o desenvolvimento econômico e social de seus membros.

Os maiores acionistas do banco são o Japão e os EUA, embora Austrália e Nova Zelândia também tenham participação importante em seu capital. Seus empréstimos concentram-se em projetos de energia, transportes, agricultura e indústria. Os governos da Ásia são os maiores tomadores. A Indonésia é o pais que recebeu mais recursos, algo em torno de um terço do total dos empréstimos efetuados. Uma instituição associada, o Fundo Asiático de Desenvolvimento (FAD) concede empréstimos em termos mais favoráveis aos países mais pobres, como Bangladesh, Nepal e Sri Lanka.

Nos anos mais recentes houve manifestações favoráveis a um maior apoio ao setor privado. Também houve algumas divergências entre os EUA e o Japão e queixas de que empresas japonesas estariam sendo aquinhoados com um número desproporcional de projetos financiados pelo Banco Asiático de Desenvolvimento. Desde 1991 o banco vem promovendo deliberadamente o desenvolvimento e a integração dos mercados de capital asiáticos, tendo colocado uma emissão de US$300 milhões em títulos simultaneamente em Hong Kong, Cingapura e Taiwan. Mais recentemente, promoveu a criação de um sistema de compensação para os mercados de títulos asiáticos com o objetivo de estabelecer um mercado secundário regional forte e com liquidez. Foi criticado pela falta de liderança na crise asiática de 1997.

Banco Europeu para a Reconstrução e o Desenvolvimento (BERD)

O banco, sediado em Londres, foi criado, em 1990, para auxiliar o financiamento da transição do comunismo para o livre mercado dos países da Europa central e oriental. Seus fundadores foram 41 países, embora a maior parte do capital tivesse sido integralizada por contribuições dos EUA e da União Européia. Conta com 750 funcionários e um capital de US$16 bilhões, operando em 25 países ex-comunistas.

O BERD teve um início controverso em função da busca de publicidade e dos altos gastos patrocinados por seu primeiro presidente, Jacques Attali. Este renunciou no verão de 1993, após haver galvanizado a ira de seus apoiadores internacionais em decorrência dos gastos com a construção da sede do banco — que incluía paredes de mármore de Carrara, o que lhe rendeu o apelido de "banco cintilante" —, ao passo que os empréstimos concedidos ficavam longe das expectativas. Foi sucedido por Jacques de Larosière, severo e distinto ex-presidente de banco central, ex-gerente administrativo do FMI e governador do Banque de France, que foi conduzido ao BERD para "limpar os estábulos de Augias*" como disse um comentador ferino. Sob de Larosière, os custos foram cortados, os empréstimos concedidos aumentaram rapidamente e o banco até registrou lucros, ainda que modestos. Em 1998, de Larosière foi sucedido por Horst Köhler, ex-dirigente da Associação Alemã de Bancos de Poupança.

O BERD atua em parceria com bancos, empresas multinacionais ou locais, participando, em média, com apenas um terço do capital de qualquer projeto. Empresta em termos comerciais e tem sido criticado por sua cautela excessiva. "Somos um banco e temos que agir como tal", observa de Laroisière.[7] "Temos uma conta de lucros e perdas. Somos avaliados pelos mercados. Temos que tomar empréstimos nos mercados. Também temos que levar em conta a possível necessidade de fazer provisões para riscos. Portanto, o Banco tem que ser conduzido como um banco."

Em meados de 1999, o BERD tinha investido US$13 bilhões na Europa central e oriental, o que o tornava o maior investidor individual da região. Quase um quarto dos recursos tinha sido destinado à Rússia e um terço aplicado no setor bancário devastado pela crise financeira russa do verão de 1998. O resultado foi uma perda de US$260 milhões e a triplicação das provisões para inadimplências. Naturalmente, não foi o único banco estrangeiro afetado pela crise russa, o Crédit Suisse First Boston teve um prejuízo de US$1,3 bilhão e o ABN-Amro, Barclays, Deutsche e Dresdner também tiveram que aumentar suas provisões. "A transição vai demorar bem mais do que se imaginava", observou Horst Köhler.[8]

Organização para a Cooperação e o Desenvolvimento Econômico (OCDE)

A OCDE, sediada em Paris, já foi descrita como o "instituto de pesquisas mais influente do mundo".[9] Seus dois mil funcionários geram inúmeras publicações renomadas: estudos especiais sobre aspectos da economia e das finanças internacionais; respeitadas avaliações das perspectivas econômicas dos países-membros; séries estatísticas periódicas que, junto com aquelas levantadas pelo BIS e pelo FMI, constituem a base das análises financeiras internacionais. A finalidade de tais estudos e relatórios é auxiliar os países-

* Augias: na mitologia grega, rei cujos estábulos fétidos foram limpos por Hércules em um de seus Doze Trabalhos. (N.R.)

membros a formular políticas objetivando alcançar o cenário dos sonhos econômicos — crescimento, alto nível de emprego e estabilidade financeira. A OCDE é também um importante fórum de discussão dos países industrializados, especialmente no que se refere às questões monetárias internacionais e à assistência aos países em desenvolvimento.

As origens da OCDE estão em uma entidade anterior, a Organização para a Cooperação Econômica Européia (OCEE), criada em Paris em 1947 para promover a reconstrução européia e gerir a distribuição dos recursos do "Plano Marshall" dos EUA, entre 1948 e 1952. Na década de 1950, concentrou-se no processo de desmantelamento das restrições de pagamentos e comerciais intereuropeus, bem como nos movimentos de capital e trabalho. Em 1961, transformou-se na OCDE, ocasião em que Canadá e EUA se integraram como membros plenos. A nova organização assumiu uma perspectiva mundial, adotando como objetivos o desenvolvimento econômico dos países menos desenvolvidos e a promoção do comércio multilateral global.[10] "A globalização é a extensão da interdependência econômica" comentou o secretário-geral da OCDE, Donald Johnston, acrescentando que "isso trará paz e estabilidade." Os anos 90 testemunharam uma corrida de novos candidatos desejosos de ingressar na OCDE. No início da década eram 23 membros — 17 países europeus ocidentais mais Austrália, Canadá, Japão, Nova Zelândia, Turquia e EUA. Em 1993, o México tornou-se o primeiro país de industrialização recente a aderir e, em 1995, a República Tcheca foi o primeiro país ex-comunista a nela ingressar. Desde então, mais quatro países já foram admitidos e as candidaturas da Rússia, Eslováquia, Estônia e Argentina já estão lançadas. "Alguns receiam", comenta o *Financial Times*, "que esta expansão torne mais difícil a tomada de decisões na organização e que a OCDE deixe de representar o que significou até aqui."[11]

GRUPO DOS SETE E OUTROS FOROS DE DISCUSSÃO

Nas décadas de 1950 e 1960, a era das taxas de câmbio fixas, as instituições financeiras internacionais — especialmente o FMI e a OCDE — foram fóros de discussão das questões financeiras e monetárias internacionais. O BIS desempenhou essa função no que se refere aos bancos centrais, tornando-se ainda mais importante nos anos 60, quando os EUA começaram a participar das reuniões de Basiléia.

À medida que mais e mais países se integravam a essas instituições internacionais, aqueles que tinham interesses similares passaram a se reunir em grupos menores e mais informais. Em contraste com as instituições de Bretton Woods e suas ramificações, estes grupos têm operado em geral sem uma secretaria permanente, reunindo-se de acordo com as necessidades. Os mais importantes desses grupos são o Grupo dos Dez, o Grupo dos Vinte e Quatro, o Grupo dos Sete e o Grupo dos Vinte e Dois (ver Capítulo 1).

Grupo dos Dez (G10)

O G10 nasceu em 1962 de uma reunião convocada pelos EUA para aumentar os recursos disponíveis do FMI por meio do Acordo Geral sobre Empréstimos (GAB). Os nove signatários do Acordo comprometeram-se a aportar um mínimo de US$100 milhões, soma suficientemente alta para eliminar a maioria dos países, à exceção dos principais países industrializados, como se pretendia. O grupo tornou-se G10 em 1964, quando o Japão ingressou como membro. Em 1983, a Suíça tornou-se o último país do grupo, mas o nome ficou inalterado.

O G10 foi um importante foro de encontros ministeriais nos anos 60, mas a partir da década seguinte foi perdendo importância em favor de grupos ainda menores dos principais países industrializados. Contudo, o G10 continua sendo um espaço significativo para reuniões de funcionários, em particular as consultas mensais entre os governadores dos bancos centrais dos países do G10, na Basiléia.

Grupo dos Vinte e Quatro (G24)

Em 1964, os países em desenvolvimento criaram seu próprio grupo, o Grupo dos Setenta e Sete (G77). O G24, um subgrupo do G77, especializou-se em questões financeiras e foi criado, em 1972, para contrabalançar a influência do G10 nas instituições internacionais. O G24 é composto por oito representantes, da África, da Ásia e da América Latina. Durante a década de 1970, o G24 foi um influente grupo de pressão mas nas duas décadas seguintes sua importância tornou-se mínima.

Um grupo criado 1989 para coordenar a assistência dos países desenvolvidos aos países da Europa central e oriental em sua transição para a economia de mercado também ficou conhecido como Grupo dos Vinte e Quatro. É presidido por um membro da Comissão Européia e conta com representantes do Banco Mundial, FMI e BERD.

Grupo dos Sete (G7)

O G7 é o mais importante dos foros de discussão; sua origem remonta a um encontro de ministros das Finanças e governadores de bancos centrais da França, Alemanha, Japão, Reino Unido e EUA, em 1967. O objetivo foi a coordenação de medidas para reforçar o sistema de Bretton Woods, mas sem resultados. Em 1975, as reuniões passaram a dar-se em nível de chefes de estado, quando os cinco principais países, e mais a Itália, reuniram-se para discutir questões financeiras e econômicas em Rambouillet, França. No ano seguinte, o Canadá foi convidado, quando o grupo passou a se chamar G7. A partir de 1977, o presidente da Comissão Européia passou a participar dos encontros. Quando a Rússia comparece, é denominado Grupo dos Oito — G8.

Nos anos 70, o G7 passou a ser, em lugar do G10, o grupo econômico-financeiro mais importante. Em 1986, o G7 assumiu postura semi-formal, descrita pelo secretário do Tesouro dos EUA, James Baker, como "a coisa mais importante desde a adoção de taxas de câmbio flutuantes". No ano seguinte foi assinado o Acordo do Louvre, pelo qual os membros do G7 se comprometeram a controlar a alta do dólar.

A partir de então, os ministros das Finanças do G7 passaram a se reunir regularmente para discutir questões financeiras internacionais, e o G7 tornou-se o principal foro de coordenação das políticas econômicas dos países ricos. As declarações emitidas após esses encontros indicam a visão do conjunto desses países sobre as relações adequadas entre as taxas de câmbio e as respostas às situações enfrentadas. As decisões do G7 têm influência crucial sobre o FMI, embora este seja composto por um grupo bem maior de países. Naturalmente, isso desperta desconfianças e ressentimentos nos países excluídos e nas instituições financeiras internacionais; mas o G7 é, sem dúvida, uma realidade política inescapável. O desafio está em desenvolver uma coordenação efetiva com as instituições internacionais, principalmente o FMI, que tem os meios de implementar as propostas trazendo junto de si os demais países.

Em resumo

As instituições financeiras internacionais constituem o marco operacional dos mercados e empresas internacionais. As principais são o FMI e o Banco Mundial. O FMI é uma instituição monetária cujo objetivo é a estabilização do sistema financeiro internacional. O Banco Mundial é uma instituição voltada para o desenvolvimento, concentrando-se na promoção do desenvolvimento econômico em países em desenvolvimento. Vários bancos regionais de desenvolvimento prestam serviços semelhantes em suas áreas de atuação: Banco Africano de Desenvolvimento, Banco Asiático de Desenvolvimento, e Banco Europeu para Reconstrução e Desenvolvimento.

Os bancos centrais são banqueiros do governo e "emprestadores de última instância" do sistema bancário. Bancos centrais "independentes" têm poderes autônomos para fixar taxas de juros de modo a alcançar a estabilidade de preços. Os bancos centrais dos EUA e da Alemanha têm, há muitos anos, independência política. Mais recentemente, a Grã-Bretanha, a França e outros países da União Européia concederam independência a seus bancos centrais. O Banco Central Europeu tem grande independência.

A partir da década de 1960, países com níveis de desenvolvimento semelhantes mantêm encontros não institucionalizados para discutir questões de interesse mútuo e influir sobre a política econômica internacional. Os mais importantes são o Grupo dos Sete e o Grupo dos Dez, que congregam países industrializados, e o Grupo dos Vinte e Quatro, de países em desenvolvimento.

Leituras adicionais

Bakker, A.F.P., *International Financial Institutions* (Londres: Longman, 1996).

Broughton, James M. e Sarwar Lateef, K., (orgs.), *Fifty Years after Bretton Woods: The Future of the IMF and World Bank* (Washington DC: FMI, 1995).

Dean, Marjorie e Pringle, Robert, *The Central Banks* (Londres: Hamish Hamilton, 1994).

Marsh, David, *The Bundesbank: The Bank that Rules Europe* (Londres: Heinemann, 1992).

Richardson, Richard W. e Haralz, Jonas H., *Moving to the Market: The World Bank in Transition* (Nova York, 1994).

Roberts, Richard e Kynaston, David (orgs.), *The Bank of England: Money, Power and Influence 1694-1994* (Oxford: OUP, 1995).

Notas e referências

Na lista abaixo qualquer referência a um autor isoladamente deve ser considerada uma referência ao trabalho incluído nas "Leituras adicionais", listadas acima.

1. *The Economist*, 1º de março de 1998.
2. "Time to roll out a new model", *The Economist,* 1º de março de 1997.
3. *Financial Times,* 10 de maio de 1999.
4. *Financial Times,* 11 de agosto de 1997.
5. *Financial Times,* 11 de agosto de 1997.
6. "African Development Bank", *The Economist,* 6 de junho de 1998.
7. *Financial Times,* 29 de dezembro de 1995.
8. *Sunday Times,* 15 de abril de 1999.
9. *Financial Times,* 21 de fevereiro de 1997.
10. *Financial Times,* 21 de fevereiro de 1997.
11. *Financial Times,* 21 de fevereiro de 1997.

CAPÍTULO 6

Londres — Um Centro Financeiro Global

INTRODUÇÃO

Centros financeiros globais são cidades especializadas na prestação de serviços financeiros internacionais. Sua função é intermediar fluxos financeiros entre países. Isso é feito pelos mercados financeiros e pelas empresas neles localizadas. O conjunto de instituições financeiras presentes em um centro financeiro determina o leque de atividades aí desenvolvidas.

Por que instituições financeiras concentram-se em determinados centros? A razão está nos poderosos fatores de atração que afetam a atividade de serviços financeiros, o que resulta em uma concentração de prestadores de serviços financeiros em uma ordem hierárquica de centros: globais, regionais *offshore*. Há ainda um quarto tipo de centro financeiro: o nacional, que atende uma base de clientes locais, embora nos dias atuais quase toda empresa de serviços financeiros tenha algum tipo de conexão internacional. Embora, teoricamente, as modernas comunicações permitam às instituições financeiras operar a partir de qualquer lugar, não há, até agora, evidência alguma de que os centros financeiros internacionais tenham se tornado uma espécie ameaçada de extinção.

Os quatro tipos de centro podem ser assim descritos:

- *Centros financeiros globais* Oferecem uma vasta gama de serviços, especialmente nos mercados atacadistas, para uma clientela mundial. Há três centros financeiros globais: Londres, Nova York e Tóquio. Cada um deles é o maior dentro da área de seu fuso horário.
- *Centros financeiros regionais internacionais* Prestam serviços financeiros a uma região (como Europa ou Ásia) e fazem a intermediação dos fluxos financeiros dos centros globais e de outros centros regionais e nacionais. Os principais centros deste tipo são: na Europa — Amsterdã, Frankfurt, Luxemburgo, Milão, Paris e Zurique; na Ásia-Pacífico — Hong Kong, Cingapura e Sydney, e mais Manila, Seul, Shangai e Taipei em rápido crescimento; na América do Norte — Chicago, Boston, Los Angeles

e Toronto. Bahrain, Rio de Janeiro e Joanesburgo são também centros financeiros regionais importantes.

- *Centros offshore* São entrepostos financeiros que fazem a intermediação de fluxos financeiros com pouca ligação com o sistema financeiro do país em que estão situados. Em geral, a denominação aplica-se a lugares como as Ilhas Caimã, Bahamas, Antilhas Holandesas e Ilhas do Canal. Mas a definição também aplica-se a boa parte da atividade financeira realizada em Luxemburgo, Suíça e até em Londres, quando se trata de euromercados; ocasionalmente, a referência é feita a negócios em tais contextos. Ver no Box 6.1 uma descrição mais completa.
- *Centros financeiros nacionais* Atendem necessidades nacionais ou regionais, atuando em serviços de varejo e comércio bilateral entre a própria economia e outras economias.

ECONOMIA DOS CENTROS FINANCEIROS INTERNACIONAIS

Porque as empresas e os mercados financeiros concentram-se em centros especializados? Os "poderosos fatores de atração", mencionados na seção anterior, são de dois níveis: "economias externas de escala" e "economias de aglomeração".

As economias externas de escala ocorrem quando existe uma relação positiva entre eficiência e tamanho do segmento de atividade em que as instituições operam — segmento de atividade, no caso, seria o centro financeiro. Há várias razões pelas quais um grande centro financeiro oferece um ambiente operacional mais vantajoso do que um pequeno centro. A qualidade dos mercados financeiros — isto é, sua liquidez e eficiência — está estreitamente correlacionada à escala das operações. Esses são aspectos desejáveis, pois implicam menores custos de transação e, probabilisticamente, menos falhas de mercado.

Mais ainda, quanto maior o número e o leque das atividades das instituições financeiras, mais inovador será o ambiente, o que pode gerar novas oportunidades de negócios e demandas por outros agentes. Isso também pode estimular a concorrência, promovendo a eficiência e provavelmente estimulando uma formação de preços mais apurada, o que convencerá os clientes a fazer negócios com empresas localizadas em centros financeiros maiores, em detrimento das menores.

As economias de aglomeração ocorrem em conseqüência da concentração de atividades complementares nos centros financeiros. Por exemplo, a disponibilidade de serviços de advogados, contadores, gráficas especializadas, peritos em tecnologia da informação e consultores de relações públicas aumenta a competitividade das instituições financeiras e torna mais atraente a localização em um dado centro. Quanto maior o centro, mais ampla e mais variada a concentração de atividades complementares.

A decorrência lógica dos efeitos da dinâmica das economias externas de escala e das economias de aglomeração seria que toda a atividade deveria concentrar-se em um único centro financeiro. Mas a centralização também gera *deseconomias* de escala, como congestionamentos e tumultos. Também pode aumentar os custos, dada a competição por recursos escassos como endereços nobres e pessoal qualificado. Para os serviços financeiros de varejo, a centralização pode até aumentar os custos de informação, considerando a distância dos clientes. Centros nacionais de menor porte, onde empresas locais podem estar em contato com os clientes, podem assim apresentar vantagem competitiva para os serviços varejistas. Mais ainda, no mundo real, há fatores políticos, barreiras regulatórias e incentivos que distorcem a operação de forças econômicas centralizadas. De modo que os centros nacionais e regionais continuam existindo.

Acima de tudo, o fator crucial para o sucesso das instituições financeiras é a *informação*. A quantidade e a qualidade da informação é vital para a competitividade das firmas financeiras. Tudo o mais sendo constante, novas empresas irão localizar-se em centros financeiros com fluxos de informação superiores. Já os centros em que tais fluxos sejam inferiores perderão instituições financeiras seja por falência decorrente da falta de competitividade, seja pela migração para outros centros. O melhor acesso a informações atualizadas e de boa qualidade tem sido, tradicionalmente, a economia externa de escala mais significativa decorrente da localização em um centro financeiro.

FATORES ESSENCIAIS PARA O SUCESSO DOS CENTROS FINANCEIROS INTERNACIONAIS

Há vários requisitos políticos, econômicos e financeiros para que uma cidade possa funcionar como centro financeiro internacional de destaque. Os essenciais são dez:

- *Paz e estabilidade política* A guerra é a maior catástrofe que pode atingir um centro financeiro internacional (ver Box 7.1, Capítulo 7)
- *Império da lei* Um sistema legal sólido, embasado na independência e integridade do Judiciário, que conquiste o respeito e a confiança internacional
- *Boas comunicações* Fluxos de informação e comunicação eficientes e efetivos entre mercados e participantes dos mercados

- *Força de trabalho qualificada* Oferta substancial de mão-de-obra altamente especializada
- *Mercados financeiros* Amplo leque de mercados líquidos, eficientes e flexíveis
- *Instrumentos financeiros* Um conjunto sofisticado de instrumentos financeiros (por exemplo, diversos títulos e ações) para a condução dos negócios
- *Supervisão prudente* Um sistema regulatório que fomente a confiança e a estabilidade
- *Serviços complementares* Amplo leque de serviços legais, contábeis, de informação, computação e outros
- *Economia de mercado* Liberdade para que empresas e pessoas possam poupar, investir, trabalhar e consumir
- *Infraestrutura urbana:* principalmente transporte para pessoas e documentos

Há ainda um outro conjunto de fatores favoráveis à promoção da prosperidade dos centros financeiros internacionais, embora não sejam características universais. Dez fatores favoráveis são:

- não discriminação em relação a empresas estrangeiras face às empresas nacionais
- impostos reduzidos
- regulamentação discreta
- moeda usada para transações internacionais
- sediar grandes empresas multinacionais
- fuso horário propício à negociação
- ser capital política e administrativa
- cultura cosmopolita
- sediar um banco central
- uso difundido da língua inglesa

LONDRES COMO CENTRO FINANCEIRO GLOBAL

Introdução

Londres, onde o setor financeiro é freqüentemente chamado "*the City*" — o nome do tradicional distrito bancário — tem sido, há vários séculos, um centro financeiro internacional de destaque. Atualmente é o principal centro financeiro do mundo, bem como o núcleo das atividades bancárias e de seguros do Reino Unido. A escala das atividades de Londres e sua posição na classificação mundial dos centros financeiros internacionais são apresentadas, segundo uma série de parâmetros, no Quadro 6.1. Ocupa o primeiro lugar em atividades bancárias internacionais tanto em termos de empréstimos externos quanto no número de bancos estrangeiros lá localizados. É também o principal centro das transações cambiais e de gestão de fundos. Tanto Nova York quanto Tóquio registram maior capitalização do mercado de ações, refletindo a dimensão de suas economias internas. Mas Londres é um centro muito mais importante no que se refere às transações internacionais de ações — ações de empresas não pertencentes a residentes do Reino Unido que estão listadas tanto na bolsa de valores de Londres quanto nas de seus países de origem. Ocupa o segundo lugar na negociação de derivativos (logo atrás de Chicago).

Quadro 6.1: Londres como centro financeiro internacional — indicadores selecionados

	Volume/ número	Posição mundial
Negócios bancários internacionais		
Empréstimos externos[a] (Reino Unido, 1996)	US$1.459 bilhão	1
Bancos estrangeiros presentes[b] (Londres, 1995), sucursais, subsidiárias, escritórios de representação etc.	536	1
Mercado de capitais		
Capitalização do mercado de ações[c] (Reino Unido, 1998)	US$1.996 bilhão	3
Giro de ações estrangeiras[d] (Reino Unido, 1997)	US$1.191 bilhão	1
Gestão de ativos		
Ações de propriedade de investimentos institucionais[d] (Londres, 1997)	US$1.807 bilhão	1
Mercado monetário		
Transações cambiais (Reino Unido, 1998) Movimento líquido diário[e]	US$637 bilhões	1
Contratos de derivativos[f] (Liffe, 1997) volume mensal médio	17 bilhões	2

Fontes:
[a] FMI, *International Financial Statistics* (Washington DC, agosto 1997)
[b] Jao, Y.C., *Hong Kong as an International Financial Centre* (Hong Kong: City University of Hong Kong Press, 1997)
[c] *Emerging Stock Markets Factook 1998* (Washington DC, International Finance Corporation, 1998)
[d] *British Invisibler, International Financial Markets in the UK* (Londres, December 1998)
[e] Banco para Compensações Internacionais, *Central Bank Survey of Foreign Exchange* (Basiléia: BIS, 1999)
[f] Liffe, *World Volumes* (Londres, agosto 1997)

Em Londres, cerca de 310 mil pessoas trabalham em atividades financeiras e de seguros, bem menos do que as 443 mil encontradas em Nova York ou as 512 mil em Tóquio, mas há um maior contingente delas envolvidas nas atividades internacionais. De um ponto de vista mais amplo, em termos de definição ocupacional, o total de empregados em "serviços financeiros e outros" soma 617 mil, equivalendo a pouco menos do que a população total de Frankfurt.[1] O local físico conhecido como "City" — aproximadamente dois quilômetros quadrados em torno do Banco da Inglaterra — tem sido incapaz, no período recente, de atender a demanda por espaço para as atividades desse mercado. Em conseqüência, surgiu um novo núcleo em Canary Wharf, um conjunto de prédios moderno construído em uma área antes abandonada nas proximidades da City. Há, ainda, outros bancos situados no West End de Londres, onde os aluguéis mais baratos tornaram-se um atrativo.

A City de Londres (no sentido financeiro) é não apenas um grande empregador, como também contribui significativamente para a prosperidade do Reino Unido com sua participação no balanço de pagamentos. Em 1997, as receitas externas do segmento financeiro do Reino Unido somaram £25,2 bilhões (US$42 bilhões), mais do que o dobro auferido em 1990, £11,9 bilhões. As maiores participações foram as dos bancos (£7,7 bilhões), seguradoras (£7,4 bilhões), fundos de pensão (£2,1 bilhões) e corretoras de valores (£2,7 bilhões).[2] "O crescimento da receita externa da City reflete a consolidação e a força da posição de Londres em muitos mercados financeiros", comenta Duncan McKenzie, da British Invisibles, órgão responsável pela promoção do desenvolvimento do segmento de serviços financeiros do Reino Unido. "Os serviços financeiros são cada vez mais importantes tanto para o Reino Unido quanto para a economia mundial — e o Reino Unido está bem posicionado para consolidar sua presente posição."[3]

Desenvolvimento de Londres como centro financeiro internacional

Depois de ter passado a Nova York sua liderança internacional, após a II Guerra Mundial, a City registrou uma notável recuperação nos anos 60 e 70 ao tornar-se o núcleo dos euromercados. Mas, no início dos anos 80, a City e o governo preocupavam-se com o debilitamento da posição de Londres pela progressiva obsolescência dos arranjos institucionais prevalecentes no segmento de títulos. Seguindo o exemplo de Nova York, que desregulamentara as transações com títulos em 1975, um processo conhecido como "Big Bang" foi iniciado em 1983. Isso envolveu o desmantelamento das restrições à propriedade de empresas financeiras por parte de bancos e a introdução de concorrência por preços pela abolição de comissões fixas na negociação de títulos. Quando do fim da operação, em outubro de 1986, a City estava transformada. Desapareceu a profusão de corretoras britânicas independentes e os formadores de mercado com pouco capital. A City tornara-se o campo de batalha para grandes bancos internacionais e instituições de investimento integradas. E Londres estava estrategicamente posicionada para se beneficiar da tendência à concentração de serviços financeiros internacionais em mãos de um conjunto de atores mundiais operando a partir dos centros financeiros globais.

As décadas de 1980 e 1990 presenciaram a rápida expansão das atividades da City — especialmente dos negócios internacionais, mas também daqueles nacionais. No período 1985-94, o mercado de capitais do Reino Unido cresceu mais de três vezes apesar de sua queda em outubro de 1987; o mercado de títulos cresceu duas vezes e meia e o mercado monetário dobrou de tamanho (ver Quadro 6.2).

Quadro 6.2: Mercado de valores do Reino Unido, 1985/94 (em bilhões de libras esterlinas)

	1985	1994	Variação %
Mercado de ações	245	775	316
Mercado de títulos	232	581	250
Mercado monetário	91	187	205

Fonte: Banco do Japão, *Comparative Economic and Financial Statistics: Japan and Other Major Countries*, 1996

As principais atividades desenvolvidas em Londres no seu papel de centro financeiro internacional giram em torno dos seguintes segmentos:

- bancos internacionais
- bancos de investimentos
- títulos internacionais
- ações
- câmbio
- futuros e opções
- gestão de ativos
- ouro monetário
- seguros
- fretes marítimos

A participação do Reino Unido nesses mercados financeiros é apresentada no quadro 6.3.

Quadro 6.3: Mercados financeiros internacionais, 1998

	Participação % no mercado mundial				
	Reino Unido	**EUA**	**Japão**	**França**	**Alemanha**
Empréstimos externos	19	9	12	8	7
Movimento de ações estrangeiras	59	33	1	1	2
Transações cambiais	32	18	8	4	5
Movimento de derivativos em bolsa	11	42	5	4	17
Movimento de derivativos de balcão	36	19	9	10	7
Renda de prêmios de seguros marítimos	22	11	13	6	10
Renda de prêmios de seguros de aviação	27	27	4	17	3
Títulos internacionais, mercado primário	60				
Títulos internacionais, mercado secundário	75				

Fonte: British Invisibles, *International Financial Markets in the UK* (1998)

Atividades bancárias internacionais

Londres é o principal centro bancário internacional, efetuando cerca de um quinto dos empréstimos externos (ver Quadro 6.3). Em 1997, as receitas externas líquidas dos bancos somaram £7,7 bilhões.[4]

A revitalização de Londres como centro bancário internacional teve início no fim dos anos 50, quando se tornou núcleo do efervescente mercado de eurodólares. A localização desse mercado em Londres não foi acidental, tendo sido habilidosamente incentivada pelo Banco da Inglaterra e por alguns dos principais banqueiros da cidade — como Sir George Bolton, do Bank of London and South América — que logo perceberam o potencial do mercado. Os banqueiros dos EUA também contribuíram de forma inovadora. Foram eles os pioneiros no lançamento dos certificados de depósito em eurodólares em 1956, um fator crucial para o desenvolvimento do mercado monetário. Para os bancos americanos, a ausência de exigências de reservas e um sistema regulatório favorável tornavam a City "um lugar muito propício aos negócios" como disse o presidente do Chase Manhattan.[5]

Os bancos estrangeiros afluíram a Londres a fim de participar dos euromercados em rápida expansão. Na década de 1960, o número de bancos estrangeiros com sucursais ou escritórios de representação em Londres dobrou, passando de 77 para 163. O movimento continuou nas duas décadas seguintes, estimulado pelos grandes depósitos dos países produtores de petróleo, decorrentes das elevações dos preços do combustível em 1974 e 1979. Em 1984, 470 bancos estrangeiros já tinham representação em Londres, mais do que em qualquer outro centro financeiro internacional. Eles passaram a ser grandes empregadores na City e o número de seus funcionários passou de 9 mil, em meados dos anos 60 para 54 mil, em 1986.[6]

No final dos anos 80 e início dos 90, registrou-se um recuo dessa expansão na seqüência do colapso do mercado de ações em 1987 e dos problemas do setor financeiro japonês; as saídas superaram as novas entradas até que, em meados dos anos 90, a expansão foi retomada. Em 1997, o total de instituições (sucursais, subsidiárias e escritórios de representação) atingia o recorde de 561.[7] Dentre as entrantes, um contingente substancial era formado por bancos russos. A migração de outros centros, como, por exemplo, a transferência da sede estrangeira do banco americano Prudencial Basche Interncional de Luxemburgo para Londres, foi considerada um significativo voto de confiança na City como centro financeiro europeu líder. Em 1997, o número de funcionários empregados pelos bancos estrangeiros em Londres totalizava 72 mil.[8]

A afluência de bancos estrangeiros nos anos 60 e 70 foi liderada por bancos americanos, que dominavam os negócios com eurodólares. Em 1959 havia sete bancos americanos em Londres, com depósitos de menos de US$1 bilhão;[9] em 1975 seu número já aumentara para 55, com depósitos de US$70 bilhões; e, em meados dos anos 80, os bancos de origem americana já somavam mais de 70. Nos anos 90, registrou-se uma ligeira queda em função da fusão de alguns bancos e da retirada de alguns bancos regionais americanos dos negócios internacionais. Ainda assim, em 1997, os bancos americanos, em conjunto, empregavam mais de 17 mil pessoas, sendo os maiores empregadores o Citibank, com 5 mil, o JP Morgan com 3 mil, e o Chase Manhattan com 2 mil.[10]

Alguns bancos da Europa continental já tinham sucursais em Londres desde o século XIX. A década de 1970 registrou um rápido aumento de seu número, que triplicou, passando de 50 para 150 ao longo da década. A expansão continuou, embora em ritmo mais lento, nos anos 80 e voltou a acelerar-se nos anos 90; em 1997, 249 bancos europeus estavam presentes em Londres, mais do que os de outros continentes. Um número crescente de bancos do continente europeu expandiu suas operações de investimento em Londres, especialmente suas atividades de gestão de ativos, financiamentos para pessoa jurídica, renda fixa e derivativos. As maiores presenças são as do Deutsche Bank, com 5 mil funcionários; Crédit Suisse e UBS, com cerca de 4 mil cada um; Dresdener Kleinwort Benson, com 2,5 mil; Paribas, ING Bahrings e Société Générale, com 1,5 mil funcionários cada um.[11]

A City é o local preferido para sediar as bases européias de instituições financeiras asiáticas e das demais regiões que não a União Européia. Nos anos 80, os bancos japoneses estabeleceram este padrão, tornando Londres o seu maior centro de negócios estrangeiros fora do próprio Japão. Em 1975, 13% dos ativos internacionais dos bancos japoneses estavam registrados em Londres. Por volta de 1990 essa participação já tinha dobrado, sendo de 26% e respondendo por 36% de todos os empréstimos internacionais concedidos a partir da City.[12] Contudo, os problemas que afligiam os bancos japoneses desde o início dos anos 90 levaram alguns deles a restringir suas ambições internacionais, fechando suas sucursais londrinas ou reduzindo o pessoal que lá mantinham. Em fins de 1997, os bancos japoneses ainda empregavam cerca de 5 mil pessoas em Londres, sendo os maiores quadros os do Bank of Tokyo-Mitsubishi, 800 funcionários; do Industrial Bank of Japan, 600; e do Sumitomo Bank, 300. Os anos 90 assistiram à entrada de novos atores vindos das pujantes economias dos tigres asiáticos, especialmente da Coréia.

Bancos de investimento

Londres é o principal centro europeu de bancos de investimento. Tradicionalmente os serviços dos bancos de investimento eram oferecidos por um grande conjunto de bancos mercantis independentes, sobretudo Barings, Hambros, Kleinworts, Morgan Grenfell, Rothschilds, Schroders e Warburgs (ver Capítulo 4). Em 1989, após um infeliz envolvimento no escândalo da Guiness (ver Capítulo 10), o Morgan Grenfell foi comprado pelo Deutsche Bank. Subseqüentemente, o Barings foi adquirido pelo banco holandês ING, o Kleinworts pelo Dresdner Bank e o Warburg pelo Swiss Bank Corporation, ansioso por ter um lugar nas atividades bancárias de investimento londrinas.

Em 1995, a decisão do Deutsche Bank de centralizar todas suas atividades como banco de investimento em sua subsidiária londrina, rebatizada Deutsche Morgan Grenfell (e posteriormente, Deutsche Bank Investment Banking Division), foi um passo significativo. "Esta decisão histórica", explicou o banco, "foi provocada pela globalização das atividades e pelas novas demandas dos clientes."[13] Em Frankfurt, a decisão foi recebida com surpresa e desânimo. "Aqui é vista como uma traição", disse um executivo de um banco alemão rival, em Frankfurt, "Reconhecemos que Londres é o centro financeiro da Europa, mas o Deutsche Bank transformou isso em uma humilhação."[14] Seguindo o exemplo do Deutsche Bank, vários bancos da União Européia transferiram suas operações internacionais para a City. Ao anunciar que o UBS estava transferindo a gestão de suas operações regionais na Europa de Zurique para Londres, o seu principal executivo, Mathis Cabiallavetta, disse "Londres é o centro financeiro dominante. Não vamos lutar contra as forças do mercado."[15]

Londres é, invariavelmente — no caso de bancos de investimento americanos e japoneses —, a localização de suas principais atividades européias. Em outubro de 1997, a Nikko Securities anunciou que estava reorganizando suas operações para atribuir a Londres, em lugar de Tóquio, a responsabilidade pelas operações internacionais; era a primeira corretora japonesa a fazê-lo, e planejava designar dois não japoneses para seu conselho. "Chegamos à conclusão de que com a globalização não podemos deixar a administração de nossas operações apenas em mãos de japoneses", disse o presidente da Nikko, Masashi Kaneto, "Queremos aprender com os banqueiros de investimento internacionais."[16]

Os escritórios londrinos dos bancos de investimento internacionais oferecem um amplo leque de serviços de consultoria internacional para pessoas jurídicas: fusões e aquisições, privatização, reestruturações e levantamento de capital. Esses serviços geram receitas substanciais: em 1995, um ano bom, os dez principais bancos de investimento sediados em Londres participaram em aquisições e fusões estrangeiras no valor de US$215 bilhões.[17] Muitos desses negócios foram intermediados por Londres e envolveram empresas européias que se reposicionavam no mercado único europeu. Mas os bancos de investimento sediados em Londres também atuaram como a principal porta de entrada para empresas americanas e não-européias que desejavam fazer aquisições na União Européia e vice-versa.

Títulos internacionais

Desde o início da década de 1960, Londres é o mercado internacional de capitais — o mercado de eurobônus. Isto foi decorrência não só das condições fiscais e regulatórias bastante restritivas vigentes em outros centros, como também dos esforços dos bancos londrinos — o primeiro eurobônus, uma emissão para a Autostrade, órgão rodoviário italiano, foi iniciativa pioneira do banco de investimentos SG Warburg, em 1963.

A estruturação da emissão de eurobônus exige complexas engenharias financeiras, em que os bancos de investimento internacionais de Londres têm se especializado. Os desenvolvimentos do mercado nos anos recentes incluem a expansão dos títulos em eurodólares com o direito a subscrição de ações e o mercado de *swaps*, no qual Londres fica atrás apenas de Nova York. Três quintos das atividades do mercado primário de eurobônus — isto é, a captação de recursos (para tomadores) pela emissão de novos títulos — têm lugar em Londres, especialmente de eurobônus denominados em dólar americano, iene, dólar canadense e australiano.

Londres é, além disso, o centro mais importante para negociação de eurobônus, 70% das atividades do mercado secundário lá está localizada (ver Quadro 6.3). A maior fatia do mercado secundário é de eurobônus denominados em dólar americano, sendo que três quartos das transações com estes títulos ocorrem em Londres. Também lá concentram-se as transações com bônus denominados em euro-iene.

Outra atividade significativa é o mercado secundário de bônus emitidos em outros centros e denominados em suas respectivas moedas nacionais. Talvez de 5% a 10% do giro do mercado de títulos públicos dos EUA tenham lugar em Londres. Também há uma ativa negociação com títulos alemães para evitar o imposto alemão sobre movimentação financeira, predominando os títulos do governo alemão (Bunds) e os bônus de empresas alemãs. Londres é também o principal mercado para negociação de títulos com taxas flutuantes denominadas em marco alemão. A maioria dos grandes bancos alemães estabeleceu-se no mercado de capitais londrino para negociar títulos em marco com taxas de juros fixas.

Ações

Os negócios com ações efetivam-se na Bolsa de Valores de Londres, a terceira do mundo em termos de capitalização. Os principais formadores de mercado são o ABN-Amro Hoare Govett, Bankers Trust, Crédit Suisse First Boston, Dresdner Kleinwort Benson, HSBC James Capel, Merrill Lynch, SBC Warburg e UBS.

A Bolsa de Valores de Londres registra tanto ações nacionais — das empresas do Reino Unido — quanto internacionais — de empresas estrangeiras, listadas em seus mercados internos e talvez em outras bolsas estrangeiras. Londres é a principal bolsa para a negociação de ações internacionais, com cerca de 60% do movimento de ações internacionais do mundo.[18] Em 1996, 533 empresas estrangeiras estavam listadas em Londres, enquanto em Nova York, o segundo centro, estavam listadas apenas 305. O movimento de negociação de ações internacionais na SEAQ International (Stock Exchange Automated Quotations International) totalizava, em 1996, £520 bilhões, um montante significativamente superior aos £370 bilhões movimentados com ações de empresas nacionais.[19]

As mudanças de 1986 — o "Big Bang" — resultaram em modificação da negociação de pregão, passando de transações cara a cara entre corretores e formadores de mercado no salão da Bolsa de Valores para o sistema eletrônico SEAQ. As telas do SEAQ forneciam informações de preços mas os corretores ainda faziam negócios por telefone. Em outubro de 1997, um novo sistema eletrônico, denominado SETS, foi criado, permitindo que os negócios com as empresas da FTSE 100* pudessem ser feitos diretamente por meio do computador. Alguns chamaram esta mudança de "Big Bang Two" porque a redução dos lucros resultante prometia novas consolidações entre os agentes. "Quem não tiver clientes — e muitos estão nessa situação — dança", disse um corretor experiente às vésperas da mudança. "Algumas empresas vão tentar comprar clientes jogando muito dinheiro fora durante um ano. Para os menores, a vida pode ficar bem pior."[20]

* FTSE 100 (Financial Time Share Indexes): índice de variação de preços de 100 ações publicado diariamente pelo *Financial Times*, exceto domingos e segundas-feiras, constituindo um barômetro das ações da bolsa de valores de Londres. (N.R.)

Câmbio

As transações cambiais são outra atividade em que Londres tem destaque global, gerando, em meados dos anos 90, receitas em torno de US$2 bilhões para os bancos internacionais, montante bem próximo ao auferido com operações de empréstimos internacionais.[21] Em termos mundiais, as décadas de 1980 e 1990 testemunharam uma vasta expansão das transações cambiais em decorrência do contínuo crescimento do comércio internacional e dos imensos movimentos de transferências internacionais de fundos decorrentes do desmantelamento dos controles cambiais e do aumento de investimentos externos. Em Londres, o movimento diário de operações cambiais aumentou de US$90 bilhões, em 1986, para US$637 bilhões, em 1998, sendo este último valor equivalente a mais de US$100 trilhões ao ano — "um montante absurdo", comentou um perplexo *Financial Times*.[22]

Durante os anos 90, aumentou progressivamente a liderança de Londres como mercado cambial mundial: em 1989 sua participação nos negócios mundiais com câmbio era de 25%; em 1992, de 27%; em 1995, de 30%; e, em 1998, de 32%. Este sucesso é um exemplo do poderoso efeito das economias de escala nos mercados financeiros atacadistas mundiais. "Aqui há massa crítica", explica um diretor executivo do Banco da Inglaterra, "[com] a presença de tantas instituições estrangeiras e com a existência de vários tipos de mercado em Londres."[23] Um corretor do Chemical Bank, que atua em Londres, observa que "Londres pode negociar com outros centros o dia inteiro. A partir das 17 horas, horário local, os EUA só negociam consigo próprios. É uma questão de fuso horário. Não tem nada a ver com custos menores ou com maior habilidade".[24]

Futuros e opções

A London International Financial Futures Exchange (Liffe) é a maior bolsa de futuros e opções da Europa e uma das maiores histórias de sucesso da City nos anos 90 (ver Box 6.2). Em 1996, o movimento da Liffe foi de 167 milhões de contratos, equivalente a £159,5 bilhões ao dia, ou seja, 27% mais do que no ano anterior. Estima-se que os negócios da Liffe gerem 25 mil empregos na City. Além disso, contribuiu com £870 milhões para a receita de invisíveis do Reino Unido. Seu sucesso proporcionou um impulso importante à posição ocupada por Londres como centro financeiro internacional.

Durante décadas, os negócios com futuros foram dominados pelos mercados de Chicago (ver Capítulo 2). O rápido crescimento da Liffe, nos anos 90, colocou seu volume de negócios próximo àquele gerado pela Chicago Board Options, diminuindo a diferença em relação à Chicago Mercantile

Exchange e a Chicago Board of Trade (Quadro 6.4). Há considerável distância entre a Liffe e suas principais rivais européias, Frankfurt DTB e Matif, de Paris, que transacionam menos da metade do volume de contratos negociado em Londres. Porém, em setembro de 1997, as bolsas de futuros da Alemanha, França e Suíça anunciaram uma aliança: "Enfim, a Liffe tem um concorrente de verdade", comentou Etiene Deniau, da Fimat, corretora de derivativos da Société Générale.[25]

"A corrida para o euro começou", declarou Jörg Franke, gerente geral da DTB alemã.[26] O objetivo da Liffe é tornar-se o centro mundial dos negócios com derivativos em euro. Para tanto, lançou contratos denominados em euro em fins de 1996; mas a Matif e a DTB fizeram o mesmo. A segunda etapa da estratégia da Liffe, contudo, é criar ligações com bolsas localizadas em outros fusos horários, especialmente a Tiffe (Tokyo International Financial Futures Exchange) japonesa e CBOT e CME, de Chicago, que permitirão aos participantes do mercado negociar de forma contínua nas três principais moedas do mundo, dólar americano, iene e euro.

Quadro 6.4: Movimento das bolsas de derivativos, 1996

Bolsa	Total de contratos negociados (em milhões)
Chicago — CBOT	222
Chicago — CME	198
Chicago — CBOE	173
Londres — Liffe	167
Frankfurt — DTB	77
Paris — Matif	68
Tóquio — Tiffe	29

Fonte: Deutsch e Börse, *Fact Book 1996*

O sistema tradicional de negociação da Liffe era o de "pregão de viva voz", isto é, transações cara a cara no salão da bolsa. Já a DTB adotou um sistema de negociação eletrônico, que se mostrou mais barato para os clientes e permitia a instalação de telas em outros centros financeiros, inclusive em Londres. Em conseqüência, a DTB aumentou sua participação no mercado de contratos futuros com bônus de dez anos do governo alemão, superando a Liffe em sua principal atividade e, por volta de 1998, já detinha quatro quintos do mercado. A posição dominante da Liffe na negociação de contratos de taxas de juros européias de curto prazo também estava ameaçada pelos custos menores da bolsa alemã. Abalada, mas demonstrado "instinto de sobrevivência", a Liffe anunciou mudanças em seu sistema de negociação eletrônico.[27] Simultaneamente, a Liffe revelou planos de listar contratos futuros em um novo índice de mercado de ações, o "Eurotop 100".

Londres também abriga a principal bolsa de futuros de commodities da Europa — a London Metal Exchange (LME), que negocia contratos futuros de metais, e a International Petroleoum Exchange (IPE), que negocia petróleo e derivados. A LME é o principal mercado de metais do mundo, com cerca de 5% do movimento mundial de futuros de metais e uma posição forte na negociação física de metais — tem 380 armazéns em 42 locais ao redor do mundo. Seu crescimento nos anos 90 tem sido fantástico: entre 1990 e 1996, o movimento aumentou sete vezes.[28] Em 1997, o Metallgesellschaft, maior grupo industrial e comercial alemão, decidiu transferir a comercialização de metais para Londres e Nova York, o que representou um golpe para Frankfurt e mais um voto de confiança para a LME. A IPE detém 20% do comércio mundial de petróleo e derivados. Ambas as bolsas contam com uma clientela eminentemente internacional, sendo que mais de 95% do movimento de LME e 50% do IPE é feito por corretoras internacionais. As atividades internacionais de LME contribuem com £250 milhões para o balanço de pagamentos do Reino Unido.[29]

Gestão de ativos

O Reino Unido tem uma forte tradição em gestão de ativos e grande parte das atividades é conduzida em Londres, embora Edimburgo e Leeds sejam também centros importantes. As participações acionárias institucionais, um dos indicadores da escala da atividade, totalizaram US$1,8 trilhão no final dos anos 90, tornando Londres o principal centro financeiro de gestão de fundos do mundo.

A gestão de fundos de pensão em Londres está altamente concentrada: cinco instituições dominam dois terços dos £300 bilhões de ativos de fundos de pensão do Reino Unido administrados por terceiros — Mercury Asset Management, Schroders, PDFM (Phillips and Drew Fund Management), Gartmore e Morgan Grenfell Asset Management.[30] Os anos 90 assistiram a uma onda de aquisições de administradores de fundos independentes no Reino Unido por parte de bancos da Europa continental, ansiosos por adquirir experiência na administração de ativos internacionais. O banco holandês ABN-Amro, por exemplo, adquiriu duas administradoras de fundos britânicas em 1996 para formar o núcleo de sua unidade de gestão de ativos. Em setembro de 1997 ampliou a operação londrina colocando-a em pé de igualdade com Amsterdã, antecipando uma rápida expansão dos negócios.

As atividades de gestão de fundos em Londres cuidam principalmente de clientes institucionais, ao passo que na Europa continental, liderada pela Suíça, predominam pessoas físicas. Outra característica notável é a preponderância dos negócios com ações e transações de grande escala com títulos estrangeiros. Esses fatores garantem a Londres liderança em relação aos demais centros europeus na competição pela gestão de fundos internacionais. Em meados dos anos 90, quatro quintos dos fundos administrados na Europa para clientes institucionais estrangeiros estavam em Londres.[31] Durante os anos 90, o montante de fundos de clientes estrangeiros administrados por firmas do Reino Unido aumentou extraordinariamente, dobrando suas receitas do exterior de £202 milhões em 1990 para £440 milhões (US$ 725 milhões) em 1997.[32]

Ouro

Desde o século XIX Londres lidera o mercado de ouro em lingotes. Não existe um mercado formal como a bolsa de valores ou as bolsas de futuros, mas, duas vezes ao dia, representantes das cinco principais empresas de negociação de ouro em lingotes reúnem-se em uma sala acarpetada, com paredes revestidas de lambris de carvalho, no banco mercantil Rothschilds onde "fixam" o preço oficial com o qual negociam entre si (ver Capítulo 2). Isso ameniza as flutuações e impede movimentos demasiado bruscos. Outros participantes do mercado negociam a preços de mercado determinados pela oferta e procura.

No início de 1997, as liquidações diárias de negócios com lingotes somavam US$10 bilhões — um montante equivalente às reservas de todos os bancos centrais da União Européia ou quase o dobro da produção anual da África do Sul.[33] Alguns corretores argumentam que o movimento do mercado é três ou até cinco vezes maior e que a forma pela qual as estatísticas são levantadas subestima de forma significativa o volume de negócios. "O mercado é sério e complexo e merece mais atenção", disse ao *Financial Times* o vice-presidente da London Bullion Market Association. "Os investidores potenciais não podem tratá-lo como um mercado de segunda categoria."[34]

Seguros

Londres é o principal centro de seguros, sobretudo nos segmentos de transporte marítimo, aviação, resseguros internacionais e grandes riscos comerciais. As atividades gerais de seguros são conduzidas a partir do Lloyd's, em Londres, além de grandes companhias seguradoras. Em 1997, a receita externa do Reino Unido com seguros foi de £7,4 bilhões (US$12 bilhões).

O Lloyd's de Londres é um mercado de seguros cujo capital é tradicionalmente fornecido por um grande número de participantes individuais que assumem responsabilidade ilimitada pelas indenizações. Recentemente, foi permitido que outras companhias juntem-se ao Lloyd's neste ramo de atividades. O próprio Lloyd's não oferece seguros diretamente, embora mantenha um fundo destinado a sustentar consórcios que, de outra forma, poderiam tornar-se inadimplentes e, assim, prejudicar a reputação da instituição. Os negócios do Lloyd's são, em sua maior parte, internacionais, e três quartos de sua receita provêm do estrangeiro.

Além dos negócios internacionais, Londres atende um substancial mercado de seguros interno. O grosso dos seguros de vida é interno e constituiu parte considerável da atividade de seguros geral.

Serviços marítimos

Os serviços marítimos — seguros, serviços de armador, classificação e contabilidade de embarcações, e serviços legais e de consultoria — são parte importante da matriz de serviços financeiros e comerciais internacionais de Londres. Em conjunto essas atividades geram um valor agregado de mais de £1 bilhão — mais que em Nova York, Tóquio, Cingapura, Hong Kong, Oslo, Pireu ou qualquer outro centro marítimo.

A posição de Londres é um legado de sua antiga proeminência como principal nação navegadora do mundo — na década de 1920, a frota mercante do Reino Unido representava 30% da frota mundial, embora nos anos 90 estivesse reduzida a pouco mais de 3%. A posição de Londres explica-se por vários fatores: grande renome de suas instituições; liquidez e sofisticação de seus mercados de há muito consolidados; abrangência de seus serviços marítimos; incluindo uma incomparável experiência em legislação marítima e antigos laços com armadores gregos, muitos dos quais têm suas bases em Londres.

O foco dessa atividade é a Bolsa Báltica, que comemorou seus 250 anos em 1994 (comemoração que por pouco não se realiza, pois em 1992 a Bolsa foi destruída por uma bomba do IRA). Apesar da catástrofe, seus 2 mil corretores continuaram negociando sem interrupção, evitando assim que os clientes levassem os negócios para outros centros. Em conseqüência, conseguiu manter sua participação mundial de 50% nos fretes com navios-tanque e de 30% a 40% no transporte de carga seca.[35] A Bolsa do Báltico gerou uma receita externa de £316 milhões (US$ 520 milhões) em 1997 e o Registro de Embarques do Lloyd's auferiu mais £47 milhões.[36]

O Banco da Inglaterra e a Autoridade de Serviços Financeiros (*Financial Services Authority*)

O Banco da Inglaterra é o policial e o guardião da City. Com seu capacete de policial, tem a responsabilidade oficial pelo sistema bancário e vigia informalmente as firmas e os mercados da City. Sua intimidade com a City é tanta que às vezes basta uma palavra discreta de um de seus funcionários para evitar problemas. A responsabilidade pela fiscalização bancária foi transferida para a Autoridade de Serviços Financeiros (FSA) no outono de 1997, ficando o Banco limitado à política monetária e à fixação das taxas de juros (ver Capítulo 5). Mas o Banco continua sendo o principal porta-voz das opiniões da City junto ao governo, estando sempre em contato estreito com os mercados financeiros.

O FSA é a nova autoridade regulatória responsável pela supervisão das atividades financeiras, que contribuíam com cerca de um quinto do PIB britânico.[37] Concentra tarefas antes distribuídas entre nove entidades regulatórias: a supervisão bancária, do Banco da Inglaterra; regulamentação das atividades seguradoras, de funcionários públicos; e várias atividades auto-regulatórias de supervisão dos gestores de fundos, de produtos para investimentos de pessoas físicas e de corretoras. Explicando a decisão de fundir esses órgãos em uma única instituição, o ministro da fazenda, Gordon Brown, disse ao Parlamento: "As distinções entre os diferentes tipos de instituição financeira — bancos, corretoras e companhias de seguros — estão ficando cada vez mais tênues. Muitas das instituições financeiras estão, atualmente, sob a regulamentação de uma pletora de diferentes supervisores. Isto aumenta os custos e reduz a eficácia da fiscalização".[38] Mas alguns banqueiros internacionais não estão tão satisfeitos, receando que consumidores politicamente mais suscetíveis de proteção tenham precedência em relação às necessidades dos mercados financeiros atacadistas. Isto poderia ser prejudicial para a posição de Londres como centro financeiro internacional.

Londres versus Frankfurt

A introdução da moeda única européia — o euro — está acirrando a rivalidade entre os centros financeiros da Europa. A corrida tem por objetivo determinar quem se tornará o principal mercado atacadista de euro e dos instrumentos financeiros em euro, o pólo das transações em eurodivisas, com derivativos e títulos denominados em euro. Paris e Frankfurt perceberam esta oportunidade única de aumentar a participação no mercado e estão comercializando agressivamente seus serviços (ver Capítulo 8). Euribor, um novo padrão de referência europeu para as taxas de juro interbancárias é um desafio para a Libor, o padrão de referência londrino. Se a nova referência suplantar a Libor isso será um golpe psicológico que poderá dar grande impulso aos produtos financeiros referenciados às taxas de juros de Frankfurt.

Em Londres, o Banco da Inglaterra assumiu a liderança na preparação da City para o euro. Papel auxiliar significativo foi desempenhado pela Corporation of London Policy and Resources Commitee, que promove ativamente a City de Londres como centro de serviços financeiros internacionais.

O Banco da Inglaterra criou grupos de trabalho sobre aspectos técnicos e conduziu discussões sobre questões do mercado atacadista, tais como processos de conversão e redenominação de títulos. Sua publicação *Questões práticas decorrentes da introdução do euro* tornou-se rapidamente leitura obrigatória de banqueiros e outros agentes afetados pela nova moeda. No início de 1998, o Banco realizou um circuito de conferências nos maiores centros financeiros, conduzido pelo vice-governador David Clementi. "A mensagem principal", declarou Clementi, "é que, embora o euro não seja nossa moeda interna, deve ser a moeda central dos mercados atacadistas de Londres. Estamos numa posição original em que o euro, não sendo nossa moeda doméstica, é a moeda dos mercados atacadistas. Não diria que isso seja uma vantagem. Nossa tarefa é garantir que não seja desvantagem significativa".[39]

Clementi, que trabalhara no banco de investimento Dresdner Kleinwort Benson, argumentava que o fator crucial era o local onde o mercado e suas atividades estavam localizados. "O que é necessário é centralizar os corretores. Não se pode ter o pessoal disperso", disse Clementi. "É muito difícil fazer o controle. Simplificando, é mais difícil descobrir se o corretor volta do almoço depois de beber demais. Há um limite para os prejuízos causados por um vendedor que bebeu demais mas, no caso do corretor, esse limite não existe."[40] Quando um banco situa suas operações em determinado local, outras funções, como tecnologia da informação, contabilidade e gestão, se seguem.

Numa situação normal, a chegada do euro deve ser uma vantagem para os maiores centros financeiros devido às economias de escala já mencionadas. De fato, é muito provável que os negócios com o euro se concentrem nos maiores mercados de câmbio do mundo e que os perdedores não sejam Londres, Frankfurt ou Paris, mas sim os menores centros financeiros regionais da Europa — como Milão ou Madri, por exemplo, onde o câmbio de moedas européias é o pão de cada dia.

Há opiniões variadas em relação aos impactos da não adesão da Grã-Bretanha ao euro. Muitos argumentam que isso fará pouca diferença, pelo menos a curto prazo. "Aqui (em Londres) estão a massa crítica de pessoas, infra-estrutura e instituições, e será muito difícil que isto desapareça", diz Stephen Kingsley, sócio da Arthur Andersen. "Londres continua sendo o principal centro de seu fuso horário, o Reino Unido adotando ou não o euro."[41] "Nos próximos cinco anos Londres será muito beneficiada", diz uma destacada figura da City. "Mas a longo prazo, se não adotarmos a moeda única, há o risco de que as atividades se desloquem para algum outro centro europeu."[42]

Em resumo

Centros financeiros internacionais são cidades que se especializam em prestar serviços financeiros internacionais. Sua função é intermediar os fluxos financeiros internacionais. Isto é feito pelos mercados financeiros e pelas firmas que aí se localizam. Os serviços financeiros concentram-se em função dos poderosos efeitos das economias de escala e das economias de aglomeração.

Londres — onde o segmento de serviços financeiros é conhecido como "*The City*" — é o principal centro financeiro internacional. Há mais gente lá trabalhando em serviços financeiros internacionais do que em qualquer outro centro e lá também se encontra o maior número de bancos estrangeiros. As principais atividades financeiras empreendidas em Londres são as bancárias internacionais, de negociação de títulos e derivativos, cambiais, levantamento de capital, gestão de ativos, seguros e serviços marítimos.

O advento da moeda européia única — o euro — é um desafio para Londres e apresenta uma oportunidade para que Frankfurt e Paris, centros rivais, aumentem sua participação no mercado. Por outro lado, a posição destacada de Londres nos mercados financeiros atacadistas pode significar que os negócios com o euro fluam para a City.

Leituras adicionais

Coggan, Philip, *The Money Machine: How the City Works* (Londres: Penguin, 1995).

Courtney, Cathy e Thompson, Paul, *City Lives: The Changing Voices of British Finance* (Londres: Methuen, 1996).

Kynaston, David, *Liffe: A Market and its Makers* (Cambridge: Granta Editions,1997).

Roberts, Richard (org.), *Global Financial Centres: London, New York, Tokyo* (Aldershot: Edward Elgar, 1994).

Sassen, Saskia, "Global financial Centers", *Foreign Affairs*, vol.78 (jan-fev. 1999).

Notas e referências

Na lista abaixo qualquer referência a um autor isoladamente deve ser considerada uma referência ao trabalho incluído nas "Leituras adicionais", listadas acima.

1. *London's Size and Diversity,* (Corporation of London, 1996).
2. British Invisibles, *The City Table, 1998.*

3. British Invisibles, *The City Table, 1996.*
4. British Invisibles, *The City Table, 1998.*
5. Plender, John and Wallace, Paul, *The Square Mile: a Guide to the New City of London* (Londres: Century Publishing, 1985).
6. *The Banker,* novembro de 1986.
7. "Overseas banks boost presence", *Financial Times,* 17 de março 1997.
8. "International Banking in London", *Financial Times*, suplemento, 27 de novembro de 1997.
9. Final Report, *City Research Project,* (Corporation of London, 1995).
10. *The Banker,* novembro de 1997.
11. *The Banker,* novembro de 1997. As estimativas já levam em conta as uniões entre bancos.
12. Davis, E.P. e Latter A.R., *London as an International Financial Centre, Bank of England Quarterly Bulletin,* vol.29 (1989).
13. Deutsche Bank, *Annual Report,* 1995.
14. *Sunday Times,* 4 de fevereiro 1996.
15. *Evening Standard,* 26 de novembro de 1996.
16. *Financial Times,* 8 de outubro de 1997.
17. "Cats that got the cream", *Euromoney,* fevereiro de 1996.
18. British Invisibles, *UK Financial Trends — World Invisible Trade*, 1997.
19. *Stock Exchange Fact Book,* 1997.
20. *Sunday Times,* 14 de setembro de 1997.
21. *Sunday Telegraph,* 24 de setembro de 1995.
22. "Give or take a trillion", *Financial Times*, 20 de setembro de 1993.
23. *Financial Times,* 13 de março de 1996.
24. *Sunday Telegraph*, 24 de setembro de 1995.
25. *Financial Times,* 19 de setembro de 1997.
26. "Ready, set ... Euro!", *Futures*, janeiro de 1997.
27. *Financial Times,* 11 de março de 1998.
28. *Financial Times*, 4 de outubro de 1997.
29. Final Report, *City Research Project* (Corporation of London, 1995).
30. British Invisibles, *International Financial Markets in the UK* (1998).
31. *Financial Times,* 13 de outubro de 1997.
32. Final Report, *City Research Project* (Corporation of London, 1995)
33. British Invisibles, *The City Table,* 1998.
34. *Financial Times*, 30 de janeiro de 1997
35. The Baltic Exchange, *The Baltic Exchange* (Pamphlet, 1997).
36. British Invisibles, *The City Table*, 1996.
37. British Invisibles, *The City Table*, 1996.
38. *The Economist*, 4 de outubro de 1997.
39. *Independent*, 21 de maio de 1997.
40. *Financial Times*, 20 de janeiro de 1998.
41. *Financial Times*, 20 de janeiro de 1998.
42. *Financial Times*, 18 de novembro de 1996.

Box 6.1: Centros *offshore*

Os centros financeiros *offshore* fazem a intermediação de fluxos financeiros entre tomadores de empréstimos não residentes e depositantes não residentes. Surgiram nos anos 60 para atender o mercado de euromoedas que se expandia rapidamente.

Todas as transações com euromoedas são negócios *offshore*. Assim, boa parte da atividade bancária internacional conduzida por Londres, Suíça e Luxemburgo pode ser considerada negócio *offshore*. Esse é também o caso das transações realizadas por meio de instrumentos bancários internacionais: contas especiais abertas em separado das contas domésticas, não estando submetidas às restrições bancárias aplicáveis ao mercado interno, como, por exemplo, aquelas referentes aos pagamentos de juros ou aos requerimentos de reservas. O funcionamento desses instrumentos bancários internacionais em Nova York, Tóquio e Cingapura será descrito nos Capítulos 7 e 8.

A expressão "mercado *offshore*" aplica-se em geral a um conjunto de abrigos fiscais onde se aplica uma alíquota mínima ou nula às transações entre não residentes. A lista desses mercados *offshore* fiscais inclui as Bahamas, Barbados, Bermudas, Ilhas Caimã, Antilhas Holandesas, Novas Hébridas (Vanatu), Seyshelles, Jersey, Guernsey e Isle of Man. Em conjunto, os empréstimos externos registrados nos centros *offshore* em meados dos anos 90 participavam com cerca de 23% do total mundial dos empréstimos externos.

Para os bancos, as vantagens de encaminhar transações por meio de mercados offshore são a regulamentação mínima e os baixos impostos. Para os *paraísos fiscais*, em geral ilhas distantes com pequenas economias locais, a criação de um segmento de serviços financeiros proporciona empregos, receitas com taxas de licenciamento e outras vantagens econômicas.

O sucesso dos mercados *offshore* depende de várias características especiais:

- regulamentação mínima para a entrada e saída de fundos
- separação entre fluxos financeiros internacionais e o sistema financeiro local
- sigilo financeiro
- impostos baixos
- estabilidade financeira e banco central efetivo
- boas comunicações e transportes internacionais
- localização conveniente em termos de fuso horário
- disponibilidade de mão-de-obra qualificada

As ilhas do Caribe constituem um notável conjunto de mercados *offshore*. Tal circunstância deve-se à proximidade dos EUA, cujos bancos são os principais usuários de suas conveniências. Na década de 1970 foram importante veículo para empréstimos internacionais à América Latina. Na década de 1980 houve uma retração no crescimento desses centros, pois, em 1981, ocorreu nos EUA uma abertura para as operações bancárias internacionais, e no ano seguinte teve início a crise da dívida. Mas um volume significativo de transações continuou sendo encaminhado por meio de mercados *offshore*. Em 1996, os empréstimos externos registrados nas Ilhas Caimã e nas Bahamas (os mercados *offshore* fiscais caribenhos mais importantes) totalizavam US$456 bilhões e US$174 bilhões, respectivamente, representando 9% e 4% dos empréstimos bancários líquidos internacionais.

Box 6.2: O significado da Liffe

A negociação de derivativos financeiros iniciou-se em Chicago, em 1972, e logo expandiu-se. Seis anos mais tarde, a International Commodities Clearing House, de Londres, decidiu que era tempo de criar um mercado de derivativos financeiros para atender o fuso horário europeu. Quem tomou a frente da iniciativa foi John Barkshire, presidente da Mercantile House, cambista que se tornou presidente do grupo de trabalho criado em 1980 para desenvolver tal projeto, convencendo o cauteloso Banco da Inglaterra a dar seu apoio, em março de 1981. O resultado foi a London International Financial Futures and Options Exchange (Liffe), que seguiu o modelo da bem-sucedida Chicago Mercantile Exchange.

A Liffe iniciou suas atividades em setembro de 1982. A evolução foi espetacular. As transações registraram um crescimento médio de 50% entre 1982 e 1994. Entre 1988 e 1994, o volume total de negócios decuplicou. Em março de 1992, incentivada pelo Banco da Inglaterra, a Liffe fundiu-se com a rival London Tradded Options Market e, em setembro de 1996, absorveu a London Commodity Exchange (LCE), consolidando sua posição como principal bolsa de futuros e opções da Europa.

A Liffe tem seguido uma política agressiva de inovações, criando derivativos novos, mas nem tudo foi um mar de rosas. A bolsa começou negociando três contratos futuros de taxas de juros e quatro contratos futuros de câmbio. Apesar da posição de destaque de Londres como mercado cambial, os contratos de câmbio não se mostraram competitivos em relação aos mercados já estabelecidos de Chicago e Filadélfia. A vantagem da Liffe em termos de fuso horário não foi suficiente para superar os custos mais altos de se negociar em seu mercado menor e, portanto, menos líquido. Os contratos futuros de títulos do tesouro dos EUA e do governo japonês, criados em 1984 e 1987, respectivamente, também ficaram aquém das expectativas. Mas os contratos futuros de títulos de dez anos do governo alemão (*bund*), criados em 1988 e o contrato de euromarcos de curto prazo alcançaram sucesso significativo. Contudo, em 1998, contrato rival com *bund*, ofertado pela Deutsche Terminbörse, de Frankfurt, superou o volume de contratos na Liffe, levando-a a passar do "pregão de viva voz" para a negociação eletrônica.

O sucesso dos contratos em marco alemão estimulou a criação de outros instrumentos europeus. O início dos anos 90 testemunhou uma substancial mudança no padrão dos negócios, distanciando-se dos contratos em dólar em favor dos europeus. Muitos dos novos contratos foram lançados em concorrência direta com os mercados da Europa continental, sendo costumeiro que o mercado de lançamento obtenha liquidez para o instrumento e torne-se dominante. Em 1998, a Liffe lançou o primeiro contrato futuro de taxa de juro de dez anos denominado em euro que concorre com os contratos com títulos do governo alemão.

Além dos contratos de taxas de juros e de câmbio, a Liffe também desenvolveu uma variedade de contratos de derivativos de ações: cerca de 70 opções com ações individuais; contratos futuros e opções para o índice FT-SE 100 e para o FT-SE Mid-250. A fusão com a LCE trouxe os contratos de café, cacau, açúcar, grãos, batatas e o Índice de Fretes do Báltico. É um leque abrangente de produtos, e esta é a única bolsa a oferecer negócios em futuros e opções financeiras, de *commodities* e de índices de ações, bem como opções com ações individuais.

As razões do sucesso da Liffe estão relacionadas ao fator fuso horário, a seu desenvolvimento dinâmico, à diversificação de novos instrumentos, ao tamanho e à liquidez do mercado, à integridade de preço de seus contratos e à inovação técnica. Atraiu, assim, ampla participação internacional: dentre as 222 empresas participantes, que incluem a maioria das instituições financeiras do mundo, quase três quartos são empresas não britânicas: 29% estão sediadas na Europa Continental; 20% no Japão; 19% nos EUA e 4% no resto do mundo.

"Nossos mercados são fáceis de operar, seguros e baratos, e os sistemas que os apóiam são robustos", diz o presidente da Liffe, Jack Wigglesworth. "Em certo sentido, as empresas, bancos e instituições como os fundos de pensão têm o dever de operar esses mercados. Com efeito, caso contrário, estarão especulando de forma benigna. Há casos nos Estados Unidos em que os diretores de algumas instituições foram acusados de não proteger adequadamente seus ativos por não usar futuros financeiros. Penso que essa é uma questão válida." ("Perfil do presidente da Liffe, Jack Wigglesworth", *Evening Standard*, 26 de junho de 1995)

CAPÍTULO 7

Nova York e Tóquio como Centros Financeiros Globais

INTRODUÇÃO

Londres, Nova York e Tóquio — os três centros financeiros globais — constituem o topo da pirâmide das finanças internacionais. Cada uma dessas cidades é o principal centro na área de influência de seu fuso horário, proporcionando a sua clientela mundial um amplo leque de serviços. Na escala dos negócios financeiros *internacionais*, a escala de atividades londrina ultrapassa a de Nova York e a de Tóquio em quase todos os indicadores. Mas o tamanho e o escopo das atividades financeiras nessas duas cidades são magnificados pelo fato de também serem os mais importantes centros financeiros nacionais das duas maiores economias do mundo e possuírem as principais moedas internacionais.

Box 7.1: Ascensão e queda dos centros financeiros internacionais

De acordo com os modernos parâmetros, Antuérpia foi a primeira cidade a desempenhar as funções de centro financeiro internacional já no século XVI. Sua decadência teve lugar quando foi invadida pelas tropas espanholas em 1585.

Com o declínio de Antuérpia, Amsterdã tornou-se o principal porto e centro internacional da Europa durante os dois séculos seguintes. O comércio era financiado por letras de câmbio, e a compra e venda dessas letras era a base do mercado monetário. Também surgiu um mercado de títulos, oferecendo aos governos e às grandes empresas de comércio colonial empréstimos de longo prazo. No início de século XVIII, Londres superou Amsterdã como porto, mas a cidade holandesa continuou sendo o principal centro financeiro. Seu declínio ocorreu em 1795 quando as tropas francesas conquistaram a Holanda.

Londres, então já o maior porto do mundo, tornou-se o principal centro financeiro internacional. No século XIX, boa parte do comércio mundial era financiada por Londres, onde se localizava o principal ponto de lançamento e negociação de títulos internacionais. Aí também localizavam-se os principais mercados físicos de *commodities* e, mais tarde, financeiros, e as atividades de navegação e de seguros. A importância de Londres foi reforçada pela transformação da libra esterlina na primeira moeda global, principal meio internacional de transações e de reservas, e pelo desenvolvimento pioneiro, por parte do Banco da Inglaterra, das atividades de um banco central.

A partir da década de 1840, Paris tornou-se um centro internacional importante, tanto em termos de atividades bancárias quanto de negociação de títulos, em função da política governamental de torná-la a contraparte continental de Londres. O plano era provavelmente fantasioso, mas a devastação provocada pelo cerco prussiano à cidade de Paris durante a guerra franco-prussiana de 1870 e a subseqüente Comuna de Paris, em 1871, derrubaram o castelo de cartas.

Berlim emergiu nessa época como importante centro, inicialmente financiando a industrialização alemã e, mais tarde, dedicando-se também aos negócios internacionais. Os primeiros anos do século XX testemunharam o início de um mercado de capitais internacional em Nova York.

Durante a I Guerra Mundial, Londres, Paris e Berlim deixaram de funcionar como centros financeiros internacionais. Assim, Nova York assumiu a liderança internacional do mercado de títulos e como centro bancário, e o dólar americano tornou-se, pela primeira vez, a principal divisa internacional. A vitória aliada permitiu a recuperação de Londres nos anos 20, testemunhando aquela década uma intensa rivalidade comercial entre os dois centros, Londres e Nova York, e entre suas respectivas moedas.

O comércio internacional e as transações financeiras internacionais registraram queda significativa na década seguinte em decorrência da depressão econômica mundial. A decepção com a libra esterlina e com o dólar, depois que se abandonou o padrão-ouro no início da década de 1930, determinou a busca de um novo porto seguro para o dinheiro na Suíça, onde os negócios bancários expandiram-se. A II Guerra Mundial deu novo alento aos negócios e, mais tarde, esta questão deu lugar a intensas controvérsias. A Suíça tornou-se um destacado centro financeiro internacional, posição que ainda detém.

O término da II Guerra Mundial pôs fim ao papel de Berlim como centro financeiro internacional, quando a cidade foi dividida e uma de suas partes ficou na área soviética. Frankfurt, que tinha uma longa história como centro bancário regional, tornou-se o principal centro financeiro da Alemanha.

Depois da II Guerra Mundial, Nova York e o dólar passaram a dominar o quadro. Contudo, no início da década de 1960, a deterioração do balanço de pagamentos dos EUA, decorrente, em boa medida, da guerra do Vietnã, provocou a adoção de restrições à saída de capitais. Isso deu impulso aos florescentes euromercados, que haviam emergido alguns anos antes em Londres. Na década de 1950, um volume significativo do comércio internacional era ainda conduzido em libras esterlinas, e Londres conservava muitas das instituições financeiras internacionais e seu perfil global. Essa foi a base para seu ressurgimento como centro financeiro internacional a partir do fim dos anos 50. Londres passou assim a desempenhar um papel de liderança no desenvolvimento dos mercados de eurodólares e eurobônus. Nos anos 70, a posição de Londres foi reforçada pela expansão da reciclagem de petrodólares, o que, por sua vez, destacou ainda mais sua posição de liderança nas atividades bancárias internacionais.

Nas primeiras décadas do século XX, Xangai era o principal centro financeiro da Ásia. Essa liderança terminou em 1937, quando a cidade foi ocupada pelos japoneses. A liberação pelo Exército do Povo foi acompanhada pela ascensão do Partido Comunista Chinês ao poder, impedindo a retomada dos negócios bancários internacionais por mais de uma geração. Hong Kong beneficiou-se da situação, tornando-se um destacado centro regional. Nas décadas de 1970 e 1980, Tóquio, centro financeiro da segunda maior economia do mundo, também tornou-se importante centro financeiro internacional.

Beirute foi a capital financeira do Oriente Médio durante as décadas de 1950 e 1960, mas suas atividades como centro financeiro internacional terminaram com o início da guerra civil libanesa, em 1975.

Nas décadas de 1960 e 1970, parecia que a Cidade do Panamá iria se tornar o entreposto financeiro da América Latina. Mas, sob o ditador general Manuel Noriega, acabou tornando-se a capital global da lavagem do dinheiro da droga. Os bancos respeitáveis foram para outros lugares.

A lição da história é que, uma vez estabelecidos, os centros financeiros internacionais líderes manterão suas posições a menos que sejam afetados por choques externos que provoquem o deslocamento de seus negócios. Quando as firmas afastam-se de um centro abalado, as economias externas de escala e de aglomeração revertem-se, e a vantagem competitiva do centro desaparece rapidamente. Ao longo dos séculos, a principal causa de tais choques, que promoveram deslocamentos da atividade financeira, tem sido as guerras.

Nova York

Nova York, onde "Wall Street" — uma rua estreita no coração do distrito financeiro da cidade — é sinônimo de atividade financeira, é tanto o principal centro financeiro da maior economia do mundo como um importante centro financeiro internacional. A escala de seus mercados de capitais e monetário torna diminutos os outros centros, embora a maioria dos títulos e ações listados e das transações efetuadas seja doméstica e não internacional. Nova York é o primeiro dos centros financeiros internacionais em termos de capitalização do mercado de ações e o segundo ou terceiro em outros cinco dentre sete indicadores selecionados no Quadro 7.1.

Quadro 7.1: Nova York como centro financeiro internacional — alguns indicadores

	Volume/ número	Posição mundial
Negócios bancários internacionais		
Empréstimos externos[a] (EUA - 1996)	US$821 bilhões	3
Bancos estrangeiros presentes[b] (Nova York - 1995) sucursal, subsidiária, escritório de representação etc.	326	3
Mercado de capitais		
Capitalização do mercado de ações (EUA - 1998)	US$11.308 bilhões	1
Giro de ações estrangeiras[c] (NYSE + NASDAQ - 1997)	US$680 bilhões	2
Gestão de ativos		
Ações de propriedade de investidores institucionais[d] (Nova York - 1997)	US$1.553	2
Mercado monetário		
Transações cambiais[e] (EUA - 1998) movimento diário líquido	US$350 bilhões	2
Contratos de derivativos[f] (NYMEX - 1997) volume mensal médio	7 milhões	4

Fontes:
[a] FMI, *International Financial Statistics* (Washington DC, agosto 1997)
[b] Jao, Y.C., *Hong Kong as an International Financial Centre* (Hong Kong: City University of Hong Kong Press, 1997)
[c] *Emerging Stock Markets Factbook* 1998 (Washington DC: International Finance Corporation, 1998)
[d] British Invisibles, *International Financial Markets in the UK* (Londres, dezembro 1998).
[e] Banco para Compensações Internacionais, *Central Bank Survey of Foreign Exchange* (Basiléia: BIS, 1999)
[f] Liffe, *World Volumes* (Londres, agosto 1997)

Evolução de Nova York como centro financeiro internacional

Nova York surgiu como principal centro financeiro da América nos anos que se seguiram ao fim da Guerra Civil, em 1865. Foi o ponto focal para a obtenção de recursos financeiros destinados à construção do sistema ferroviário que uniu o país e ao investimento industrial. No início do século XX já detinha um conjunto de mercados financeiros e um ruidoso enxame de corretores e banqueiros. Sua maioridade foi assinalada pelo primeiro negócio de um bilhão de dólares, uma emissão de US$1,4 bilhão (cerca de US$25 bilhões em valores atuais) que criou a gigantesca US Steel Corporation em 1901.

Na década de 1900, Wall Street efetivou poucos empréstimos internacionais. Mas a I Guerra Mundial transformou Nova York no principal mercado de capitais internacional. O governo britânico e os dos demais países aliados voltaram-se para o mercado de Nova York para levantar as altas somas necessárias ao financiamento de seus exércitos. Os negócios internacionais continuaram a se expandir durante a década de 1920, e, apesar da concorrência de Londres, Nova York manteve sua posição de destaque. Porém, os empréstimos ao exterior eram uma atividade secundária quando comparados à explosão dos preços das ações americanas. Em outubro de 1929, Wall Street entrou em colapso, seguindo-se um período melancólico.

Quadro 7.2: Volume de negócios na Bolsa de Valores de Nova York, 1900-96

	Movimento diário médio (em milhões de ações)		Movimento diário médio (em milhões de ações)
1900	0,5	1980	44,9
1910	0,6	1985	109,2
1920	0,8	1990	156,2
1930	3,0	1991	178,9
1940	4,0	1992	202,2
1950	2,0	1993	264,5
1960	3,0	1994	191,3
1965	6,2	1995	346,1
1970	11,6	1996	441,9
1975	18,6		

Fonte: *New York Stock Exchange Fact Book 1997*

Com a depressão, os anos 30 não foram uma década próspera para Wall Street. Outro problema foi a raiva dos investidores que tinham sofrido prejuízos durante o craque, culpando os financistas de Wall Street. O resultado foi a implantação de uma estrutura de controles mais rígida das operações financeiras. Em 1934, uma lei criou a Securities and Exchange Comission [Comissão de Valores Mobiliários] para supervisionar as atividades do mercado de títulos; a lei Glass-Steagall, de 1933, instituiu a completa separação entre bancos de investimento e bancos comerciais. Portanto, um banco americano poderia ser ou um banco comercial que capta depósitos e faz empréstimos ou um banco de investimento envolvido na emissão e distribuição de títulos, mas não poderia exercer as duas atividades simultaneamente.

Depois da II Guerra Mundial, o dólar americano era a principal moeda mundial, e Wall Street o local das maiores transações internacionais. À medida que o comércio internacional aumentava e que as empresas dos EUA se expandiam para o exterior, a dimensão internacional dos negócios de Wall Street também aumentava. As atividades bancárias e de seguros também expandiram-se, embora não se pudesse falar de uma explosão dos negócios. Nas décadas de 1950 e 1960, o giro médio das transações acionárias na Bolsa de Valores de Nova York foi, de fato, menor do que o dos anos 40 (ver Quadro 7.2); mas a atividade recuperou-se ao longo da década de 1960 e cresceu rapidamente nos anos 70. Um marco importante foi a abolição do sistema de comissões fixas da Bolsa de Valores de Nova York, que vigorava há 183 anos, no "Mayday" de 1975. Esta medida de desregulamentação estimulou o aumento da concorrência e as inovações no mercado de títulos.

A economia dos EUA passou por uma recessão no início dos anos 80, mas já em 1983 retomava o crescimento. Antecipando a recuperação, o mercado de ações subiu entre agosto de 1982 e outubro de 1987. O Índice Dow Jones (o principal indicador do mercado de ações) passou de 900 para 2.700 pontos. A queda em 1987 provocou a perda de 50 mil empregos em Wall Street, como conseqüência dos cortes de custos em bancos e seguradoras. Ao contrário do ocorrido em 1929, não houve uma recessão internacional, embora a economia tivesse se retraído e, em 1991, ocorresse uma recessão nos EUA. Em 1992, o crescimento foi retomado, e os mercados financeiros acompanharam o movimento. O Dow Jones Industrial Average superou seu pico de 1987, iniciando nova tendência altista, alcançando 11 mil pontos em 1999. No verão de 1996, o emprego em Wall Street totalizava 257 mil postos de trabalho, pouco abaixo do pico obtido na década de 1980. O total de empregos em Nova York nos segmentos de finanças e seguros, tanto nacionais quanto internacionais, somava 443 mil postos em meados da década de 1990.

Principais características de Nova York como centro financeiro

David C. Batten, diretor administrativo do banco First Boston, identificou algumas características-chave de Nova York como centro financeiro:[1]

- *Diversidade de mercados* Nova York abriga oito grandes mercados financeiros:
  — títulos do governo dos EUA
  — títulos e papéis de empresas privadas
  — ações
  — títulos municipais
  — securitização
  — mercado monetário
  — câmbio
  — *swaps*

  Grandes bancos comerciais e de investimento são outras instituições vitais.

- *Tamanho e qualidade dos mercados* Os mercados de ações e de títulos dos EUA são os maiores e mais sofisticados do mundo. A dívida pública dos EUA é maior do que a soma das dívidas do Japão, Alemanha, França, Reino Unido, Itália, Holanda e Bélgica.
- *Amplo leque de estratégias e de prazos de vencimento à disposição dos emissores de títulos* Estratégias: por exemplo, há uma oferta de mais de 50 formas de hipoteca securitizada. Prazos de vencimento: o leque de

prazos médios de vencimento é o dobro daquele disponível no mercado de eurobônus.

- *Papel dos investidores institucionais* Os mercados dos EUA são impulsionados por investidores institucionais — fundos mútuos, companhias de seguros, fundos de pensão e fundos de investimento de bancos. O investimento direto por pessoas físicas é muito reduzido: as famílias têm sido liquidantes líquidos de ações a partir de 1958. Já o investimento em fundos mútuos expande-se.
- *Criatividade e inovação* Os mercados de capitais e monetário de Nova York estão na frente em inovações financeiras; os instrumentos lá criados são imitados em todo o mundo.
- *Pressão competitiva* A restrições da lei Glass-Steagall à diversificação resultaram em uma concentração de negócios muito maior do que a encontrada nos euromercados, com o mesmo grupo de bancos de investimento grandes e agressivos operando à frente de praticamente todos os mercados financeiros.

Mercado de capitais

Nos EUA encontra-se o maior mercado de capitais do mundo. Em 1997, o valor de mercado das ações nacionais listadas na Bolsa de Valores de Nova York era de US$11,3 trilhões, comparados aos US$2,2 trilhões de Tóquio e aos US$2 trilhões de Londres.[2] A composição do mercado de capitais dos EUA é apresentada no Quadro 7.3. Em ordem descendente, os principais componentes são:

- ações (títulos de propriedade)
- hipotecas — tanto de agências privadas quanto públicas, especialmente a Government National Mortgage Association [Associação Nacional Hipotecária Pública]*
- títulos do tesouro dos EUA
- títulos de empresas privadas

A legislação tributária dos EUA favorece o financiamento das empresas mediante a emissão de títulos, oferecendo aos bancos de investimento inovadores oportunidades de criar novos produtos, como mostrou Michael Milken, o apóstolo dos "títulos de alto risco" (ver Capítulo 10). A eficiência

---

* Agência do Departamento de Habitação e Desenvolvimento Urbano dos EUA. Sua sigla em inglês é GNMA, o que lhe rendeu o apelido de Ginnie Mae, pelo qual também são conhecidos os seus títulos. (N.R.)

e a pressão competitiva do mercado de Nova York implica que o custo de emissões de títulos para o tomador seja mais barato do que em Londres ou Tóquio. Esses custos são da ordem de 0,98%, 1,08% e 3,5%, respectivamente.

Quadro 7.3: Mercado de capitais dos EUA, 1995

	US$bilhões
Ações	8.345
Títulos	
Hipotecas	4.724
Dívida do tesouro dos EUA	2.531
Empresas privadas	2.478
Municipais	1.301
Empréstimos às empresas	1.116
Crédito ao consumidor	946
Estrangeiros	282
Total	13.378

Fonte: *The Economic Report of the President*, 1996

Desde meados dos anos 90, tem havido uma expansão acelerada do número de empresas estrangeiras registradas na Bolsa de Valores de Nova York (NYSE). Em 1999, eram 392, bem mais do que as 200 existentes em 1995, e prevê-se que, em 2000, cheguem a 600, ou 20% do total listado. É uma evolução importante, que o presidente da NYSE, Richard Grasso, comparou ao surgimento da moderna empresa industrial, cem anos atrás.[3] O movimento foi provocado pela diversificação internacional dos fundos de investimento americanos, cujas carteiras de ações estrangeiras duplicaram entre os anos de 1992 e 1997 e que, segundo as previsões, deverá voltar a dobrar novamente entre 1997 e 2002. A possibilidade de investir em empresas estrangeiras por intermédio da NYSE aumenta a confiança dos investidores dos EUA. E, para as empresas estrangeiras, dá acesso ao vasto mercado de capitais americano, já que muitos fundos de pensão são obrigados por suas normas a só investir em títulos negociáveis nos EUA. Mais da metade das novas empresas listadas em 1996 entrou no mercado por meio de oferta pública inicial, levantando um montante de US$6,4 bilhões.

Mercados monetários

O mercado monetário dos EUA, concentrado em Nova York, é o maior do mundo. Em 1994, o volume de produtos em circulação no mercado monetário equivalia a US$2.320 bilhões, bem acima dos US$1.508 bilhões registrados em 1985.[4] Enquanto o mercado de capitais oferece financiamento de longo prazo para investimentos, o mercado monetário proporciona a órgãos do governo e empresas recursos de curto prazo. O mercado monetário de Nova York é usado por bancos e empresas para ajustar a liquidez de curto prazo. Desempenha, também, papel fundamental na condução da política monetária pelo banco central dos EUA. Mediante "operações de mercado aberto" — venda ou aquisição pelo banco central de títulos do governo — o Banco da Reserva Federal de Nova York pode influenciar as taxas de juros de curto prazo dos EUA, operacionalizando as decisões tomadas nas reuniões mensais do Comitê de Mercado Aberto do Conselho de Governadores do Sistema da Reserva Federal de Washington (ver Capítulo 5).

Quanto ao mercado de câmbio, Nova York é superada apenas por Londres. Entre 1986 e 1998, o movimento médio diário de câmbio passou de US$58 bilhões para US$350 bilhões.

Bancos internacionais

Os bancos estrangeiros constituem uma dimensão importante das atividades financeiras de Nova York. Em 1971, 73 bancos estrangeiros estavam presentes na cidade. Os anos 70 registraram um acelerado aumento de seu número em decorrência da participação da Europa e de outros países da OCDE na reciclagem de petrodólares e dos empréstimos às economias emergentes. Por volta de 1980, o número de bancos estrangeiros já chegava a 240. Nos anos 80 houve um novo influxo, sobretudo dos países em desenvolvimento e da Escandinávia, bem como de bancos regionais japoneses. "Muitos bancos japoneses já tinham se instalado em Londres e agora voltam-se para Nova York, uma seqüência lógica", explicava um banqueiro japonês em 1987.[5] Naquela época, os bancos estrangeiros em Nova York já eram 358, com 29 mil funcionários.[6]

Esse nível marcou o apogeu: em 1997, os bancos estrangeiros limitavam-se a 314.[7] A queda foi decorrência de consolidações e do fechamento de dispendiosos escritórios em Manhattan, já que muitos bancos descobriram que obter lucro com os negócios em Nova York, ou até administrá-los, era problemático. "É fácil auferir uma receita, mas obter lucro é muito diferente", diz Simon Robertson, ex-presidente do Kleinwort Benson.[8]

Em Nova York, o banco estrangeiro com mais funcionários é o Hong Kong and Shangai Bank, sediado no Reino Unido, que emprega 2.300 pessoas. Outros bancos europeus com presença significativa são: o European American Bank, um banco holandês, com 1.900 funcionários; Deutsche Bank, com 1.500; Swiss Bank Corporation, 760; Crédit Suisse, 600; Crédit Lyonnais, 600; e o Banque National de Paris e o Paribas, 500 cada um. A partir de meados da década de 1990, muitos dos principais bancos europeus com aspirações globais procuraram fortalecer sua capacidade de negócios contratando executivos da área bancária e corretores americanos experientes, além de adquirir pequenos bancos de investimento.

Os 64 bancos japoneses instalados em Nova York formam, numericamente, o maior contingente, em termos de nacionalidade, de bancos estrangeiros. Os maiores são o Industrial Bank of Japan, com 950 funcionários; o Bank of Tokyo-Mitsubishi, com 450; e o Dai-Ichi Kangyo Bank e o Sanwa Bank, com 350 funcionários cada um. Em 1995, sofreram um duro golpe quando o Daiwa Bank, o quinto maior banco do Japão e o quadragésimo primeiro na classificação mundial, foi proibido de exercer suas atividades nos EUA — após a revelação de que seus funcionários tinham ocultado perdas de US$1,1 bilhão em negociações de títulos ao longo de um período de onze anos (ver Capítulo 10).

Há numerosos bancos latino-americanos em Nova York — 14 brasileiros, 6 argentinos, 6 venezuelanos e 6 mexicanos — mas em muitos casos trata-se apenas de escritórios de representação com poucos funcionários.

Os Instrumentos Bancários Internacionais constituem um dispositivo contábil que permite aos bancos dos EUA e às agências de bancos estrangeiros localizadas nos EUA concorrerem por depósitos internacionais e emprestarem usando dólares mantidos no exterior. Os IBFs permitem que depósitos em dólares no exterior possam ser captados sem infringir a legislação americana relativa à exigência de reservas ou às restrições de taxas de juros. Os ganhos auferidos com IBFs também estão isentos de impostos estaduais, embora não de impostos federais. Eles foram propostos pela primeira vez nos anos 60 como reação às restrições governamentais sobre empréstimos externos bancários e como medida de combate aos problemas de balanço de pagamentos; a Reserva Federal, porém, vetou a proposta, receando que o vazamento de fundos do mercado interno para o externo debilitasse a política monetária doméstica. Finalmente, a Reserva Federal, pressionada a rever sua posição, o fez em 1981, de forma a promover a posição competitiva de Nova York nos negócios bancários internacionais.

Box 7.2: Os centros financeiros são uma espécie em extinção?

A moderna tecnologia de comunicações permite que as informações estejam disponíveis quase que imediatamente. De fato, isso não é tão novo quanto possa parecer. Em termos de economia de tempo, a megarevolução nas tecnologias de comunicação aconteceu um século atrás, quando a introdução do telégrafo elétrico revolucionou os negócios financeiros internacionais. A inauguração do cabo transatlântico, em 1886, reduziu o tempo de comunicação entre Londres e Nova York de três semanas para alguns segundos. É desnecessário dizer que as firmas localizadas em um centro financeiro que dispusessem de comunicações telegráficas teriam uma vantagem impressionante em relação às que não dispunham de tal facilidade.

O que diferencia a tecnologia das comunicações atual é a ampla difusão e profusão de informações disponíveis. O telégrafo era uma tecnologia que reforçava a importância dos centros financeiros. Mas a moderna tecnologia significa que a informação de preços e os meios de negociação ficam tão facilmente disponíveis à beira de uma piscina na Côte d'Azur quanto na mesa de operações de um banco.

Isto quer dizer que a tecnologia está transformando os centros financeiros em dinossauros? Não, porque muitas operações financeiras ainda envolvem um contato estreito entre banqueiros, advogados, contadores e outros especialistas, como a montagem de fusões e aquisições, o levantamento de capital por governos e empresas ou a gestão de ativos. A inovação financeira é estimulada pelo contato pessoal com outros especialistas e competidores comerciais. Contudo, algumas tarefas administrativas "de escritório" como o fechamento de negócios e as compensações em moeda dispersam-se por locais mais baratos.

A tecnologia é apenas um aspecto de um leque de fatores que influenciam a localização das instituições financeiras. De fato, quando a informação está disponível de forma instantânea em qualquer lugar, ela se torna um fator neutro. Hoje, o problema está em *interpretar e usar* o vasto volume de fluxos de informação que a tecnologia das comunicações torna disponível. É o acesso a um conjunto de pessoal qualificado e especializado, que possa analisar e agir em resposta à informação, que se torna uma economia externa vital a ser proporcionada pelos centros financeiros internacionais. Apesar do impacto teórico centrífugo da tecnologia, os centros financeiros internacionais continuarão sendo importantes no futuro previsível.

No primeiro ano os ativos em IBFs passaram de US$55 bilhões para US$152 bilhões e, subseqüentemente, aumentaram de 20% ao ano. O desenvolvimento de um crescente volume de fundos externos em IBFs reforçou o poder regulatório e a supervisão das autoridades dos EUA sobre o mercado de euromoedas e as atividades bancárias internacionais. Há cerca de 600 IBFs, principalmente em Nova York, na Califórnia e na Flórida.

TÓQUIO

Introdução

Na Ásia, Tóquio é o principal centro financeiro no fuso horário da área do Pacífico. Cerca de 522 mil pessoas trabalham com finanças e seguros, mais do que em Londres ou Nova York, mas a maioria dedica-se a transações nacionais.[9] Como centro financeiro global, Tóquio está, de fato, atrás daquelas duas cidades, de acordo com os sete indicadores de atividade financeira listados no Quadro 7.4.

Quadro 7.4: Tóquio como centro financeiro internacional — alguns indicadores

	Volume/ número	Posição mundial
Atividades bancárias internacionais		
Empréstimos externos[a] (Japão – 1996)	US$1.123 bilhões	2
Bancos estrangeiros presentes[b] (Tóquio – 1995) sucursal, subsidiária, escritório de representação etc.	153	6
Mercado de capitais		
Capitalização do mercado de ações (Japão – 1998)	US$2.216 bilhões	2
Giro de ações estrangeiras[c] (Tóquio – 1997)	US$2 bilhões	8
Gestão de ativos		
Ações de propriedade de investidores institucionais[d] (Tóquio – 1997)	US$1.104 bilhões	4
Mercado monetário		
Transações cambiais[e] (Japão – 1997) movimento diário líquido	US$148 bilhões	3
Contratos de derivativos[f] (TIFFE/TSE – 1997) volume mensal médio	3 milhões	7

Fontes:
[a] FMI, *International Financial Statistics* (Washington DC, agosto 1997)
[b] Jao, Y.C., *Hong Kong as an International Financial Centre* (Hong Kong, City University of Hong Kong Press,1997)
[c] *Emerging Stock Markets Factbook* 1998 (Washington DC, International Finance Corporation, 1998)
[d] British Invisibles, *International Financial Markets in the UK* (Londres, dezembro1998)
[e] Banco para Compensações Internacionais, *Central Bank Survey of Foreign Exchange* (Basiléia, BIS, 1998)
[f] Liffe, *World Volumes* (Londres, agosto 1997)

Como Nova York, Tóquio é importante centro financeiro tanto nacional quanto internacional. Embora fosse durante décadas o principal centro financeiro nacional, só na década de 1970 a cidade começou a aparecer como centro financeiro mundial, à medida que o Japão se tornava uma superpotência econômica. Impelidas pelos imensos superávits financeiros, as instituições financeiras japonesas registraram um crescimento exponencial. Em meados dos anos 80, seis dos dez maiores bancos do mundo eram japoneses. Naquela década, os principais bancos japoneses começaram a se estabelecer no exterior, instalando agências e corretoras em Londres, Nova York e outros centros.

Os anos 90 têm sido tempos de crise para o sistema financeiro japonês. Os problemas determinaram a adoção de reformas: práticas bancárias mais radicais e a desregulamentação. O "Big Bang", programa de reformas anunciado pelo governo em junho de 1997, é um roteiro para a completa reformulação do sistema financeiro do país até 2002.[10]

Evolução de Tóquio como centro financeiro

O desenvolvimento econômico japonês teve início após os levantes políticos conhecidos como Restauração Meiji, em 1868. Conduzido por um governo voltado para a modernização, o Japão criou um sistema financeiro destinado a atender o desenvolvimento econômico do país. Duas gerações depois, o Japão passara de um regime feudal para uma sociedade industrial com um império ultramarino. Derrotado e devastado pela II Guerra Mundial, o sistema financeiro voltou-se para a reconstrução da economia japonesa. Com a assistência técnica e financeira dos EUA, o Japão alcançou uma taxa de crescimento anual do PIB de 11% nos anos 60, tornando-se a segunda maior economia do mundo.

Apesar de suas dimensões e de sua importância como centro financeiro nacional, Tóquio não evoluiu, nos anos 60, para transformar-se em um entreposto financeiro como Londres e Nova York. Os mercados financeiros do Japão eram instrumentos da política econômica do governo, e a operação das forças de mercado era cuidadosamente controlada. Regulamentos e restrições dificultavam o empreendimento de atividades bancárias ou a participação de bancos estrangeiros no mercado de títulos. Os controles cambiais dificultavam a concessão de empréstimos ou investimentos no exterior; além disso, nas décadas de 1950 e 1960, os fluxos financeiros para o Japão eram importações de capital para o financiamento da indústria japonesa.

Na década de 1970 iniciou-se a liberalização financeira e Tóquio despontou como centro financeiro internacional. A primeira emissão de títulos denominados em iene para um tomador estrangeiro — conhecidos como "títulos samurai" —, em dezembro de 1970, marcou a virada.[11] O tomador foi o Asian Development Bank, e, no ano seguinte, houve outra emissão para o Banco Mundial (ver Capítulo 5). As empresas privadas e os governos seguiram o exemplo dado por estas instituições internacionais e Tóquio passou a ser importante mercado de capitais internacional. As significativas reservas financeiras do país, resultantes de altas taxas de poupança pessoal e de superávits comerciais, além das baixas taxas de juros, tornaram os empréstimos levantados em Tóquio atraentes para os estrangeiros.

Os anos 80 registraram nova liberalização e o surgimento de Tóquio como um centro financeiro internacional completo. As autorizações para instalação de bancos estrangeiros foram simplificadas, e, a partir de 1982, estes foram autorizados a negociar títulos de curto prazo e a participar das transações de recompra de títulos. Em 1986, a Bolsa de Valores de Tóquio admitiu a entrada de seis empresas estrangeiras após a abolição das restrições vigentes. Por volta de 1996, 92 bancos comerciais estrangeiros estavam instalados no Japão, bem como 67 corretoras ou bancos de investimento.[12]

A implementação do Japanese Offshore Market (JOM), criado à imagem dos Instrumentos Bancários Internacionais de Nova York, também em 1986, foi outro passo importante para a internacionalização do iene e dos mercados financeiros japoneses. Depósitos externos e créditos contratados por meio do

JOM estavam livres das exigências internas de reservas e das restrições às taxas de juros, permitindo aos bancos japoneses localizados em Tóquio concorrerem nas transações bancárias *offshore*. As atividades do JOM ampliaram-se rapidamente, impulsionando o volume de empréstimos internacionais do Japão, que passou de US$434 bilhões em 1986 para US$1.098 trilhão em 1997 (ver Quadro 7.5).[13]

Quadro 7.5: Empréstimos japoneses ao exterior, 1986-97

	Bilhões de US$					
	1986	**1993**	**1994**	**1995**	**1996**	**1997**
JOM (empréstimos japoneses externos em condições especiais)	89	507	574	667	573	561
Outros empréstimos	345	412	434	550	550	537
Total	434	919	1.008	1.217	1.123	1.098

Fonte: BIS, *International Banking and Finantial Market Developments*, anexo estatístico.

Sistema financeiro japonês

A configuração do sistema financeiro japonês reflete seu propósito original de incentivar a poupança para prover recursos, orientados politicamente, à industrialização e à reconstrução no pós-guerra. No centro encontra-se o Ministério das Finanças, responsável pela supervisão das instituições financeiras. Os bancos e as entidades assemelhadas — não os mercados — foram os instrumentos escolhidos pelos funcionários do ministério. As instituições financeiras japonesas e suas funções especializadas estão listadas a seguir:[14]

- Ministério das Finanças
- Banco do Japão
- Bancos autorizados a funcionar internamente
  - — estabelecimentos (174): *city banks** (10); bancos regionais (129); *trust banks*** (32); bancos de crédito de longo prazo (3)
  - — estabelecimentos fiduciários (52)
  - — sucursais de bancos estrangeiros (373)
- Instituições financeiras voltadas à pequena empresa: bancos *sogo*; bancos *shinken*; cooperativas de crédito etc.

* *City banks* são os grandes bancos comerciais do Japão. (N.R.)

** *Trust banks*: espécie de bancos de investimento que administram carteiras de terceiros. (N.R.)

- Instituições financeiras voltadas para agricultura, pesca e exploração florestal: federações de cooperativas agrícolas; federações de cooperativas de pesca etc.
- Bancos estrangeiros no Japão (92)
- Banco do Correio — 23 mil agências
- Seguradoras
- Corretoras — 3 de grande porte; cerca de 230 de pequeno porte
- Instituições financeiras públicas

O Banco do Japão, banco central, é o emprestador de última instância do sistema e o agente fiscal do governo, bem como responsável pela implementação da política monetária do governo (ver Capítulo 5). Os 173 bancos com contas no Banco do Japão incluem:

- Nove *city banks* (bancos comerciais nacionais) com sede em Tóquio e agências nas cidades principais: Asahi Bank; Bank of Tokyo-Mistsubishi, Daiwa Bank, Dai-Ichi-Kangyo Bank, Fuji Bank, Sakura Bank, Sanwa Bank e Tokai Bank. Um décimo banco, o Hokkaido Takushoku Bank, quebrou em novembro de 1997. Os nove bancos oferecem recursos de curto prazo para as empresas
- 129 bancos regionais, que oferecem empréstimos de curto prazo para pequenas e médias empresas
- 32 *trust banks*
- 3 bancos que oferecem crédito de longo prazo: Industrial Bank of Japan, Long-term Credit Bank of Japan, e o Nippon Credit Bank. Oferecem recursos de longo prazo à industria e têm o monopólio da emissão de títulos de longo prazo

Como nos EUA, o sistema financeiro japonês adota a separação entre as atividades de bancos comerciais e de subscrição de títulos — artigo 65 do código legal japonês. Desde o início da liberalização financeira em 1970, os mercados financeiros do Japão ganharam maior importância no sistema financeiro japonês, tendo quase que duplicado seu tamanho entre 1985 e 1994.

Mercado de capitais

Há nove bolsas de valores no Japão. A Bolsa de Valores de Tóquio, criada em 1878, é a maior, respondendo por 85% do movimento; mas a Bolsa de Títulos de Osaka é uma rival respeitável. O mercado de ações japonês só é superado pelo dos EUA. Há também um substancial mercado de títulos, sendo que o volume dos papéis de renda fixa explodiu em meados da década de

1970, quando o governo lançou títulos para financiar o déficit realizado para minorar a recessão que se seguiu ao aumento do preço do petróleo de 1974. Outro estímulo foi a permissão das autoridades *para a instituição de um mercado de recompra de títulos, o mercado* gensaki, em 1976. Isso viabilizou a saída de fundos dos bancos regulamentados pelo governo para um mercado de títulos mais remunerador.

Quadro 7.6: Mercado financeiro japonês, 1985-94

	Em trilhões de ienes	
	1985	**1994**
Mercado de ações	190	358
Mercado de títulos	103	179
Mercado monetário	37	104

Fonte: Banco do Japão, *Comparative Economic and Financial Statistics: Japan and Other Major Countries,* 1996

A emissão e corretagem de títulos são dominadas pelas "Três Grandes" corretoras: Daiwa Securities, Nikko Securities e Nomura Securities. Uma quarta grande corretora, a Yamaichi Securities, quebrou em novembro de 1997 (ver Capítulo 4). Todas estiveram envolvidas no escândalo da *sokaiya* de 1997, o que resultou em multas e demissões. As penalidades impostas pelas autoridades incluíram proibição temporária de negociar, o que permitiu às empresas estrangeiras aumentar, pelo menos temporariamente, sua participação no mercado. Em agosto de 1997, pela primeira vez, a participação conjunta das 21 corretoras estrangeiras com assento na Bolsa de Valores de Tóquio superou a participação das quatro grandes japonesas, 32% e 26% respectivamente.[15] Há, também, cerca de 230 pequenas corretoras. Em 1997, as corretoras japonesas de Tóquio contavam com 106 mil funcionários, ao passo que as estrangeiras empregavam 7 mil pessoas.[16]

Ações estrangeiras foram registradas em Tóquio pela primeira vez em 1972, quando a Dow Chemical e outras cinco empresas americanas foram listadas. Os anos 80 presenciaram uma acelerada expansão de companhias estrangeiras listadas na seção estrangeira da Bolsa de Valores de Tóquio (TSE), somando, em 1991, 127 empresas de 10 países. Nos anos 90, contudo, houve uma substancial saída de empresas, que ficaram reduzidas a 60.[17] O motivo para este afastamento foi a queda de 53% no volume de ações negociadas na TSE ao longo da década 1988-98. Tóquio estava até perdendo sua posição em termos de negociação de ações de empresas japonesas: em 1997, o movimento de ações japonesas em Londres, onde os custos eram bem menores, representavam 18% do volume negociado em Tóquio. Em uma tentativa de revitalizar o mercado e sustar o êxodo das ações estrangeiras, a

TSE anunciou, no outono de 1997, um relaxamento das normas de registro e uma extensão do horário de negócios.[18]

Mercado monetário

O mercado monetário japonês é, em termos gerais, uma matriz complexa de agentes, instrumentos financeiros e mercados subsidiários. Os agentes incluem a totalidade dos bancos mencionados anteriormente, especialmente os grandes bancos comerciais, *city banks* e regionais. As seguradoras e corretoras também participam, bem como várias instituições financeiras públicas, especialmente o Banco de Desenvolvimento do Japão e o Eximbank do Japão, dez corporações financeiras — conhecidas como *koko* — e o Correio com suas 23 mil unidades que operam como bancos. Há, também, seis corretoras especializadas — *tanshi* — que oferecem intermediações entre clientes.

Os instrumentos empregados nos vários mercados são: depósitos de curto prazo, letras de câmbio, certificados de depósito negociáveis, títulos públicos de curto prazo, promissórias comerciais, notas promissórias e euromoedas. As transações *Gesaki* — venda e acordos de recompra de títulos públicos; certificados de depósito e notas promissórias — também são importantes, bem como os *swaps* de câmbio. Os mercados em que estes instrumentos são negociados são: o mercado interbancário de depósitos de curto prazo em ienes; o mercado de descontos de títulos; o mercado de certificados de depósito; o mercado secundário de notas promissórias; o mercado *gensaki*; o mercado de dólares de Tóquio e o mercado *offshore*.

Tradicionalmente, o mercado monetário japonês foi um instrumento de política econômica controlado pelo Banco do Japão. Seu principal meio de influenciar o mercado era o racionamento de crédito; porém, a partir de 1971, as operações de mercado aberto, um dispositivo bem mais flexível, passaram a ser empregadas cada vez mais freqüentemente. Os tradicionais instrumentos do mercado monetário eram as letras de câmbio e os depósitos de curto prazo, que representavam empréstimos interbancários. Para promover uma concorrência mais ativa por fundos para empréstimo, o Banco do Japão autorizou a criação de novos instrumentos de mercado monetário. Em 1979, os bancos foram autorizados a emitir certificados de depósito negociáveis. Os títulos do tesouro foram introduzidos em 1986 e as notas promissórias em iene, em 1987. O resultado foi uma rápida expansão dos mercados monetários, que passaram de ¥37 trilhões, em 1985, para ¥104 trilhões, em 1994.[19]

A negociação de derivativos financeiros em Tóquio teve início em outubro de 1995, com a introdução de futuros com títulos públicos de dez anos na TSE. Subseqüentemente, foram introduzidos derivativos de índice de ações e contratos futuros e opções com ações. Em junho de 1989, a Bolsa de Valores de Osaka passou liderar os produtos relacionados a índices com a criação de um contrato de opções sobre o índice Nikkei-225, um dos principais indicadores do mercado de ações. A TSE respondeu introduzindo opções com o índice Topix. Enquanto as bolsas de valores existentes criavam instrumentos tendo como subjacentes títulos e ações, uma nova bolsa, a Tokyo International Finantial Futures Exchange (TIFFE) era criada em 1989 para negociar divisas e produtos do mercado monetário.

Os derivativos proporcionaram aos investidores japoneses instrumentos vitais à cobertura de riscos nos mercados de ações e de divisas. Contudo, a evolução das transações com derivativos no Japão tem sido prejudicada por restrições legais ausentes nos EUA e na Europa. Outro obstáculo é decisão de separar as negociações de instrumentos derivados do mercado de ações e de divisas dos de títulos em geral. Isso tem por objetivo proteger as posições já consolidadas de corretoras e bancos em relação às suas principais esferas de atividade. Em conseqüência, a taxa de crescimento durante os anos 90 foi menor em relação a outros centros financeiros. Já foram adotadas providências destinadas a reduzir a margem que os corretores devem depositar em nome de seus clientes, já que a exigência de elevadas margens é a principal razão para que boa parte dos negócios como o contrato de Nikkei-225 tenha se deslocado para o Singapore International Monetary Exchange (Simex), no início dos anos 90.[20]

Tóquio ocupa o terceiro lugar, atrás de Londres e Nova York, como centro de transações cambiais. Embora o volume diário global dos negócios com câmbio em Tóquio aumentasse de US$115 bilhões, em 1989, para US$149 bilhões, em 1998, em relação aos demais centros globais sua importância reduziu-se. Em 1989, Tóquio respondia por 15% das transações cambiais mundiais, mas em 1998 essa participação caiu para 8%. Tanto em relação aos derivativos quanto ao câmbio, espera-se que a desregulamentação e a liberalização venham a criar mercados mais ativos.

Crise financeira japonesa dos anos 90

Em 1990, após um período de expansão em que os preços das ações triplicaram no intervalo de três anos, o mercado acionário de Tóquio despencou. Os preços continuaram caindo e, em 1992, o índice Nikkei-225 atingiu a metade do nível registrado no auge de 1989. O Japão já estava mergulhado em sua mais longa depressão do pós-guerra, provocando traumas nos bancos, corretoras, seguradoras e instituições hipotecárias.

Essa reviravolta afetou adversamente a posição de Tóquio como centro financeiro internacional. A demanda externa por ações japonesas caiu e os bancos estrangeiros reduziram suas operações com títulos no mercado de capitais de Tóquio; algumas instituições dos EUA encerraram totalmente suas atividades. Os bancos japoneses frearam seus empréstimos ao exterior: em 1990, o crescimento dos empréstimos externos de bancos japoneses era três vezes maior do que os concedidos ao mercado interno. Em 1991 e 1992, foram negativos.[21] Isto foi provocado pela queda dos preços das ações, que erodiu o capital dos bancos, levando-os a restringir os empréstimos para manter o coeficiente empréstimos-capital acordado internacionalmente. Os preços declinantes das ações também afetaram os retornos dos bancos, acostumados a ajustar seus lucros realizando parte dos ganhos sobre seus investimentos.

No inverno de 1994-95, um novo conjunto de choques golpeou o combalido setor financeiro japonês. A confusa privatização da Japan Telecom e da Japan Tobacco, o chamado "fiasco dos dois JT" provocou nova queda do mercado de ações. Dúvidas acerca do posicionamento das autoridades acentuaram-se quando o Banco do Japão propôs usar recursos públicos para salvar duas instituições de crédito em dificuldades, provocadas por incompetência e corrupção. A confiança também foi abalada pelo terremoto de Kobe, em 17 de janeiro de 1995, e os altos custos de sua reconstrução.

No verão de 1995, teve início uma crise bancária com o colapso de uma série de pequenas instituições de crédito e o Hyogo Bank foi o primeiro banco a falir em mais de meio século. Durante a "economia de bolha" do fim dos anos 80, os bancos fizeram empréstimos grandiosos a empresas imobiliárias e inflaram seus balanços com títulos sobrevalorizados. Com a queda dos preços dos imóveis e das ações, viram-se mergulhados em dívidas de difícil recuperação e ativos desvalorizados — em fins de 1997, a dívida irrecuperável do sistema bancário em seu conjunto somava cerca de ¥ 29 trilhões (US$219 bilhões), segundo algumas estimativas, ou US$345 bilhões, segundo outras.[22] No ano financeiro 1995-96, os grandes *city banks* contabilizaram mais de 10 trilhões de ienes em créditos irrecuperáveis, o que resultou em perdas totais de mais de 3 trilhões de ienes, antes do pagamento de impostos.

Vários bancos japoneses anunciaram estar "revendo suas ambições globais" — eufemismo para aludir à intenção de restringir seus empréstimos internacionais. Dentre as grandes corretoras, a Nikko e a Daiwa reduziram suas operações no exterior, a Nomura reestruturou-se[23] e a Yamaichi fechou. No Japão, alguns intrépidos bancos estrangeiros perceberam oportunidades em meio à desorganização dos bancos japoneses e ao medo de seus rivais estrangeiros. "Outros bancos estão racionalizando suas atividades ou se afastando. Isso nos dá a chance de entrar em várias empresas que não conseguíamos antes", explicou o porta-voz do HSBC, banco que estava reforçando sua presença em Tóquio.[24] O fim da Yamaichi Securities abriu uma oportunidade para a criação de uma rede varejista de corretagem pela

Merrill Lynch no Japão, a primeira empresa estrangeira a fazê-lo. Contratou 2 mil ex-funcionários da Yamaichi e assumiu algumas de suas instalações localizadas em ruas comerciais. A estratégia da Merrill Lynch é um reflexo da demanda crescente por instrumentos de investimento ocidentais e de falta de confiança nos combalidos bancos e corretoras locais por parte do investidor japonês.

Liberalização e desregulamentação

A crise bancária estimulou a reforma. Em junho de 1997, o governo formulou um cronograma para o "Big Bang" japonês: um programa de liberalização e desregulamentação com o ambicioso objetivo de impulsionar o mercado de títulos japonês para atingir, em 2002, o tamanho e a sofisticação daquele de Nova York.[25] Os principais pontos do plano são:

- abolição das comissões fixas sobre vendas de títulos e prêmios de seguro
- autorização para que bancos, corretoras e seguradoras possam exercer atividades tradicionalmente desempenhadas por cada um deles
- autorização para a existência de holdings financeiras, abolindo a separação entre bancos e corretoras
- permissão aos gestores de fundos de pensão para investir mais em ações
- exigir dos gestores de ativos a divulgação do valor de mercado de seus investimentos a fim de permitir a avaliação de seu desempenho
- abolir o monopólio dos bancos autorizados a operar com câmbio
- adoção de padrões contábeis internacionais de forma que os investidores possam acessar o real valor das instituições financeiras
- dar ao Banco do Japão independência nominal para a fixação de taxa de juros
- expandir os poderes da Comissão de Supervisão de Títulos e Valores, aumentando as penalidades

O plano foi saudado com entusiasmo, mesmo pelas corretoras. Mas também sofreu críticas. Primeiro, como as autoridades lidariam com o grande número de quebras de instituições financeiras que se seguiria ao aumento da concorrência desencadeado pela desregulamentação, especialmente no caso das 230 corretoras de segunda linha e muitos dos pequenos bancos? Segundo, a inadequação dos planos para reforçar a supervisão do setor financeiro; "Se você não tiver uma inspeção e uma supervisão adequadas", advertiu um analista-sênior da James Capel Pacific, "você não verá um Big Bang mas uma explosão catastrófica."[26]

Finalmente, a incapacidade de resolver o problema das contas de poupança subsidiadas do Correio que ainda é uma questão em aberto. O Correio Japonês, maior banco de poupança do mundo, com 23 mil agências, é o núcleo do sistema japonês de captação de poupanças individuais para investimento. Tradicionalmente, oferece a seus depositantes taxas de juros mais elevadas do que as dos bancos e retornos melhores do que as ações. Naquela situação, nenhum aplicador racional tiraria suas poupanças do Correio para comprar ações, o que bloqueia o desenvolvimento de outros segmentos do sistema financeiro.

Contudo, o plano de reformas é um passo radical e a desregulamentação entrou, com firmeza, na agenda financeira do Japão. Em última análise, espera-se que promova uma reestruturação das atividades bancárias bem como as das corretoras e seguradoras, conduzindo a um modelo de bancos múltiplos, sob a égide de holdings, como o que vigora na Europa continental.[27] As oportunidades geradas pela liberalização e pela desregulamentação têm aumentado a presença de bancos e companhias de seguros estrangeiros no Japão mediante alianças com parceiros locais. Os exemplos incluem: a American International Group, seguradora, com o Mitsubishi Trust and Banking; Swiss Bank Corporation e Long-Term Credit Bank; e Bankers Trust com Nippon Credit Bank. O Barclays Bank também está tentando este caminho. "A desregulamentação oferecerá algumas oportunidades excitantes", afirmou um porta-voz, anunciando uma parceria com o Hokkaido Takoshoku Bank, em junho de 1997.[28] Estava certo ao falar em excitação; meses depois, o banco faliu.

A crise financeira do Leste asiático, que teve início no verão de 1997, representou conjuntura adversa para o prosseguimento das reformas. E, contudo, a fragilidade de muitos bancos e corretoras japonesas, com acúmulo de dúvidas de má qualidade, negócios conturbados e prejuízos, enfim a fragilidade do sistema financeiro japonês, tornou as reformas urgentes. O processo deverá ser problemático e doloroso.

Em resumo

Londres, Nova York e Tóquio, os três centros financeiros globais, são, cada um deles, o principal centro em seu próprio fuso horário, oferecendo uma vasta gama de serviços para uma clientela mundial. Nos negócios financeiros internacionais, a escala de atividades de Londres supera a de Nova York e de Tóquio segundo praticamente todos os indicadores. Mas as dimensões e o escopo das atividades financeiras de Nova York e Tóquio são signifificativamente impulsionados, pelo fato de serem centros domésticos das duas maiores economias e das duas principais moedas do mundo.

> Nova York, onde o setor de serviços financeiros é muitas vezes apelidado de "Wall Street", abriga o maior e mais criativo mercado de capitais e monetário do mundo. Empréstimos bancários internacionais, transações cambiais e com derivativos são também atividades importantes. Tóquio tornou-se um centro financeiro internacional importante na década de 1980. Os problemas econômicos japoneses e a rigidez estrutural do setor financeiro restringiram seu desenvolvimento nos anos 90. Espera-se que a liberalização e a desregulamentação do setor financeiro renovem o dinamismo de seu mercado.

Leituras Adicionais

Alletzhauser, Al, *The House of Nomura* (Londres: Bloomsbury, 1990)

Davis, E.P., "International financial centres — An industrial analysis", *Bank of England Discussion Paper*, 51 (1990)

Geisst, Charles R., *Wall Street: A History* (Nova York: OUP, 1997)

Hayes, Samuel e Hubbard, Philip, *Investment Banking: A Tale of Three Cities* (Boston, Mass.: Harvard Business School Press, 1990)

McGahey, Richard; Malloy, Mary; Kazanas, Katherine e Jacobs Michael, *Financial Services, Financial Centers: Public Policy and the Competition for Markets, Firms and Lobs* (Boulder, Col.: Westview Press, 1990)

Roberts Richard (org.), *Global Financial Centres: London. New York. Tokyo* (Aldershot: Edward Elgar, 1994)

Roberts, Richard (org.), *International Financial Centres: Concepts, Development and Dynamics* (Aldershot: Edward Elgar, 1994)

Roberts, Richard, "The economics of cities of finance", in Diederiks H.A. e Reeder D. (orgs.), *Cities of Finance* (Amsterdã: North-Holland, 1996)

Taggart Murphy, R., *The Real Price of Japanese Money* (Londres: Weidenfeld & Nicolson, 1996)

Notas e referências

Na lista abaixo qualquer referência a um autor isoladamente deve ser considerada uma referência ao trabalho incluído nas "Leituras adicionais", listadas acima.

1. Batten, David C., "Characteristics of the New York financial markets", in Swiss Bankers' Association, *International Financial Centres: Structure, Achievements and Prospects* (Swiss Bankers Association, Basiléia, 1987).
2. IFC, *Emerging Stock Markets Factbook 1998* (Washington, 1999).
3. *Financial Times,* 24 de setembro de 1997.
4. Banco do Japão, *Comparative Economic and Financial Statistics: Japan and Other Major Countries*, 1996.

5. *The Banker*, março de 1987.
6. *The Banker*, março de 1997.
7. *The Banker*, março de 1997.
8. "Rush for the big league", *Financial Times*, 11 de julho 1996.
9. *Japan Statistical Yearbook 1997* (censo ocupacional 1991).
10. *Financial Times*, 16 de junho de 1997.
11. Japan Securities Research Institute, *Securities Market in Japan 1996.*
12. Japanese Ministry of Finance, Securities Bureau, *33rd Annual Report*, 6 de março de 1996.
13. Banco para Compensações Internacionais, *Annual Report*, 1996, anexo estatístico.
14. Banco do Japão, *Economic Statistics Monthly*, dezembro de 1996.
15. *Financial Times*, 4 de setembro de 1997.
16. *Financial Times*, 21 de agosto de 1997.
17. *Financial Times*, 18 de setembro de 1997.
18. *Financial Times*, 18 de setembro de 1997.
19. Banco do Japão, *Comparative Economic and Financial Statistics: Japan and Other Major Countries*, 1996.
20. Lapper, Richard, "Restrictions set to ease", *FT Survey of Japanese Finance, Financial Times*, 25 de março de 1997.
21. Jackson, Tony, "Confidence crisis" *Financial Times*, 13 de julho de 1992.
22. *Financial Times*, 1º de dezembro de 1997.
23. *Financial Times*, 2 de setembro de 1997.
24. "Foreign banks build up Tokyo finance houses", *Reuters News Service*, outubro de 1996.
25. Dawkins, William, "A big bang in slow motion", *Financial Times*, 10 de dezembro de 1996.
26. Dawkins, William, "A big bang in slow motion", *Financial Times*, 10 de dezembro de 1996.
27. Plender, John, "Fears of collateral damage", *Financial Times*, 1º de abril de 1997.
28. *Financial Times*, 18 de junho de 1997.

CAPÍTULO 8

Frankfurt, Paris, Hong Kong e Cingapura como Centros Financeiros Internacionais

INTRODUÇÃO

Este capítulo apresenta mais quatro grandes centros financeiros internacionais: Frankfurt, Paris, Hong Kong e Cingapura. Cada um deles realiza negócios financeiros internacionais em base mundial, mas em escala menor do que os centros globais de Londres, Nova York e Tóquio e com foco mais regional. Todos enfrentam forte concorrência e novos desafios. Nos casos de Frankfurt e Paris, a questão do momento é a introdução da moeda européia única, o euro, em 1999. Ambos tentam colher os benefícios máximos das oportunidades oferecidas por esse acontecimento, concorrendo acirradamente entre si e com Londres e outros centros financeiros europeus. Nos casos de Hong Kong e Cingapura, as questões são relativas aos impactos da volta de Hong Kong à soberania chinesa, em julho de 1997, e às conseqüências da crise financeira do Leste asiático, que teve início em 1997. Em cada um dos casos há muita coisa em jogo e muito a ganhar.

FRANKFURT

Frankfurt tem sido um centro financeiro importante desde a Idade Média. Brevemente eclipsado por Berlim nos primeiros anos do século XX, tornou-se novamente o principal centro financeiro da Alemanha depois do fim da II Guerra Mundial. Cerca de 59 mil pessoas trabalham nas atividades bancárias e outras 7 mil em seguradoras, ou 12% da força de trabalho da cidade.[1] Os indicadores apresentados no Quadro 8.1 confirmam a percepção geral de que "Finanzplatz Frankfurt" é o principal centro financeiro da Europa continental, estando à frente de Paris em cinco dos sete indicadores e à frente da Suíça em quatro deles. Contudo fica atrás de Londres em todos os indicadores.

Quadro 8.1: Frankfurt como centro financeiro internacional — alguns indicadores

	Volume/ número	Posição mundial
Negócios bancários internacionais		
Empréstimos externos[a] (Alemanha - 1996)	US$606 bilhões	6
Bancos estrangeiros presentes[b] (Frankfurt - 1995) sucursal, subsidiária, escritório de representação etc.	277	4
Mercado de capitais		
Capitalização do mercado de títulos (Alemanha - 1997)	US$825 bilhões	4
Giro de ações estrangeiras[c] (Alemanha - 1997)	US$46 bilhões	4
Gestão de ativos		
Ações de propriedade de investidores institucionais[d] (Frankfurt - 1997)	US$252 bilhões	9
Mercado monetário		
Transações cambiais[e] (Alemanha - 1998) movimento diário líquido	US$94 bilhões	5
Contratos de derivativos[f] (DBT - 1997) volume mensal médio	9 milhões	3

Fontes:
[a] FMI, *International Financial Statistics* (Washington DC, agosto 1997)
[b] Jao, Y.C., *Hong Kong as an International Financial Centre* (Hong Kong: City University of Hong Kong Press, 1997)
[c] *Emerging Stock Markets Factbook* 1998 (Washington DC: International Finance Corporation, 1998)
[d] British Invisibles, *International Financial Markets in the UK* (Londres, dezembro 1998)
[e] Banco para Compensações Internacionais, *Central Bank Survey of Foreign Exchange* (Basiléia: BIS, 1999)
[f] Liffe, *World Volumes* (Londres, agosto 1997)

Atividades bancárias

Frankfurt abriga mais de 400 bancos, 250 dos quais estrangeiros.[2] Lá localizam-se as sedes do Deutsche Bundesbank, o banco central alemão, e do Banco Central Europeu (ver Capítulo 5). Apesar de já ter passado por certa consolidação, o sistema bancário nacional alemão continua fragmentado e abrange bancos universais privados*, bancos de poupança, associações de crédito e várias instituições de crédito especializado como os bancos hipotecários, bancos postais e associações de crédito e financiamento imobiliário. O fato de a Alemanha ter bancos em excesso é amplamente reconhecido — há mais de 37 mil agências, ou uma por 2.150 habitantes, quase que o dobro da densidade registrada nos EUA. O anúncio, no verão de 1997, das fusões entre o Bankgesellschaft Berlin e o Norddeutsche Landesbank e do Bayerische Vereinsbank com o Weschelbank foi interpretado, por alguns observadores, como sinal do início de mudanças enquanto outros mantiveram-se céticos. "Só poderemos falar de mudanças estruturais quando a imaginação das pessoas voar ao ponto de permitir os bancos públicos alemães unirem-se ou

* Denominação européia para os bancos múltiplos. (N.R.)

associarem-se em cooperativas ou a bancos privados", disse o cauteloso ex-presidente do Deutsche Bank, Hilmar Kopper, ao *Financial Times*. "Até agora a imaginação não chegou a tanto."[3]

Todos os tipos de banco têm uma função no sistema financeiro alemão, mas são os bancos universais privados e alguns dos bancos regionais públicos de poupança os mais ativos nos mercados financeiros de Frankfurt e internacional. Os principais são os três grandes bancos universais de Frankfurt, o Commerzbank, o Deutsche Bank e o Dresdner Bank, cujas sedes situadas em elevados arranha-céus fizeram com que a cidade fosse apelidada de "Mainhattan",[4] e o Bayerish Hypo-und Verainsbank, de Munique. Seguem-se o Kreditanstalt für Eideraufbau, o DG Bank e o BHF Bank, todos sediados em Frankfurt, o Westdeutsche Landesbank Girozentrale, sediado em Dusseldorf, o Bankgesellschaft Berlin, em Berlim, e o Nordedeutsche Landesbank, em Hanover. Também é bastante importante o banco de investimento Sal. Oppenheim, sediado em Colônia.

A maioria dos 100 maiores bancos internacionais está representada em Frankfurt, em geral por meio de uma subsidiária ou de uma sucursal. Cerca de 130 bancos estrangeiros de menor porte efetuam seus negócios mediante escritórios de representação, o que restringe bastante suas atividades.

Mercado de capitais

A Deutsche Börse — a bolsa de valores de Frankfurt — é a mais importante das oito bolsas regionais da Alemanha. Frankfurt é responsável por cerca de 80% do volume de ações negociadas no país e 75% dos negócios com títulos.[5] Em julho de 1998, a Deutsche Börse anunciou uma aliança com a Bolsa de Valores de Londres como primeiro passo para a criação de um mercado de capitais europeu único. Logo as bolsas de Amsterdã, Madri, Milão e outras irão juntar-se às duas, minando a iniciativa rival da Bolsa de Paris.

Um novo sistema de negociação eletrônica, conhecido como "Xetra" foi inaugurado em fins de 1997. O novo sistema reduz à metade o custo das transações e aumenta a liquidez contactando compradores e vendedores em tempo real. O objetivo é que uma bolsa mais eficiente incentive um número maior das muitas empresas privadas da Alemanha a abrir seu capital para financiar seus investimentos de forma menos onerosa do que o tradicional recurso a empréstimos bancários. E, também, aumente os atrativos do mercado de Frankfurt para os investidores ao torná-lo mais transparente, facilitando detectar transgressões. Os investidores estrangeiros terão acesso remoto ao sistema por meio de seus computadores. "O importante é o que representa para a Alemanha como centro financeiro", diz Werner Sefert da DTB. "Xetra é muito mais do que um mero sistema de negociação."[6]

Os títulos a juros fixos são o elemento mais importante do mercado de capitais alemão onde, em 1996, o movimento de títulos era três vezes maior do que o de ações.[7] Há dois tipos de emissor de títulos: as autoridades públicas, sobretudo o governo federal, cujos títulos são chamados *bunds*, e os bancos. A quase total ausência de títulos de corporações, em função de uma tributação desfavorável, é uma característica do mercado. Os bancos são os principais membros operadores da bolsa de Frankfurt, embora haja algumas corretoras especializadas. O movimento conjunto de títulos e ações no valor de DM5.800 bilhões (US$3.400 bilhões), entre janeiro e outubro de 1996, foi o terceiro maior entre as bolsas de valores do mundo.[8] Tradicionalmente, o mercado de ações desempenha um papel menor em relação ao financiamento das empresas do que nos EUA, Japão ou Reino Unido. "Receio que ainda sejamos uma espécie de país emergente, sob este aspecto," diz Rof Breuer, presidente do conselho supervisor da Deutsche Börse. "Estamos a caminho, mas ainda muito longe de atingir uma situação onde o tamanho e a importância do mercado de ações reflita a força do mercado subjacente."[9] Nos anos recentes têm havido esforços dos líderes financeiros para promover uma "cultura acionária" entre os investidores alemães, tendo se destacado a bem-sucedida privatização, em novembro de 1996, da Deutsche Telekom, no valor de DM20 bilhões, que aumentou o número dos quase quatro milhões de acionistas individuais do país em mais um milhão e meio.[10] O Neuer Markt — Novo Mercado —, lançado em fevereiro de 1997 para atender pequenas empresas de alta tecnologia inovadoras, veio a atender uma necessidade real. Há, também, tentativas de incentivar o desenvolvimento de fundos de pensão do tipo anglo-saxão. Isto seria um grande estímulo ao aumento da demanda por ações e para os serviços de gestão de ativos, que é o aspecto menos desenvolvido de Frankfurt em seu papel de centro financeiro internacional.

Outro desenvolvimento apontando transformações do mercado de capitais alemão em direção ao modelo anglo-saxão foi a primeira tentativa de aquisição hostil, ocorrida na primavera de 1997. Respaldada pelo Deutsche Bank, o Dresdner Bank e o Goldman Sachs, a empresa de engenharia Krupp-Hoesch fez uma oferta pela siderúrgica Thyssen. Tal postura estava completamente fora das práticas de mercado social da Alemanha e provocou uma furiosa reação de sindicalistas e políticos, além da dos executivos da Thyssen. O clamor foi tal que a Krupp-Hoesch recuou; mas o precedente fora aberto.

Mercado monetário

O mercado monetário de Frankfurt é um mercado interbancário, onde os bancos negociam instrumentos de dívida de curto prazo. Não há estrutura física ou institucional, a negociação é feita por telefone entre os bancos. O Bundesbank participa ativamente do mercado monetário, comprando e vendendo títulos para influenciar o nível da taxa de juros e a oferta de moeda.

A Deutsche Terminbörse (DTB) — Bolsa Alemã de Futuros — é o mercado de futuros financeiros e de opções de Frankfurt. A DTB iniciou suas atividades em 1990, sendo desde 1995 dirigida pela Deutsche Börse. Os negócios cresceram aceleradamente desde seu início e, por volta de 1996, o movimento atingiu 77 milhões de contratos, ficando somente atrás das bolsas de Chicago e da Liffe de Londres. A DTB domina os instrumentos alemães de capitalização, principalmente o DAX (o índice de mercado de ações) que constitui 60% de seu movimento. Em termos de produtos de taxa de juros, concorre com a Liffe, o mercado de derivativos londrino, tendo conquistado a liderança transacionando contratos futuros com *bunds* de 10 anos, a partir de setembro de 1988. Para tristeza de Frankfurt, este contrato logo tornou-se o mais negociado na Liffe. Porém, em 1998, o contrato da DTB voltou a superar o da Liffe, capturando 80% do mercado.

Desde seu início, a DTB adotou um sistema eletrônico de negociação, em lugar do "pregão de viva-voz" vigente em Chicago e Londres. A negociação eletrônica mostrou-se substancialmente mais barata do que o pregão tradicional e suas perdas de liquidez foram superadas. "O custo é uma questão fundamental para os clientes", diz um vendedor de derivativos da Europa continental. "Atualmente grandes negócios podem ser efetuados por sistema eletrônico tão facilmente quanto por pregão aberto."[11] O sistema eletrônico também permite à DTB oferecer diretamente seus serviços em outros centros financeiros, já que todas as corretoras estão ligadas aos computadores da DTB. Com a captura da maior parte dos negócios com contratos futuros de títulos públicos alemães de 10 anos, a DTB está em uma posição forte para firmar o contrato futuro de títulos públicos de 10 anos denominados em euro como o contrato padrão da nova moeda européia.

A Diretriz dos Serviços de Investimento da União Européia, que entrou em vigor em janeiro de 1996, garante aos membros da União Européia livre acesso aos mercados de capitais de seus pares. A DTB aproveitou a oportunidade para criar uma rede de terminais no continente europeu conectados a seu sistema de negociação eletrônica. Ela proporciona pronto acesso aos derivativos alemães, dificultando a concorrência nesses instrumentos por parte da Liffe e de outras bolsas rivais e criando a base para a expansão de outros instrumentos, especialmente aqueles denominados em euro.

A disputa por uma posição de liderança no início da vigência do euro, em 1999, levou a DTB a fazer alianças com as bolsas de derivativos da Suíça e da França. Uma fusão completa entre a DTB e a Soffex, a bolsa suíça, foi anunciada no outono de 1997, objetivando formar um mercado único, chamado Eurex. Este foi um passo importante. Pela primeira vez dois grandes mercados de derivativos de países diferentes unirão seus mecanismos de negociação e de compensação. Logo foi anunciada uma união entre Eurex e Mattif, a bolsa francesa, em que as partes operavam como um único mercado com um leque de instrumentos comuns e sistemas de negociação eletrônica comuns. "Eurex está aberta a outras bolsas", afirmou um porta-voz. "Ela se considera definitivamente o núcleo de uma bolsa européia."[12]

"Finanzplatz Frankfurt"

Desde 1994 Frankfurt é sede do Instituto Monetário Europeu, o precursor de um Banco Central Europeu (BCE). A proximidade da instituição que determinará a política monetária da zona do euro oferece vantagens para os bancos com presença na cidade, argumenta o presidente do Deutsche Bank, Rof Breuer. "Aqui em Frankfurt decidimos tirar partido disto — de uma forma amistosamente competitiva. Tentaremos estabelecer conexões estreitas com os tomadores de decisão do BCE e assim obter um melhor quadro de referência para a tomada de decisões."[13] Contudo, no ano seguinte, o próprio Deutsche e o Dresdner Bank transferiram suas operações nos mercados de capitais internacionais para Londres, uma alusão às limitações de Frankfurt. "Londres", comenta o ex-presidente do Dresdner, Jürgen Sarrazin, "é o centro das atividades dos bancos de investimento e isso não pode ser transplantado."[14]

A promoção de Frankfurt como centro financeiro está a cargo da Wirtschaftsförderung Frankfurt, uma entidade do governo local, entre cujas iniciativas está a criação de escolas para o aprendizado dos idiomas japonês e coreano como forma de convencer os bancos desses países a se instalarem na cidade. A Finzplatz Association, criada em 1996, é uma iniciativa do setor privado para promover a cidade, contando com o apoio da Deutsche Börse e de um grupo de banqueiros. Está voltada para problemas práticos, como a escassez de especialistas em derivativos e securitização e faz lobby junto ao Bundesbank e ao governo no que diz respeito a regulamentos e tributos que limitam a competitividade da cidade. A associação tem sido contemplada com uma postura favorável do Bundesbank, embora continuem as queixas quanto ao *reformstau* — o atraso das reformas.[15] O Bundesbank somou sua voz a esses protestos, argumentando que as desigualdades e a complexidade do sistema tributário alemão dificultam os negócios e a criação de empregos.[16] À medida que a atenção se concentra nas novas oportunidades geradas pelo euro, a luta entre Frankfurt e suas rivais, Londres e Paris, se intensifica.

Paris

No século XIX e início do XX, Paris era o centro financeiro internacional mais importante da Europa continental. Embora jamais tivesse desenvolvido o escopo internacional dos mercados londrinos. Então, como agora, o governo desempenhava um papel fundamental na determinação da configuração das instituições financeiras francesas e na promoção de Paris como centro financeiro por razões tanto políticas quanto econômicas. A ampla nacionalização do sistema bancário pelo governo socialista, no inicio da década de 1980, significou um recuo na posição de Paris como centro financeiro internacional, já que estava na contramão das tendências de liberalização, desregulamentação e globalização dos mercados financeiros. O Big Bang londrino, iniciado em 1983, deu mais visibilidade à regulamentação exagerada e à falta de competitividade internacional dos mercados parisienses. Mais ainda, Frankfurt e a Suíça concorriam ativamente por clientes do Continente. Em 1986, o governo francês deu uma guinada surpreendente. Iniciou um programa de privatização bancária e um programa de reformas para promover Paris como centro financeiro internacional — "Paris Europlace" — que prosseguiram nos anos 90. Paris Europlace assumiu até uma expressão física — as brilhantes torres do novo distrito financeiro, "La Défense".

Paris ocupa o quinto ou sexto lugar entre os centros financeiros internacionais segundo os indicadores apresentados no Quadro 8.2, embora as publicações relativas à Paris Europlace situem-na em um sólido quarto lugar.[17] Dentre os centros europeus, está atrás de Londres segundo todos os indicadores e de Frankfurt em cinco dos sete indicadores mais significativos. Mas está à frente da Suíça em quatro indicadores e bem à frente de centros europeus menores como Amsterdã, Bruxelas, Madri ou Milão. O processo da moeda européia única oferece novas oportunidades e Paris as tem perseguido de forma enérgica.

Quadro 8.2: Paris como centro financeiro internacional — alguns indicadores

	Volume/ número	Posição mundial
Negócios bancários internacionais		
Empréstimos externos[a] (França - 1996)	US$683 bilhões	4
Bancos estrangeiros presentes[b] (Frankfurt - 1995) sucursal, subsidiária, escritório de representação etc.	114	7
Mercado de capitais		
Capitalização do mercado de títulos (França - 1998)	US$674 bilhões	6
Giro de ações estrangeiras[c] (França - 1996)	US$10 bilhões	6
Gestão de ativos		
Ações de propriedade de investidores institucionais[d] (Paris - 1997)	US$338 bilhões	8
Mercado monetário		
Transações cambiais[e] (França - 1998) movimento diário líquido	US$71 bilhões	8
Contratos de derivativos[f] (Matif - 1997) volume mensal médio	6 milhões	3

Fontes:
[a] FMI, *International Financial Statistics* (Washington DC, agosto 1997)
[b] Jao, Y.C., *Hong Kong as an International Financial Centre* (Hong Kong: City University of Hong Kong Press, 1997)
[c] *Emerging Stock Markets Factbook* 1998 (Washington DC: International Finance Corporation, 1998)
[d] British Invisibles, *International Financial Markets in the UK* (Londres, dezembro 1998)
[e] Banco para Compensações Internacionais, *Central Bank Survey of Foreign Exchange* (Basiléia: BIS, 1999)
[f] Liffe, *World Volumes* (Londres, agosto 1997)

Atividades bancárias

O setor bancário francês compreende 1.445 estabelecimentos nacionais e estrangeiros.[18] Sete dos 50 maiores bancos do mundo estão sediados em Paris e são de nacionalidade francesa, e cinco dos dez maiores bancos da Europa, segundo ativos, são franceses. Os principais bancos comerciais, em particular o Banque National de Paris, o Société Générale e o Crédit Lyonnais, além do banco de investimento, ao estilo francês, Paribas, são importantes atores internacionais contribuindo significativamente para a quarta colocação do país na classificação segundo empréstimos estrangeiros. Os maiores bancos franceses são bancos "universais" — oferecem serviços de varejo e de investimento —, mas também há bancos menores especializados em atividades como fusões e aquisições ou mercado de capitais. O considerável segmento de bancos cooperativos e de crédito mútuo, liderado pelos Crédit Agricole, Groupe Caísse d'Epargne e Crédit Mutuel, está mais concentrado no mercado interno, mas intensifica a extensão e a profundidade dos mercados.

Há cerca de 400 bancos e instituições financeiras de não-residentes em Paris, mais do que em qualquer outra capital européia, exceto Londres. Os bancos estrangeiros participam ativamente dos mercados monetários, principalmente do de derivativos, oferecendo serviços especializados para empresas internacionais. Desde meados da década de 1980, os bancos franceses investiram US$500 milhões no exterior, criando a segunda maior rede bancária mundial.

Em meados dos anos 90 os bancos comerciais franceses atravessaram um período difícil; registraram perdas substanciais em decorrência da queda do valor dos imóveis e de dívidas não recebidas. O caso mais polêmico foi o do Crédit Lyonnais, na época o maior banco do mundo fora do Japão, que foi salvo pelos contribuintes franceses a um custo de cerca de US$25 bilhões depois de uma extraordinária saga de incompetência, corrupção e interferência política.[19]

Em novembro de 1996, o Senado francês divulgou um relatório extremamente crítico que concluía pela necessidade urgente de reformas e reestruturação do setor bancário francês. "O setor bancário está enfrentando uma crise sem precedentes", comentou o secretário da comissão que elaborou o relatório.[20] O resultado foi um conjunto complexo e controverso de fusões, em 1999, envolvendo BNP, Paribas e Société Générale.

Mercado de capitais

A Bolsa de Paris é a instituição central do mercado de capitais. É a mais importante das sete bolsas francesas geridas pela Société des Bourses Françaises (SBF). Embora sendo uma empresa comercial lucrativa, a SBF opera sob o controle do Ministério da Economia e Finanças. É regulada pela Comissão de Operações em Bolsa.

O mercado de capitais francês foi amplamente reformado após a reviravolta política de 1986, que recuperou o tempo perdido numa tentativa de tornar Paris um centro financeiro internacional competitivo. Naquele ano foi criada a bolsa de futuros Matif e teve início a criação de um sistema de negociação eletrônico automatizado, CAC (Cotation Assistée en Continue). Em 1987 foi criada uma bolsa de opções, a Monep. Em 1988, ocorreu o Big Bang de Paris: a abolição do monopólio das corretoras tradicionais, que foram compradas por bancos; o fim das comissões fixas dos corretores e a introdução da "capacidade dual" — isto é, a possibilidade de empresas poderem atuar como corretoras e formadoras de mercado simultaneamente. A mudança foi tão radical que foi informado que SBF tinha "pouco a fazer" para adequar-se às condições da Diretriz de Serviços de Investimento da União Européia, de janeiro de 1996.[21]

O movimento na Bolsa de Paris é dominado por negociações de títulos, equivalendo a quatro quintos do total transacionado. O mercado de títulos francês cresceu espetacularmente a partir de meados da década de 1980, período em que as emissões aumentaram de FF585 bilhões, em 1985, para FF4.600 bilhões (US$800 bilhões), em 1997.[22] O mercado inclui títulos com ampla gama de períodos de vencimento e é altamente líquido e transparente. O mercado de títulos francês responde por cerca de 40% das transações em bolsa do mercado europeu de títulos. O volume de negócios aumentou dez vezes desde o início dos anos 80; em 1996, o movimento de títulos era de FF60,2 trilhões.

A Bolsa de Paris ocupa o sexto lugar no mercado de ações mundial. Nos dez anos anteriores a 1997, a capitalização total quase que dobrou, impulsionada pelo registro de 150 novas empresas e a privatização de 26 empresas estatais grandes e prestigiosas como a France Telecom e a Air France. No inverno de 1996, a SBF deslanchou sua primeira campanha de publicidade em massa para convencer as empresas francesas a se registrarem na bolsa. Outra iniciativa foi a criação do Nouveau Marché [Novo Mercado], destinado a novas empresas em rápido crescimento, em geral de tecnologia de ponta. Contudo, há ainda um longo caminho a percorrer na França (e na Alemanha), pois a capitalização do mercado de ações é apenas 30% do produto nacional bruto, ao passo que no Reino Unido equivale a 160%.[23] O mercado de ações francês já está bastante internacionalizado: os investidores estrangeiros — principalmente os grandes fundos de pensão dos EUA — detêm cerca de 35% das ações e respondem por 40% do volume de negócios.[24]

A Bolsa e o governo francês procuram tirar o máximo de partido do euro. A ambição é, a partir de 1999, tornar os títulos públicos franceses, em lugar dos *bund* alemães, o padrão das negociações de títulos denominados em euro.[25] O status de nível-padrão daria a Paris o prestígio e os negócios nos mercados mundiais de capital e reduziria o custo dos empréstimos do governo. Para tanto, foram criados novos títulos públicos abrangendo toda a gama de vencimentos, de modo a servir de padrão para a disseminação dos títulos em euro[26]. Outros fatores favoráveis são os sofisticados mercados de *repos* — contratos de recompra de títulos atraentes para os investidores — e o mercado mais desenvolvido da Europa de *strips* de títulos. *Strips* são os diferentes componentes* de um título convencional, separados e negociados como papéis diferentes. "A concorrência entre a França e a Alemanha para alcançar o status de nível-padrão do euro está se tornando cada vez mais agressiva", diz um executivo do ABN-Amro. "Atualmente, parece que os franceses estão na dianteira."[27]

O avançado sistema de cotações da SBF está sendo bem aceito por outras bolsas, oferecendo tanto lucros quanto conexões técnicas. Levando a batalha ao campo do inimigo anglo-saxão, abriu, no Reino Unido, um centro de telecomunicações que oferece acesso direto em tempo real à Bolsa de Paris e, assim, passa por cima do sistema de negociação eletrônica da Bolsa de Valores londrina, o SEAQ International. "O que é SEAQ International?", indaga provocativamente o presidente da SBF, Jean-François Théodore. "Já foi muito poderoso. Hoje é um fantasma."[28] Mas a perspectiva de Paris como uma aliança entre as bolsas européias para desenvolver um mercado de ações europeu com base no euro foi torpedeada pela aliança entre as bolsas de valores de Frankfurt e Londres, no verão de 1998.[29]

Mercado monetário

Em termos gerais, o mercado monetário francês é formado por dois segmentos: o mercado interbancário; e o mercado de títulos negociáveis de curto prazo, de base mais ampla. O mercado interbancário é o núcleo do mercado monetário francês. Nele são negociados saldos no Banco da França, o banco central francês (ver Capítulo 5). Os participantes são profissionais do mercado — grandes bancos comerciais e de investimento e instituições estatais de poupança de tipo bancário. O mercado de títulos de curto prazo está aberto a todos — bancos, empresas industriais e comerciais, seguradoras, fundos mútuos e pessoas físicas de alta renda. Oferece todas as operações de mercado monetário entre bancos e outras partes e entre outros agentes.

Com um movimento diário de US$71 bilhões, Paris ficou em oitavo lugar no levantamento feito pelo BPI a respeito de negócios com câmbio. Entre os centros financeiros europeus ficou em quarto lugar, atrás de Londres (US$637

* O título pode ser dividido em "principal" ou corpus e cupons. (N.R.)

bilhões ao dia), Frankfurt (US$94 bilhões) e Suíça (US$82 bilhões); mas bem à frente de Amsterdã, Milão ou Madri. O advento do euro significa a eliminação de câmbio entre moedas européias, que constituía grande parte do movimento cambial dos pequenos centros, e espera-se que Paris venha a ser beneficiária da transferência de negócios para os centros maiores.

O Marché à Terme International de France (Matif), a bolsa de derivativos parisiense, foi criada em fevereiro de 1986 como uma das medidas do governo para modernizar os mercados financeiros franceses. De fato, seu presidente, Gérard Pfauwadel, era o funcionário do Tesouro francês que redigiu a legislação pertinente. Os acionistas iniciais foram cerca de 100 bancos e companhias de seguros. Mas, em setembro de 1997, a SBF, operadora da Bolsa de Paris e do muito menor Monep, o mercado de opções de ações, adquiriu seu controle. Ao juntar-se à Bolsa, o Matif procurou tirar vantagem de seus avanços tecnológicos, cortar os custos para seus membros e ampliar as oportunidades de lançar novos instrumentos. "Um movimento estratégico para criar massa crítica às vésperas da nova era do euro", explicou o presidente da SBF, Jean-François Théodore.[30]

Inicialmente o Matif registrou um crescimento impressionante; em 1991 seu volume de negócios era quase semelhante ao da Liffe londrina, a principal e mais antiga bolsa de derivativos da Europa. A partir de então seu crescimento tornou-se mais lento e, a partir de 1994, o número de contratos da Matif declinou, até que em 1996 a DBT passou à frente.

Com a aproximação da contagem regressiva para a implantação da União Monetária Européia ficou claro para todos que o euro implicaria uma redução da demanda por instrumentos de *hedge* como os futuros e as opções e, assim, o mercado europeu de derivativos estava superdimensionado. Cansado da pressão de seus rivais maiores, no outono de 1997, o Matif fez uma aliança com a Eurex, a nova bolsa de derivativos suíça-alemã que resultou da fusão da DBT com a Soffex. Anunciou-se que ambas as partes operariam como um mercado único com um conjunto de instrumentos comuns e um sistema de negociação unificado. "O que estamos fazendo", explicou Jörg Franke, diretor da DBT, "é concentrar nossos mercados em uma única bolsa para oferecer aos investidores o sistema de negociação mais líquido."[31]

Gestão de ativos

Paris é um centro destacado de gestão de ativos, colocando-se bem à frente de Frankfurt, mas ficando atrás de Londres e da Suíça. Em 1997, o montante total de fundos administrados foi de US$338 bilhões.[32] A fusão das seguradoras francesas Axa e UAP criou o segundo gestor de ativos do mundo, com mais US$400 bilhões sob sua administração. No final de 1996, existiam cerca de 5.300 fundos mútuos, com os ativos totalizando US$500 bilhões. A legislação de novembro de 1996 aumentou significativamente o escopo dos fundos privados de pensão, gerando a perspectiva de maior expansão para a atividade de gestão de ativos na França.

As instituições dedicadas à gestão de ativos incluem bancos e outras instituições de crédito, seguradoras, corretoras e empresas especializadas. Os fundos mútuos representam cerca de 45% do mercado; os fundos de renda fixa cerca de 30%; os fundos de investimento diversificados 12%; os fundos de ações 10%; e os fundos de *hedge*, 3%.[33]

"Paris Europlace"

"O desafio ... é o euro", diz Gerard Pfauwadel, do Matif. "É uma questão de enfrentar ou desaparecer."[34] O governo e as instituições financeiras da França estão trabalhando com dedicação para ficar à altura do desafio. O governo francês insiste que o novo Banco Central Europeu conduza suas operações de mercado aberto por meio dos bancos centrais nacionais em lugar de recorrer a um único mercado centralizado. Isto permitiria ao Banco da França continuar negociando no mercado de Paris, impedindo assim que as empresas se transfiram para Frankfurt. De fato, o que se espera é que os negócios se desloquem de centros financeiros menores e menos preparados para "Paris Europlace". Os pequenos mercados financeiros da Europa deverão ficar em desvantagem em virtude do desaparecimento de instrumentos que constituem boa parte de suas atividades, especialmente o mercado de suas próprias moedas nacionais, derivativos de câmbio efetivos de taxas de juros. "Quando chegar o euro", diz o presidente da Belfox, a bolsa de futuros e opções da Bélgica, "perderemos todos os nossos produtos de taxas de juros. Só isso."[35]

A França está bem mais adiantada do que os demais países no que se refere ao planejamento para a chegada do euro. "A zona do euro será considerada como um único mercado pelos investidores não-europeus", diz Jean-François Théodore, da SBF, "e todas as indicações são de que, por exemplo, os grandes investidores dos EUA desejarão realocar muito rapidamente seus investimentos, transformando-os em euros." A decisão do governo francês de converter toda a dívida pública para euros deveria assegurar a rápida formação de um mercado monetário denominado em euro, talvez antes que em qualquer outro mercado financeiro europeu, permitindo a Paris auferir uma vantagem permanente. "Não devemos sonhar acordados e pode-se imaginar que haverá espaço para todos", diz Gérard Pfauwadel, do Matif. "Poderia haver uma divisão em termos de linhas de instrumentos, com um mercado dominando os negócios de taxas de juros, outro os de câmbio, e outro ainda para as ações. Pode-se também imaginar mercados divididos por segmentos de maturidade. Mas ... no melhor dos mundos, obteremos a liderança global e Paris se tornará o mercado interno do euro."[36]

Hong Kong

Hong Kong ocupa o segundo lugar, atrás de Tóquio, como centro financeiro da região da Ásia-Pacífico, mas em termos de centro financeiro internacional está à sua frente em vários aspectos. Sobrepuja sua rival Cingapura em cinco dos sete indicadores apresentados no Quadro 8.3 e está bem à frente de todos os demais centros financeiros asiáticos. As atividades bancárias, financeiras e de seguros são importantes em Hong Kong, empregando, em 1997, 167 mil pessoas ou 5% da força de trabalho, bem acima das 39 mil empregadas em 1975.[37] Os serviços financeiros, definidos de forma ampla — bancos e seguradoras mais imobiliárias e serviços empresariais —, empregam 408 mil pessoas, ou 12% da mão-de-obra.[38] É um nível de atividade significativo que gera fortes economias externas de escala. Mas há, também, grandes e inúmeras incertezas, em especial a partir de julho de 1997, referentes às conseqüências da transferência da soberania para a China e o impacto da crise financeira do Leste asiático.

Quadro 8.3: Hong Kong como centro financeiro internacional — alguns indicadores

	Volume/ número	Posição mundial
Negócios bancários internacionais		
Empréstimos externos[a] (Hong Kong - 1996)	US$608 bilhões	5
Bancos estrangeiros presentes[b] (Hong Kong - 1995) sucursal, subsidiária, escritório de representação etc.	357	2
Mercado de capitais		
Capitalização do mercado de títulos (Hong Kong - 1998)	US$413 bilhões	10
Giro de ações estrangeiras[c] (Hong Kong - 1997)	US$0,2 bilhão	15
Gestão de ativos		
Ações de propriedade de investidores institucionais[d] (Hong Kong - 1997)	Desprezível	
Mercado monetário		
Transações cambiais[e] (Hong Kong - 1998) movimento diário líquido	US$79 bilhões	7
Contratos de derivativos[f] (HKFE - 1997) volume mensal médio	0,6 milhões	19

Fontes:
[a] FMI, *International Financial Statistics* (Washington DC, agosto 1997)
[b] Jao, Y.C., *Hong Kong as an International Financial Centre* (Hong Kong: City University of Hong Kong Press, 1997)
[c] *Emerging Stock Markets Factbook* 1998 (Washington DC: International Finance Corporation, 1998)
[d] British Invisibles, *International Financial Markets in the UK* (Londres, dezembro 1998)
[e] Banco para Compensações Internacionais, *Central Bank Survey of Foreign Exchange* (Basiléia: BIS, 1999)
[f] Liffe, *World Volumes* (Londres, agosto 1997)

O professor Y.C. Jao identificou diversas razões internas e externas para o sucesso de Hong Kong como centro financeiro internacional.[39] Os fatores *internos* de destaque — aqueles inerentes à cidade e sobre os quais ela exerce algum controle — são: estabilidade política e econômica; liberdade econômica; sistema legal sólido e império da lei; governo competente e atento; tratamento não-discriminatório aos estrangeiros; regime tributário favorável; infra-estrutura moderna e eficiente; mão-de-obra qualificada; uso do idioma inglês e regime regulatório efetivo mas discreto e de baixo custo. Os fatores externos favoráveis — aqueles que contribuem para um ambiente político e econômico propício — são: fuso horário situado entre aqueles da Europa e da América do Norte; localização na região em rápido crescimento da costa do Pacífico; especialização nas pujantes atividades bancárias e financeiras globais e proximidade da China.

Atividades bancárias

As atividades bancárias são o eixo do movimento financeiro de Hong Kong, onde há mais de 500 instituições registradas.[40] Abriga 357 bancos estrangeiros, mais do que qualquer outro centro exceto Londres, dentre os quais 82 dos 100 maiores bancos do mundo. Dois terços das atividades bancárias são denominadas em moedas estrangeiras.[41] Segundo o parâmetro empréstimos bancários ao estrangeiro, Hong Kong está em quinto lugar na classificação dos centros financeiros internacionais, dada sua importância como centro para empréstimos bancários consorciados. Os bancos internacionais sediados em Hong Kong costumeiramente negociam grandes empréstimos para tomadores asiáticos da costa do Pacífico. Em 1996, os novos empréstimos consorciados atingiram mais de US$32 bilhões.[42]

O setor bancário tem uma estrutura tripartite, incluindo bancos registrados, bancos com registro restrito e instituições de captação de depósitos. Dentre os 175 bancos registrados, os principais são o Hongkong Bank (cujo proprietário é a HSBC Holdings) e o Standart Chartered Bank, ambos instituições britânicas antigas, o Bank of China, de propriedade do governo da China Continental e o Bank of East Asia, local. Em decorrência de uma antiga tradição os primeiros três bancos emitem as notas bancárias utilizadas em Hong Kong. O Hongkong Bank tem um lugar muito especial na vida financeira do território, sendo o maior banco, o principal banqueiro do governo e onde 75% da população mantêm seus depósitos.[43]

Durante boa parte da década de 1990, o mercado bancário de Hong Kong registrou lucros invejáveis.[44] As principais razões foram:

- rápido crescimento da economia de Hong Kong, estimulada pela dinâmica da economia chinesa, com a qual tem ligações estreitas

- o "cartel", um arranjo pelo qual a Associação de Bancos de Hong Kong fixa as taxas de juros pagas sobre depósitos, aumentando as margens dos bancos pela manutenção de taxas artificialmente baixas
- níveis de inadimplência "ridiculamente baixos" — "aqui as pessoas não deixam de pagar suas dívidas", diz Stephen Li, da corretora Jardine Fleming[45]
- taxas de juros baixas devido à "ancoragem" do dólar de Hong Kong ao dólar americano
- predominância dos empréstimos bancários sobre os títulos, em decorrência de um mercado de títulos pouco desenvolvido

Embora o surgimento de um mercado de títulos asiático deva erodir o último desses fatores e outros possam estar desaparecendo, o mercado bancário de Hong Kong deverá permanecer o mais lucrativo da região.[46] Os bancos estão empregando seus lucros para expandirem-se na China Continental, na província de Guangdon e além.

Todos os principais bancos de investimento internacionais estão presentes no território. A Jardine Fleming, uma *joint-venture* entre a Jardine Matheson, uma das firmas comerciais existentes desde a criação de Hong Kong, e o banco mercantil britânico Robert Fleming, é uma das empresas destacadas. Sua aliança com o Ka Wah Bank, o braço financeiro da Citic, instituição da China destinada a investimentos, promete um acesso substancial aos negócios do continente.[47] O Peregrine Investments, o maior banco de investimentos de Hong Kong, foi fundado no território e conseguiu montar um negócio com ativos de US$5 bilhões e escritórios em 16 países.[48] Mas, em janeiro de 1998, pediu falência em decorrência das grandes perdas com empréstimos e títulos à Indonésia, uma vítima da crise financeira do Leste asiático.

Mercado de capitais

O mercado de ações de Hong Kong está em nono lugar na classificação segundo capitalização de mercado e em décimo sexto em número de empresas listadas em bolsa. Na Ásia está em segundo lugar, atrás de Tóquio, com uma capitalização de US$413 bilhões em 1998. Tem crescido aceleradamente, sendo uma fonte de recursos para empresas de toda a região da costa do Pacífico, principalmente da China. O presidente da Bolsa de Valores, Edgar Cheng, diz que o território funciona como mercado de capitais internacional para a China.[49] Logo depois da anexação de Hong Kong à China, em 1997, as ofertas públicas iniciais em nome de empresas estatais chinesas atingiram

US$5 bilhões, ao passo que as chamadas "*red chips*"* — ações de subsidiárias de empresas ou de departamentos do governo chinês registradas na bolsa de valores de Hong Kong — captaram US$3 bilhões.[50] Na década de 1990, as empresas do continente passaram de praticamente inexistentes para 15% da capitalização do mercado. "O futuro do mercado de capitais de Hong Kong é a China", diz o executivo de um banco de investimentos da cidade, prevendo um financiamento indiscriminado de ativos chineses no mercado local.[51]

Contudo, a conexão com a China tem aspectos contraditórios, uma vez que as *red chips* são altamente voláteis e surgiram em um ambiente debilmente regulamentado em que várias práticas inadequadas podem se desenvolver. Outro perigo é que "o crescente uso de Hong Kong como principal mercado de capital para a China venha aumentar a tendência das autoridades regulatórias chinesas a desempenhar algum papel na regulamentação de empresas continentais registradas no território", diz o diretor administrativo do Banco Indosuez, W.I. Carr. "O maior risco ... é que Hong Kong perca sua autoridade do ponto de vista regulatório."[52]

O mercado de títulos, ao contrário do mercado de ações, é diminuto, menor do que qualquer outro mercado de renda fixa asiático, exceto o da Indonésia, tendo apenas um quarto do tamanho daquele de Cingapura. "O mercado de títulos foi sempre o calcanhar de Aquiles de nosso status como centro financeiro", afirma Rafael Hui, secretário de serviços financeiros de Hong Kong.[53] A principal explicação para o fato está na política fiscal conservadora do governo de Hong Kong, que gera relativamente pouca dívida pública. Mais ainda, a tradicional supremacia dos bancos sobre as corretoras no sistema financeiro local favorece os empréstimos bancários em relação aos instrumentos de dívida dos mercados de capital.

Embora de pequenas dimensões, o mercado de títulos está crescendo aceleradamente, as emissões passaram de US$3,5 bilhões, em 1989, para US$36 bilhões, em 1996.[54] Essa expansão foi promovida deliberadamente pela Hong Kong Monetary Authorithy [Autoridade Monetária de Hong Kong] (HKMA) a fim de promover a cidade como centro financeiro internacional. A criação de letras e títulos cambiais, em 1990, o estabelecimento de um eficiente sistema de compensação para títulos de dívida, o lançamento de uma Empresa Hipotecária, em 1997, e de um fundo de pensão obrigatório, no ano seguinte, são alguns dos fatos que refletem a iniciativa da HKMA. O surgimento do sistema nacional de aposentadoria também deverá estimular as atividades de gestão de fundos. "Será um acúmulo vital de poupanças e

---

* *Red ships*: literalmente, "lascas vermelhas". Analogia com as ações de primeira linha apelidadas de *blue chips* em inglês. (N.R.)

ajudará a enfrentar os atrativos de Cingapura", disse Andrew Lo, presidente da Associação de Fundos de Investimento de Hong Kong.[55]

Mercados monetário e de ouro

O mercado monetário de Hong Kong é um mercado interbancário de títulos de curto prazo, em geral de seis meses. Nenhum empréstimo é segurado, de modo que os tomadores estão restringidos pelo que é conhecido localmente como "linhas de comportamento do mercado monetário".[56] Os principais emprestadores são os grandes captadores de depósitos, especialmente Hongkong Bank, Standard Chatrered Bank, Bank of China e seus satélites, Hang Seng Bank e Bank of East Asia. Os principais tomadores são bancos estrangeiros, especialmente americanos e japoneses, instituições de captação de depósito e algumas grandes empresas como a Hong Kong Land e Jardine Matheson. Há dez corretoras, mas grande parte da atividade do mercado monetário é desenvolvida diretamente entre os bancos.

O mercado monetário de Hong Kong conta com cinco instrumentos principais:

- certificados de depósito negociáveis
- depósitos interbancários
- depósitos em moeda estrangeira — que cresceram substancialmente depois da abolição do imposto de retenção, em 1982, embora Cingapura tenha assumido a liderança no mercado asiático de dólares (ver adiante) e permaneça à sua frente
- notas promissórias
- letras e títulos cambiais, a contrapartida de Hong Kong das letras e títulos do Tesouro

Hong Kong é um destacado centro de negociação cambial, ocupando, em 1998, o sétimo lugar na classificação do BPI, com um movimento médio diário de US$79 bilhões, inferior ao de 1995 em decorrência da crise financeira asiática. O mercado cambial opera, o que é incomum na Ásia, totalmente livre de controles ou outras restrições governamentais, fator vital para seu desenvolvimento e dinamismo. Além dos bancos, participam do mercado uma série de agentes autorizados e cambistas. Mais de quatro quintos dos negócios envolvem outras moedas que não o dólar de Hong Kong, indicando a orientação internacional do mercado.[57] Os principais contratos são entre dólar americano e marco alemão e entre dólar americano e iene.

A Bolsa de Futuros de Hong Kong (HKFE), onde são negociados derivativos financeiros, foi criada em dezembro de 1976. Durante o colapso mundial do mercado de ações, em outubro de 1987, a HKFE quase faliu e teve de ser salva pelo governo. Inicialmente a recuperação foi instável mas, em 1994, o movimento já superava o teto prévio à crise. Os negócios concentram-se nos contratos de futuro com o Índice Hang Seng, que respondem por quatro quintos do movimento apesar dos esforços para promover outros contratos. Os futuros de taxa de juros e câmbio têm tido uma evolução lenta, ocorrendo o mesmo com as opções. Um acordo firmado, em setembro de 1996, com a New York Mercantile Exchange (NYMEX) permitindo aos membros da HKFE negociar metais preciosos e produtos de energia na NYMEX, por meio de terminais eletrônicos ligados à bolsa nova-iorquina, pode vir a estimular a diversificação. A respeito do futuro, o presidente da HKFE, Frank Eing Kwang Shing, afirmou que sua ambição seria "transformar Hong Kong num pólo para a China bem como em centro financeiro e de derivativos para a região asiática da costa do Pacífico".[58]

Hong Kong é um dos quatro principais centros mundiais de negociação de ouro, junto com Londres, Nova York e Zurique. Destaca-se em relação a outros mercados da região asiática da costa do Pacífico, com cerca de 75% do movimento da região. Tem três características: é um mercado internacional muito ativo; é um mercado local e é um mercado de contratos futuros. Os contratos futuros de ouro foram lançados em 1980 e são negociados na HKFE.

A Autoridade Monetária de Hong Kong (HKMA)

A Autoridade Monetária de Hong Kong (HKMA) foi criada em 1993 e funciona como banco central do território. Suas funções e objetivos são:[59]

- manter a estabilidade da moeda
- proteger a moeda
- determinar a política monetária
- promover a segurança e a estabilidade do sistema bancário mediante a regulamentação e a supervisão dos bancos
- aumentar a eficiência, a integridade e o desenvolvimento do sistema financeiro para promover Hong Kong como centro financeiro

A moeda local, o dólar de Hong Kong, está ancorada ao dólar americano e a taxa de câmbio é de HK$ 7,8 por US$. O dólar de Hong Kong é livremente conversível nas demais divisas, o que é assegurado por um mecanismo de emissão que exige lastro de 100% de US$ para cada unidade de moeda local emitida.[60] A continuidade da independência monetária de Hong Kong está garantida explicitamente pelo acordo sino-britânico relativo à Lei Básica a vigorar no território quando de seu retorno à soberania chinesa. Segundo Joseph Yam, presidente da HKMA, são equivocadas as sugestões de que a taxa de câmbio fixa possa sofrer ataque de especuladores.[61] O papel moeda emitido está lastreado por um montante de reservas cambiais seis vezes superiores, tornando a âncora (cambial) inexpugnável, e há um forte apoio local à taxa de câmbio lastreada e estável.

Em 1995, quando foi realizado um ataque especulativo ao dólar de Hong Kong, tentando desvalorizá-lo, os especuladores receberam "uma lição salutar".[62] A âncora sobreviveu à turbulência monetária regional em 1997. "Muitas tolices foram ditas a respeito de uma possível contaminação da moeda de Hong Kong pelo colapso do baht tailandês" afirmou Milton Friedman, economista americano ganhador do Prêmio Nobel. "São casos diametralmente diferentes, Hong Kong ... pode simplesmente converter qualquer montante de sua moeda em dólares americanos a 7,8 para 1 e vice-versa. Eles podem fazê-lo porque têm reservas em dólares iguais ao valor emitido da moeda local."[63] Enquanto, naturalmente, as autoridades continuarem dispostas a isso.

Conexão chinesa

Desde o início da reforma econômica chinesa, em 1979, as transações de comércio e investimento entre China e Hong Kong têm aumentado significativamente. Por volta de 1996, o valor do comércio já crescera sessenta vezes, tornando a China o maior parceiro comercial de Hong Kong, ao passo que os investimentos do território no continente alcançavam um montante de US$68 bilhões. Este estreitamento das relações com uma das regiões econômicas mais dinâmicas do mundo trouxe grandes benefícios e oferece grandes oportunidades. Mas há também incertezas. Os acontecimentos políticos na China — a Revolução Cultural de 1966-76, a crise de confiança de 1982-83, a tragédia da Praça da Paz Celestial em 1989, e as tensões do Estreito de Taiwan em 1996 — provocam calafrios nos mercados de Hong Kong. Agora que o território se tornou formalmente parte da China, as tensões e reviravoltas futuras podem ser mais ameaçadoras. Mas, no geral, "a China nos oferece muito mais oportunidades do que riscos"[64], diz Vincent Cheng, diretor regional da HSBC Holdings.

Além disso, há o desafio do ressurgimento de Xangai, que já é o principal centro financeiro interno da China. Nas décadas de 1920 e 1930, Xangai era o principal centro comercial e financeiro da Ásia, mas com a ascensão ao poder dos comunistas em 1949, os banqueiros e comerciantes da cidade correram para Hong Kong, contribuindo para sua transformação em destacado centro financeiro internacional. Desde a liberalização, promovida por Pequim em 1992, a economia local de Xangai tem crescido 14% ao ano. A expansão da construção civil é de tal ordem que se afirma que um quinto dos maiores guindastes do mundo encontra-se na cidade.[65] O novo edifício da bolsa de valores, inaugurado no verão de 1997, tem o maior salão de pregões da Ásia.

Por volta de 2001, ali deverá estar o edifício mais alto do mundo, o Shangai World Financial Centre, avaliado em US$1 bilhão.

Um plano de desenvolvimento ambicioso, traçado, em 1994, pela sucursal do Banco da China em Xangai, prevê que a cidade se junte a Londres, Nova York e Tóquio como centro financeiro internacional em 2001.[66] A proposta é de abertura de um mercado de ouro, um mercado financeiro *offshore*, um segmento de futuros financeiros e a transferência de sedes de empresas estatais para a cidade. Mas o plano foi derrotado pela rivalidade entre Pequim e Xangai, e o cronograma foi discretamente arquivado. De fato, alguns observadores afirmam que a política protegerá Hong Kong da concorrência de Xangai. "Duvido que Pequim, como centro político, possa conviver com um centro econômico", declara Hoong Yik-Luen, chefe de pesquisas do ING Barings China. "Com dois centros, ninguém domina e Pequim pode dar a última palavra. Podem jogar o jogo das duas cidades disputando favores."[67]

CINGAPURA

Os serviços financeiros internacionais são um segmento importante da economia de Cingapura, participando com cerca de 15% do PIB.[68] Isto não ocorre por acaso, mas porque as autoridades da recém independente cidade-estado vêm promovendo a atividade desde 1968. Os motivos do governo são dois: primeiro, um segmento de serviços financeiros sofisticado foi considerado um fator crucial para o sucesso do programa de industrialização; e, segundo, considerou-se que um segmento financeiro era um segmento de alta qualificação e altos ganhos que merecia ser estimulado por seus próprios méritos. O próprio desenvolvimento econômico de Cingapura criou uma demanda por serviços financeiros, mas com uma área de apenas 646km^2 e uma população de 3,1 milhões de habitantes o impacto era limitado. Contudo, tendo começado cedo, estava em boa situação para atuar, nos anos 80 e 90, como um centro de captação de recursos para seus vizinhos bem maiores, a saber, Malásia, Filipinas e Tailândia.

Os fatores que contribuem para o sucesso de Cingapura como centro financeiro são a estabilidade política e a disciplina cívica, sua força de trabalho qualificada e esforçada, suas comunicações (o aeroporto local tem sido repetidamente eleito como o melhor do mundo por executivos em viagem de negócios) e o rigor de suas autoridades regulatórias. Desde 1980, Cingapura desafia Hong Kong na competição pelo cetro de segundo centro financeiro da Ásia, logo depois de Tóquio. Embora esteja atrás de Hong Kong em cinco dos sete indicadores apresentados no quadro 8.4, o hiato está se reduzindo. Cingapura tem se beneficiado das incertezas quanto ao futuro de Hong Kong sob o governo chinês, e várias empresas têm coberto suas apostas abrindo operações em Cingapura; outras, ainda transferindo para lá atividades antes sediadas em Hong Kong.

Atividade bancária

Há três categoriais de bancos: bancos com registro amplo, bancos com registro restrito e bancos *offshore*. Todas são elegíveis a manter registros contábeis separados conhecidos como unidades monetárias asiáticas (UMA) para participar dos mercados asiáticos de dólar (MAD) (ver adiante). Existem 13 bancos comerciais locais, dos quais os maiores são o DBS Bank e a Oversea-Chinese Banking Corporation — colocados em 74º e 87º lugar entre os 100 maiores bancos do mundo — United Overseas Bank e Overseas Union Bank. Também ali se encontram, atualmente, 185 bancos estrangeiros, bem acima dos 120 do início da década[69]. Commerzbank, Banque Indosuez e Commercial Union (uma seguradora) são algumas das principais instituições financeiras que têm suas sedes regionais na cidade-estado. Há cerca de 75 bancos de investimento especializados em subscrições, gestão de investimentos, fusões e aquisições e outras atividades similares.

Quadro 8.4: Cingapura como centro financeiro internacional — alguns indicadores

	Volume/ número	Posição mundial
Negócios bancários internacionais		
Empréstimos externos[a] (Cingapura - 1996)	US$439 bilhões	8
Bancos estrangeiros presentes[b] (Hong Kong - 1995)		
sucursal, subsidiária, escritório de representação etc.	185	5
Mercado de capitais		
Capitalização do mercado de títulos (Cingapura - 1998)	US$106 bilhões	22
Giro de ações estrangeiras[c] (Cingapura - 1996)	Desprezível	
Gestão de ativos		
Ações de propriedade de investidores institucionais[d] (Cingapura - 1997)	Desprezível	
Mercado monetário		
Transações cambiais[e] (Cingapura - 1998)		
movimento diário líquido	US$139 bilhões	7
Contratos de derivativos[f] (HKFE - 1997)		
volume mensal médio	2 milhões	19

Fontes:
[a] FMI, *International Financial Statistics* (Washington DC, agosto 1997)
[b] Jao, Y.C., *Hong Kong as an International Financial Centre* (Hong Kong: City University of Hong Kong Press, 1997)
[c] *Emerging Stock Markets Factbook* 1998 (Washington DC: International Finance Corporation, 1998)
[d] British Invisibles, *International Financial Markets in the UK* (Londres, dezembro 1998)
[e] Banco para Compensações Internacionais, *Central Bank Survey of Foreign Exchange* (Basiléia: BIS, 1999)
[f] Liffe, *World Volumes* (Londres, agosto 1997)

Autoridade Monetária de Cingapura

A Autoridade Monetária de Cingapura (AMC) foi criada em 1971 e é o banco central do país. Suas funções são:

- formular e implementar as políticas monetária e cambial
- atuar como banqueiro do governo
- atuar como agente financeiro do governo, conduzir a emissão de todos os títulos públicos
- oferecer redesconto para letras de câmbio bem como serviços bancários em geral para os bancos que nele mantêm contas correntes destinadas, em parte, a atender as exigências de reservas
- regulamentar e fiscalizar as instituições financeiras
- promover Cingapura como centro financeiro internacional mediante o desenvolvimento de atividades financeiras essenciais

A moeda local é o dólar de Cingapura, emitido pelo Conselho de Representantes da Moeda de Cingapura. É uma moeda lastreada em 100% por ativos externos. A administração da moeda está a cargo da AMC. A condução da política monetária é restringida pela abertura da economia e suas ligações financeiras internacionais. Assim, a política tem se concentrado na gestão da taxa de câmbio mais do que na oferta de moeda local ou nas taxas de juros. A estabilidade dos preços internos é o objetivo primário da política cambial. A paridade da moeda é administrada em relação a uma cesta de moedas, cuja ponderação é dada pelo peso de cada uma delas no comércio exterior do país, permitindo-se a flutuação dentro de uma banda larga. Os controles cambiais foram abolidos em 1978.

A AMC também atua como agente regulador do setor financeiro, supervisando os bancos, corretoras, gestores de fundos, bolsa de valores e a Singapore International Monetary Exchange [Bolsa Cambial Internacional de Cingapura]. Sua fama reside em ser considerada uma instituição autoritária, burocrática e rigorosa. "Nossa missão principal é exigir o cumprimento das regras" diz o vice-diretor administrativo da AMC, Koh Beng Seng. "Se os bancos não estivessem preocupados com as punições, em caso de violação das regras, algo estaria errado. É um mecanismo automático."[70] Os banqueiros ocidentais, embora às vezes sintam-se intimidados pela AMC, costumam respeitá-la. "A competência da AMC", diz um banqueiro britânico, "é bem maior que a de suas contrapartes ocidentais. É muito melhor do que o Banco da Inglaterra. É óbvio que tudo é mais fácil em uma economia de 3,1 milhões de habitantes. Mas é excepcional."[71]

O mercado asiático de dólar

A transformação de Cingapura em um centro financeiro internacional teve início em 1968, com a criação do mercado asiático de dólar, um mercado atacadista de divisas semelhante ao mercado de eurodólares londrino. Para tanto foi abolido o imposto na fonte para depósitos em moeda estrangeira, movimento que só foi acompanhado por Hong Kong em 1982. Isso foi um passo deliberado e estratégico por parte dos planejadores da cidade-estado para atrair bancos dos EUA e promover seu desenvolvimento econômico.[72] "A idéia nos foi sugerida por um funcionário do Bank of América", diz o ministro das finanças e dirigente do AMC, Richard Hu, "que via o potencial para o desenvolvimento de um mercado asiático de dólares semelhante ao mercado de eurodólares. Foi então que aprovamos a legislação permitindo transações com o dólar asiático."[73]

Estimulado por incentivos tributários, o mercado asiático de dólares expandiu-se rapidamente, os ativos em moeda estrangeira passaram de US$0,39 milhão, em 1970, para US$439 bilhões, em 1996.[74] Cingapura transformou-se no principal centro de financiamento da Ásia — embora estando ainda atrás de Hong Kong, onde os ativos estrangeiros em 1996 somavam US$608 bilhões. A grande liquidez do mercado de dólares asiático contribuiu para estimular o rápido desenvolvimento das economias do Sudeste asiático.

Cingapura mantêm — ou tenta manter — uma independência total entre o dólar de Cingapura e as moedas estrangeiras. "O mercado de dólar asiático está separado das atividades bancárias internas", explica Richard Hu.[75] "É um exercício contábil: os bancos têm uma contabilidade para o mercado de divisas e outra para o mercado interno. Em princípio, não permitimos que clientes pessoas jurídicas estrangeiras tomem empréstimos em dólares de Cingapura, a menos que o destino final seja a própria cidade-estado — para financiar o comércio internacional, investir em indústrias ou em construção de habitações. Em outras palavras, não permitimos que o dólar de Cingapura seja usado fora de nossas fronteiras. Queremos usá-lo de modo exclusivo, ou quase, em atividades internas."[76] Contudo, na prática, torna-se cada vez mais difícil manter esta separação.

Mercado de capitais

O mercado de ações de Cingapura, com uma capitalização em torno de US$106 bilhões, ocupa o quarto lugar entre os mercados de capitais do Leste asiático, ficando atrás do Japão, Hong Kong e Taiwan. As iniciativas têm se concentrado em expandir o papel regional da bolsa, dada a escala relativamente reduzida da economia local. Em dezembro de 1995, foi criado um conselho de estrangeiros na bolsa e, no ano seguinte, foi lançado o Índice Regional de Cingapura, que agrupa empresas locais e estrangeiras e oferece um quadro de referência regional.[77] A Bolsa de Valores de Cingapura, tecnologicamente avançada e com liquidez cada vez maior, está bem posicionada para atrair mais negócios regionais.

Desde meados de 1990, a AMC vem desenvolvendo um mercado de renda fixa. Em 1995, o governo incentivou ativamente as empresas ligadas ao governo a usar o financiamento mediante títulos. "Mas não queremos promover os mercados mais rapidamente do que permite nossa capacidade de fiscalização", diz o ministro das finanças Richard Hu. "Os fatos mostram que devemos estar certos, dada nossa aversão às falhas de mercado no sistema financeiro. A confiança no sistema é importante."[78]

Mercado monetário

O mercado monetário doméstico de Cingapura tem duas dimensões, o mercado interbancário e o mercado de títulos públicos.[79] O mercado interbancário opera apenas com dólares de Cingapura — o mercado asiático de dólares opera com outras divisas. O primeiro é um mercado extremamente ativo de recursos de curto prazo em que os bancos locais tendem a ser emprestadores e os bancos estrangeiros tomadores.

O mercado de títulos públicos foi profundamente reestruturado em 1987 e segue, atualmente, o modelo do de títulos do Tesouro dos EUA. As reformas destinaram-se a aumentar a competitividade de Cingapura como centro financeiro internacional, ampliando o leque de oportunidades de investimentos em renda fixa e a liquidez do mercado secundário de títulos de renda fixa. Esperava-se com isso criar uma base para o desenvolvimento de um mercado de dívida para pessoas jurídicas.

Cingapura é, também, um importante centro de gestão de risco. As atividades de tesouraria aumentaram à medida que os custos operacionais e a incerteza política levaram bancos internacionais como BT Alex, Brown, Crédit Suisse First Boston, First Interstate Bank of California e Midland Bank a mudar suas unidades regionais de tesouraria de Hong Kong para a cidade-estado.[80]

Câmbio e derivativos

Cingapura ocupa o quarto lugar dentre os centros de negócios cambiais do mundo, com um movimento diário de US$139 bilhões, em 1998; passou a frente de Hong Kong no início dos anos 90. Os participantes dos mercados cambiais são bancos comerciais, unidades monetárias asiáticas, bancos de investimento, cambistas internacionais, bancos centrais e empresas. Tradicionalmente, o mercado de câmbio de Cingapura é dominado pelos negócios entre o dólar americano e moedas destacadas como o iene e o marco alemão, mas os negócios entre moedas regionais estão crescendo bastante. Os negócios envolvem transações a vista e a termo, bem como operações de arbitragem em todas as moedas.

Um dos fatores de sucesso da cidade-estado é sua posição em termos de fuso horário. De manhã, as transações de câmbio efetuam-se com os países do Sudeste asiático, Japão, Austrália e Nova Zelândia; além disso os bancos americanos enviam à noite instruções para serem executadas de manhã na cidade-estado. De tarde, o foco das transações desloca-se para o Oriente Médio e a Europa. As atividades têm sido estimuladas pelo desenvolvimento do mercado financeiro de futuros. Outro estímulo é o vazamento dos negócios de Tóquio. Curiosamente, espera-se que o euro venha a expandir os negócios. "Muitos bancos europeus", diz o ministro das finanças Richard Hu, "estão bem mais interessados nessa região pois acreditam que, com a implementação do euro, as transações cambiais intra-européias deverão desaparecer e, portanto, desejam situar-se em uma área em expansão onde há bastante volatilidade."[81]

A Bolsa Cambial Internacional de Cingapura (Simex), a primeira bolsa financeira de futuros asiática foi criada em 1984. Para assegurar volume de transações e liquidez adequados, articulou-se à Chicago Mercantile Exchange (CME). Esta bem-sucedida bolsa serviu de modelo para a Simex, que adotou seu sistema de pregão de viva voz e outras práticas. Estimulada pelas isenções fiscais, a Simex andou a passos rápidos. Em 1997, já eram negociados 18 tipos de contrato — taxas de juros, índice de ações, energia e metais preciosos. Atende uma clientela regional e mundial, sendo que 87% do movimento são oriundos de clientes estrangeiros — a maioria deles dos EUA, Japão e Europa. Os usuários dos contratos da Simex são bancos, gestores de fundos, gestores de tesouraria e grandes fundos de pensão. Nenhum dos contratos tem base na economia local nem é denominado em dólares de Cingapura. Os principais contratos da Simex são em eurodólares (35%), euro-ienes (27%) e sobre o índice Nikkei 225 (26%). A predominância de contratos japoneses reflete não apenas a importância regional daquele país como uma iniciativa da Simex em termos de superar os obstáculos burocráticos aos negócios com derivativos em Tóquio.[82]

Foram as transações de futuro com o Nikkei 225 realizados por Nick Leeson que levaram o Barings à falência, em fevereiro de 1995, colocando a Simex nas manchetes dos jornais (ver Capítulo 10). A bolsa lidou adequadamente com a crise, desfazendo rapidamente a posição do Barings sem perturbar o mercado. Mais ainda, um relatório contundente assegurou que as autoridades londrinas, e não as de Cingapura, assumissem o ônus moral pela queda do Barings. Mesmo assim, foram feitas reformas e a equipe fiscalizadora reforçada. "Gostaríamos de garantir que jamais irá se repetir um fato destes", diz Elizabeth Sam, presidente da Simex.[83]

Gestão de ativos

Na década de 1990, a gestão de ativos cresceu aceleradamente em Cingapura e isso deveu-se, em grande parte, aos incentivos da AMC e a uma conjunção de fatores favoráveis: renda pessoal crescente (a renda per capita de Cingapura, US$24 mil, é maior do que a de alguns países ocidentais); elevados níveis de poupança pessoal; liberalização dos fluxos de capital transfronteiriços na região; e expansão dos serviços bancários voltados para pessoas físicas de alta renda. Os recursos sob gestão passaram de US$6 bilhões, em 1989, para US$175 bilhões em 1997,[84] e o número de instituições autorizadas a gerir ativos em mercados *offshore* atinge 161.[85]

Oportunidades e aspirações

O orçamento de Cingapura para 1997 salienta o fortalecimento da cidade-estado como centro financeiro internacional. Ao destacar o tratamento privilegiado dado aos serviços financeiros, o ministro das finanças, Richard Hu, criou um conjunto de incentivos para bancos, gestores de ativos e cambistas. Reduziu a tributação sobre transações com ações denominadas em moeda estrangeira, sobre rendimentos auferidos com oferta pública primária de empresas registradas em moeda estrangeira, rendimentos obtidos em transações cambiais e gestão de ativos. Anunciadas pouco depois que a China retomou o controle de Hong Kong, essas medidas foram uma oportuna lembrança da hospitalidade oferecida por Cingapura a bancos descontentes com o novo regime. "Estenderam o tapete vermelho", disse William Phillips, presidente das operações asiáticas na costa do Pacífico do Salomon Brothers. "Cingapura é um ótimo propagandista."[86]

Em resumo

Frankfurt, Paris, Hong Kong e Cingapura são destacados centros financeiros internacionais. Cada um deles efetua negócios financeiros internacionais em escala mundial, mas em menor volume do que os centros globais: Londres, Nova York e Tóquio.

- *Frankfurt* é o principal centro financeiro da Europa, embora ficando atrás de Londres segundo todos os indicadores. Como o novo banco central europeu está localizado na cidade alemã, a implementação da moeda única, da qual o Reino Unido não participa (pelo menos a princípio), deve permitir-lhe desafiar Londres de forma mais efetiva.

- *Paris* é um grande centro financeiro, embora seu volume de negócios seja geralmente menor do que o de Londres e Frankfurt. O processo da União Monetária Européia oferece novas oportunidades para fortalecer sua posição, o que está sendo energicamente perseguido com auxílio do governo.
- *Hong Kong* é o segundo centro financeiro asiático na costa do Pacífico, logo atrás de Tóquio. Destacado centro bancário internacional, abriga mais bancos estrangeiros do que qualquer outro centro financeiro, exceto Londres. A transferência de soberania para a China, em julho de 1997, apresenta tanto oportunidades quanto perigos para a consolidação de sua prosperidade.
- *Cingapura*, sob orientação governamental, tem conseguido desenvolver um centro financeiro internacional que desafia Hong Kong. Se os acontecimentos políticos minarem a posição de Hong Kong, Cingapura se beneficiará.

Leituras adicionais

Durieux, Gilbert; Serieyssol Michel e Stephan, Patrick, *French Financial Markets* (Cambridge: Gresham Books, 1995)

Holtferich, Carl-Ludwig, *Finanzplatz Frankfurt* (Frankfurt: C.H. Beck, 1999)

Jao, Y.C., *Hong Kong as an International Financial Centre: Evolution, Prospects and Policies* (Hong Kong: City University of Hong Kong Press, 1997)

Regnier, Philippe, *Singapore: Citystate in SouthEast Asia* (Londres: Hurst & Co., 1987)

Walter, Norbert, e von Rosen, Rudiger (orgs.), *German Financial Markets* (Cambridge: Gresham Books, 1995)

Wilson, J.S.G., *Money Markets: The International Perspective* (Londres: Routledge, 1993)

Wu, Friedrich, "The Singapore financial centre and its regional role in Southeast Asia", *Journal of International Securities Markets*, vol.6 (verão 1992)

Notas e referências

Na lista abaixo qualquer referência a um autor isoladamente deve ser considerada uma referência ao trabalho incluído nas "Leituras adicionais", listadas acima.

1. Informação prestada pelo Wirtschaftsforderung (Business and Economic Development Corp.), Frankfurt, 1997.
2. Informação prestada pelo Wirtschaftsforderung (Business and Economic Development Corp.), Frankfurt, 1997.
3. "German banking and finance", *Financial Times*, suplemento, 9 de junho de 1997.
4. *Financial Times*, 1º de agosto de 1997.

5. *FWB: The Frankfurter WertpapierBörse* (Frankfurt, *Financial Times,* 14 de agosto de 1997).
6. *Financial Times,* 28 de novembro de 1997.
7. *Deutsche Börse Fact Book 1996* (Frankfurt, Deutsche Börse, 1997).
8. *FWB: The Frankfurter WertpapierBörse* (Frankfurt, Deutsche Börse, 1996).
9. *Financial Times,* 29 de maio de 1996.
10. "German banking and finance", *Financial Times*, suplemento, 9 de junho de 1997; *The European*, 14-20 de novembro de 1996.
11. *Financial Times*, 18 de setembro de 1997
12. *Financial Times*, 8 de setembro de 1997.
13. *Financial Times*, 9 de junho de 1997.
14. *Euromoney*, outubro de 1995
15. "German banking and finance", *Financial Times*, suplemento, 9 de junho de 1997.
16. *Financial Times,* 14 de agosto de 1997.
17. *Paris Europlace*, julho de 1997.
18. *The Paris Financial Markets: Your Bridge to Europe, Paris Europlace* (Paris, Paris Europlace, 1997) 1997.
19. *Financial Times*, 27 de setembro de 1995 e 10 de dezembro de 1996.
20. *Financial Times*, 10 de dezembro de 1996.
21. *Financial Times*, 16 de fevereiro de 1996.
22. *The Paris Financial Markets: Your Bridge to Europe, Paris Europlace,* 1997.
23. *Financial Times*, 21-22 de junho de 1997.
24. *Financial Times*, 16 de fevereiro de 1996; *Paris Europlace,* de julho de 1997.
25. *The Paris Financial Markets: Your Bridge to Europe, Paris Europlace*, 1997.
26. *Financial Times*, 2 de setembro de 1997.
27. *Financial Times*, 8 de dezembro de 1997.
28. *Financial Times*, 8 de dezembro de 1997.
29. *Financial Times*, 28 de fevereiro de 1997.
30. *Financial Times*, 18 de setembro de 1997.
31. *Financial Times*, 18 de setembro de 1997.
32. British Invisibles (dezembro de 1998).
33. *The Paris Financial Markets: Your Bridge to Europe, Paris Europlace*, 1997.
34. *Financial Times*, 18 de setembro de 1997.
35. *Financial Times*, 18 de novembro de 1996.
36. *Les Echos,* suplemento de 3 de dezembro de 1996.
37. Hong Kong Bureau of Census, março 1997.
38. Hong Kong Bureau of Census, março 1997.
39. Jao, p.57-69.
40. *Fact Sheet 1997* (Hong Kong, Hong Kong Monetary Authority, 1997).
41. *Fact Sheet 1997* (Hong Kong, Hong Kong Monetary Authority, 1997).
42. *Fact Sheet 1997* (Hong Kong, Hong Kong Monetary Authority, 1997).
43. *Sunday Times*, 22 de junho de 1997.
44. *Financial Times*, 27 de abril de 1994 e 9 de maio de 1997.
45. *Financial Times*, 14 de maio de 1994.

46. *Financial Times*, 9 de maio de 1997.
47. *Financial Times*, 2 de setembro de 1997.
48. *Sunday Telegraph*, 18 de janeiro de 1998.
49. *Financial Times*, 18 de setembro de 1997.
50. *Financial Times*, 16 de junho de 1997.
51. *Financial Times*, 18 de setembro de 1997.
52. *Financial Times*, 16 de junho de 1997.
53. *Financial Times*, 16 de junho de 1997.
54. *Fact Sheet 1997* (Hong Kong, Hong Kong Monetary Authority, 1997).
55. *Financial Times*, 20 de fevereiro de 1996.
56. Wilson, p.322.
57. Jao, p.39.
58. *Hong Kong Futures Exchange, Annual Report,* 1996.
59. *Fact Sheet 1997* (Hong Kong, Hong Kong Monetary Authority, 1997).
60. Jao, p.60.
61. *Financial Times*, 16 de junho de 1997.
62. Jao, p.94
63. *Sunday Times*, 7 de setembro de 1997.
64. *Financial Times*, 9 de maio de 1997.
65. *Financial Times*, 25 de julho de 1997.
66. *Financial Times*, 2 de julho de 1991.
67. *The Banker*, julho de 1997.
68. *The European*, 5-11 de setembro de 1996.
69. Jao, p.31; o *Financial Times* afirma que o número é 290 — ver *Financial Times* de 14 de julho de 1997.
70. *Euromoney*, fevereiro de 1997.
71. *Euromoney*, fevereiro de 1997.
72. Wu, Friedrich, "The Singapore financial centre and its regional role in Southeast Asia", *Journal of International Securities Markets*, 6 (1992), p.199.
73. *Euromoney*, fevereiro de 1995.
74. *Euromoney*, fevereiro de 1995; FMI, *International Financial Statistics*, agosto de 1997.
75. *Euromoney*, fevereiro de 1995.
76. *Euromoney*, fevereiro de 1995.
77. *Financial Times*, 18 de fevereiro de 1997.
78. *Euromoney*, de fevereiro de 1995.
79. Wilson, p.351.
80. Wu, p.201.
81. *Financial Times*, 18 de fevereiro de 1997.
82. *Financial Times*, 20 de fevereiro de 1996.
83. *Financial Times*, 8 de fevereiro de 1996.
84. Wu, p.202; *Financial Times*, 14 de julho de 1997 (taxa de câmbio utilizada: US$1=S1.4).
85. *Financial Times*, 14 de julho de 1997.
86. *Financial Times*, 20 de fevereiro de 1996.

CAPÍTULO 9

A União Monetária Européia e o Euro

INTRODUÇÃO

A União Econômica e Monetária (UME) significa um grande passo em direção à integração européia, tanto política quanto economicamente. É o estágio final da criação do mercado único europeu, ao substituir as moedas nacionais por uma única moeda — o euro. Uma moeda comum implica estabilidade cambial entre os participantes e uma política monetária comum. Necessita de todo um novo conjunto de instituições — sobretudo de um banco central europeu — e de regras fiscais comuns.

Todos os membros da União Européia são potenciais candidatos a aderir à UME, mas, para fazê-lo, têm de observar uma série de critérios de convergência, definidos pelo Tratado de Maastricht, de fevereiro de 1992, a fim de que a adesão não crie tensões excessivas. O cronograma da UME fixou 1º de janeiro de 1999 para o lançamento do euro e 2002 para o desaparecimento das moedas nacionais na zona do euro, ou "eurolândia", como também é conhecida.

Box 9.1: Decifrando o jargão da UME

Convergência: movimento dos indicadores econômicos nacionais em direção aos objetivos determinados por Maastricht.

CE: Comunidade Européia (denominação anterior da UE, que vigorou de 1967 a 1992).

BCE: Banco Central Europeu.

ecu: sigla de European Currenncy Unit, a Unidade Monetária Européia (moeda européia antes de 1999).

CEE: Comunidade Econômica Européia (denominação original da União Européia, que vigorou de 1957 a 1967).

SME: Sistema Monetário Europeu.

UME: União Econômica e Monetária.

euro: denominação da moeda única européia, lançada em 1º de janeiro de 1999.

Comissão Européia: secretariado da União Européia, está sediado em Bruxelas.

EU: União Européia (denominação da CE a partir de 1992).
Maastricht: cidade holandesa onde realizou-se a conferência de cúpula de 1992, na qual foi assinado o Tratado de Maastricht. Muitas vezes o termo é usado para denominar sucintamente o próprio tratado.
Pacto de Estabilidade e Crescimento: acordo para limitar os déficits fiscais.
Cúpula: reunião semestral dos líderes europeus.

O CAMINHO PARA A UNIÃO ECONÔMICA E MONETÁRIA

A evolução da união econômica e monetária européia está resumida no box 9.2, a seguir.

Box 9.2: Contagem regressiva para a UME

1957	Tratado de Roma: criação da CEE
1969	Cúpula de Haia: compromisso para a implantação da UME
1972	"Serpente européia": acordo sobre paridades fixas mas ajustáveis
1979	O Sistema Monetário Europeu (SME) sucede a "serpente"
1992	Cúpula de Maastricht: acordo para criar a UME. Estágio I da UME (estágio de estabilização)
1992/93	Crise do mecanismo cambial
1994	Estágio II da UME (estágio de convergência)
1995	Cúpula de Madri: acordo quanto ao cronograma de implantação da UME
1997	Ano-base para fixação dos critérios de convergência
1998	Seleção dos participantes da UME
	Formação do Banco Central Europeu
1999	Estágio III da UME (estágio da moeda única)
	Fixação irrevogável das moedas
	O euro passa a vigorar para transações oficiais
2002	Entram em vigor as notas e moedas divisionárias do euro
	As moedas nacionais perdem o status de moedas de curso legal

Cúpula da Haia e Relatório Werner

O Tratado de Roma, de 1957, que criou a CEE, não continha cláusulas relativas à união monetária. Incluía a criação de uma união aduaneira, eliminando as barreiras comerciais entre os seis países-membros e harmonizava as tarifas em relação aos países não-membros. O progresso foi tal que, doze anos mais tarde, na Cúpula da Haia, de dezembro de 1969, os países-membros acordaram um objetivo ainda mais ambicioso — a completa união econômica e financeira até o fim de 1980. Um pouco otimista demais, como se viu mais tarde.

Foi criado um comitê, presidido por Pierre Werner, primeiro-ministro de Luxemburgo, para planejar o processo e, em 1970, era publicado o Relatório

Werner, um plano para alcançar a completa união econômica e monetária. Mas essa agenda ambiciosa foi derrotada pelos fatos: a desvalorização do dólar em agosto de 1971, menos de um ano depois, anunciou o início de uma era de instabilidade monetária, de preços e de taxas de juros, o que tornou impossível a operacionalização do esquema proposto. Mas resultou em um novo sistema de taxas de câmbio quase-fixas entre os membros da CEE.

A "Serpente": 1973-79

Em lugar da UME, a Europa chegou à "Serpente". Em contraste com as taxas de câmbio fixas do sistema de Bretton Woods, as moedas européias foram autorizadas a deslizar, como serpentes, no máximo +/- 1,125% entre elas e +/- 2,25% em relação ao dólar americano. Este arranjo, conhecido como a "Serpente no túnel", tornou-se simplesmente a "Serpente", quando o dólar passou a flutuar, em março de 1973, e o "túnel" desapareceu.

A Serpente, que entrou em vigor em abril de 1972, teve uma trajetória tortuosa. Ocorreram três desvalorizações do marco alemão, 15 outras mudanças de paridade e várias adesões, saídas e novas adesões ao sistema. A Grã-Bretanha retirou-se em 1972, apenas seis semanas após ter aderido; a Itália saiu em 1973 e a França em 1976, deixando a Alemanha como membro dominante. Em 1977, o novo presidente da Comissão Européia, Roy Jenkins, ressuscitou a idéia de uma união monetária. Seu apelo encontrou apoio, especialmente da Alemanha, que estava ansiosa para proteger o marco da crescente instabilidade do dólar americano. E, de modo mais geral, dos políticos europeus, desejosos de criar um quadro estável para a condução do comércio europeu.

Sistema Monetário Europeu, 1979

Na Cúpula de Bremen, em junho de 1978, seis dos nove países da Comunidade, incluindo França e Itália, subscreveram uma proposta para a criação de uma "zona de estabilidade monetária". Isto foi considerado desejável por várias razões: reduzir a inflação, que em alguns países alcançava níveis inaceitavelmente elevados; promover a estabilidade monetária e, por conseguinte, o crescimento e a prosperidade — dado que a instabilidade cambial poderia criar obstáculos aos fluxos de comércio e investimentos; e promover a convergência gradual das políticas econômicas dentro da Comunidade, pois a convergência promoveria a integração econômica — o mercado único — que conduziria, em última instância, à união monetária.

O Sistema Monetário Europeu (SME), que operacionalizou as propostas de Bremen, entrou em vigor em março de 1979. Apresentava quatro aspectos principais:

- Mecanismo cambial (MC)
- Unidade Monetária Européia (ecu)
- Instrumentos de financiamento
- Fundo Monetário Europeu

Todas as moedas dos países membros do SME estavam ligadas, por uma taxa central, ao ecu, que era uma cesta ponderada de moedas da União Européia. As taxas de mercado poderiam variar +/- 2,25% (6% no caso italiano) em relação à taxa central. Um conjunto complexo de mecanismos foi criado para manter as moedas dentro das faixas permitidas, mas se algum problema se mostrasse persistente, o realinhamento da taxa central seria o recurso de última instância.

Entre 1979 e 1992 ocorreram 37 realinhamentos, especialmente em 1983 e 1985. Mas, finalmente, o sistema acomodou-se, e, de janeiro de 1987 a agosto de 1992, não se verificou realinhamento algum. Foi nesse contexto que se deu a assinatura do Tratado de Maastricht, em fevereiro de 1992, um acordo visando a moeda única européia. Supôs-se que a estabilidade do MC e a convergência das taxas de inflação e de juros entre os países membros da UME continuariam. Mas mal a tinta acabara de secar e o MC foi atingido por nova crise.

A crise do MC de 1992-93

O cronograma da ascensão e queda do MC é apresentado no box 9.3. Por volta do verão de 1992, 12 membros da Comunidade Européia adotavam o MC e quatro países não-membros tinham ancorado suas moedas no ecu. Mas, em setembro de 1992, o sistema foi atingido por uma pressão especulativa sem precedentes. Duas moedas importantes, a libra esterlina e a lira, abandonaram o MC e outras foram desvalorizadas. A turbulência monetária prosseguiu durante o inverno de 1992 e a primavera de 1993. Então, em agosto de 1993, as pressões especulativas sobre o franco francês forçaram uma ampliação das bandas de flutuação de +/- 2,25% para +/- 15%, um alargamento tão drástico que o fato de pertencer à Comunidade praticamente não afetaria suas políticas. Mas, após Maastricht, eram exatamente os critérios de convergência que funcionavam como disciplina externa para os governos.

Box 9.3: Ascensão e queda do MC

	Ascensão
março de 1979	Tem início o SME
março de 1983	Realinhamento geral
julho de 1985	Realinhamento geral
janeiro de 1987	Bélgica, Alemanha e Holanda realinham
junho de 1989	Espanha adere ao MC
outubro de 1990	Reino Unido adere ao MC
outubro de 1990	Noruega ancora sua moeda no ecu
abril de 1991	Suécia ancora sua moeda no ecu
junho de 1991	Finlândia ancora sua moeda no ecu
abril de 1992	Portugal adere ao MC
junho de 1992	Chipre ancora sua moeda no ecu
	Crise de 1992-93
1992	
2 de junho	Primeiro referendo dinamarquês sobre Maastricht: maioria diz "não"
16 de julho	Bundesbank aumenta a taxa de desconto
8 de setembro	Finlândia promove a flutuação de sua moeda, o marco finlandês
13 de setembro	Itália desvaloriza a lira
16 de setembro	Reino Unido abandona o MC
16 de setembro	Itália abandona o MC
16 de setembro	Espanha desvaloriza a peseta em 5%
20 de setembro	Referendo francês sobre Maastrich: maioria diz "sim"
19 de novembro	Suécia promove a flutuação de sua moeda, a coroa sueca
22 de novembro	Portugal e Espanha desvalorizam suas moedas em 6%
30 de novembro	Governo irlandês aumenta a taxa do *overnight* em 100%
10 de dezembro	Noruega promove a flutuação de sua moeda, a coroa norueguesa
1993	
10 de janeiro	Irlanda desvaloriza sua moeda, o punt, em 10%
13 de maio	Espanha desvaloriza sua moeda em 8%
13 de maio	Portugal desvaloriza sua moeda em 6,5%
18 de maio	Segundo referendo dinamarquês sobre Maastricht: maioria diz "sim"
23 de julho	Banco da França é forçado a aumentar a taxa do *overnight*
2 de agosto	As bandas do MC são ampliadas para +/- 15% (exceto no caso da taxa marco alemão/florim que permaneceu em +/- 2,25%)

Ao analisar as causas da crise do MC, de 1992-93, o FMI considerou que as taxas de inflação relativamente elevadas registradas em alguns países e que a falta de realinhamentos compensatórios a partir de 1987 resultaram na sobrevalorização das paridades cambiais oficiais da lira, da libra esterlina, do escudo, da peseta e da coroa sueca. Outro fator era a percepção, nos mercados financeiros, da inconsistência entre o declínio das taxas de juros, necessário para amenizar os níveis deprimidos da atividade econômica em muitos países europeus, e a tendência ascendente das taxas alemãs, necessária à contenção das pressões inflacionárias resultantes da unificação.[1]

Por seu lado, a Comissão Européia atribuiu a crise à ação dos especuladores internacionais de moedas, enquanto o primeiro-ministro francês, Jacques Chirac, descrevia-os como a "Aids da economia mundial". Dentre os principais, estava George Soros, cujos fundos obtiveram lucro de US$1 bilhão ao especular contra a libra esterlina, forçando o Reino Unido a abandonar o MC. Soros, o presidente de origem húngara do Quantum, um fundo de *hedge*, não se mostrou perturbado por ter criado tal tumulto ou auferido tamanhos lucros. Mas, como explicou a um jornalista, a oportunidade só surgiu porque a posição britânica era insustentável: "Se não fosse insustentável, nosso ataque não teria levado a Grã-Bretanha a abandonar o MC ... não éramos os únicos no cenário, e o processo teria transcorrido mais ou menos do mesmo modo se eu nunca tivesse nascido."[2]

Do verão de 1993 em diante, o MC tornou-se uma associação de moedas mais livre e menos rígida. Em julho de 1995, as taxas centrais da peseta e do escudo foram desvalorizadas. Áustria, Suécia e Finlândia aderiram ao MC, após terem se tornado membros da União Européia. A Itália foi readmitida em 1996, após longas negociações.

Tratado de Maastricht e união econômica e monetária

A insatisfação francesa e italiana com o domínio alemão do MC impulsionou a criação de um comitê encabeçado pelo presidente da Comissão Européia, Jacques Delors, para preparar um plano para a união monetária. O Relatório Delors foi discutido na Cúpula de Madri, de junho de 1989, e suas propostas constituíram a base do Tratado de Maastricht.

O tratado propôs um processo em três estágios para atingir a união econômica e monetária européia:

- Estágio I: 1979-93 (estágio de estabilização). Estabilização das taxas de câmbio por meio do MC (processo interrompido pela crise de 1992-93).
- Estágio II: de 1º de janeiro de 1994 a 31 de dezembro de 1998 (estágio da convergência). Convergência econômica rumo à obtenção de um conjunto comum de "critérios de convergência". Criação de um quadro

institucional para atender às exigências econômicas, políticas e administrativas UME.

- Estágio III: de 1º de janeiro de 1999 em diante (estágio da moeda única). Introdução de uma moeda única, inicialmente mediante um conjunto de taxas de câmbio fixas e, a partir de 2002, na forma de uma nova moeda única, subseqüentemente denominada euro.

O Tratado foi aprovado na Cúpula de Maastricht, em dezembro de 1991 e assinado em fevereiro de 1992, sendo ratificado por meio de referendos na França e na Irlanda e, na segunda tentativa, após uma rejeição inicial do eleitorado, na Dinamarca.

Critérios de convergência e novas instituições

União monetária implica abdicar de dois dos principais instrumentos de gestão econômica e de ajuste das economias nacionais: a taxa de juros e a taxa de câmbio. Com uma moeda única há uma única taxa de juros, determinada por um banco central europeu. Mais ainda, não há possibilidade de desvalorizar a moeda para restaurar a competitividade. A fim de dar à UME uma chance de funcionar, é essencial que as economias e as políticas econômicas de seus membros cheguem a certo grau de convergência antes de dar início ao processo de união. A obtenção de um conjunto de "critérios de convergência" foi a agenda do Estágio II, dentre 1994 e 1998.

Os critérios de convergência especificados no Tratado de Maastricht foram:

- *inflação* não superior a 1,5% acima da inflação média dos três países-membros com menores taxas de inflação
- *taxa de juros* não superior a 2% acima da média dos três países-membros com menores taxas de inflação
- *dívida pública* de no máximo 60% do PIB
- *déficit público* de no máximo 3% do PIB
- *participar do MC* há pelo menos dois anos
- *banco central independente*

A evolução institucional programada para o Estágio II foi:

- *Comitê Monetário* Sua obrigação era monitorar o desempenho orçamentário dos estados-membros e seu progresso rumo aos critérios de convergência. Reporta-se ao Conselho de Ministros ou à Comissão Européia por sua própria iniciativa. É formado por dois representantes de cada país e dois da Comissão.

- *Instituto Monetário Europeu (IME)* Embrião do Banco Central Europeu (BCE) (ver adiante e Capítulo 5). Sediado em Frankfurt, o IME foi inaugurado em janeiro de 1994. Seu primeiro presidente foi Alexandre Lamfalussy, ex-presidente do Banco da França. Foi sucedido em 1997 por Wim Duisenberg, ex-ministro das Finanças da Holanda e ex-presidente do banco central holandês que se tornou primeiro presidente do BCE.

A evolução institucional do Estágio III foi:

- *Banco Central Europeu (BCE)* O BCE substituiu o IME a partir de 1998. Seus estatutos garantem um alto grau de "independência", oferecendo salvaguardas em relação a pressões no sentido de manipular a política monetária com objetivos políticos: há proibição formal de buscar ou aceitar instruções junto a qualquer estado-membro ou instituição; para assegurar sua independência das considerações políticas de curto prazo, o presidente e cinco membros do conselho executivo são nomeados para mandatos de oito anos; e os registros das votações do conselho do BCE permanecem secretos durante 17 anos, sem que sejam divulgadas as atas das discussões, embora sejam publicadas notas informativas, uma revista trimestral e sejam mantidas entrevistas coletivas. Estas disposições têm sido criticadas por sua falta de "transparência" e de democracia, que poderiam ameaçar a credibilidade dessa entidade poderosa, mas não eleita perante os eleitores europeus.
- *Sistema Europeu de Bancos Centrais (SEBC)* É formado pelo BCE e pelos bancos centrais dos países-membros. É dirigido pelos órgãos decisórios do BCE e pelos governadores dos bancos centrais nacionais. Seu objetivo principal é a manutenção da estabilidade de preços, definida como uma variação dos preços ao consumidor não superior a 2%. Para tanto define e implementa a política monetária da União Européia; conduz operações cambiais; guarda e administra as reservas oficiais dos países-membros; promove a operação efetiva dos sistemas de pagamentos e contribui para a supervisão prudente das instituições de crédito e a estabilidade do sistema financeiro.

Reino Unido e Dinamarca: alternativa de não participação

Quando da assinatura do Tratado de Maastricht, o Reino Unido e a Dinamarca não estavam preparados para assumir o compromisso de participar do Estágio III. Foi-lhes, então, possibilitado "não participar" ou, melhor dizendo, adiar a sua adesão à moeda única.

Adoção do euro

Depois de muitas conjecturas e controvérsias, foi anunciado, no encontro do Conselho Europeu de Madri em dezembro de 1995, que a nova moeda européia se chamaria euro. Na ocasião foi estabelecida uma agenda pormenorizada para a adoção do euro:

- *Fase A: maio de 1998* Apresentação dos países que participariam do lançamento da UME
- *Fase B: 1º de janeiro de 1999* Lançamento da UME com o bloqueio irrevogável das taxas de conversão das moedas participantes em relação ao euro e a delegação da responsabilidade sobre a política monetária e cambial única ao Sistema Europeu de Bancos Centrais
- *Fase C: 1º de janeiro de 2002* Extensão da moeda única para todos os meios de pagamento, completando o processo de adoção da moeda única. As moedas nacionais serão abolidas e o euro tornar-se-á o único meio de pagamento legal na área da UME.

DEBATE A RESPEITO DA UME

No Reino Unido e na Dinamarca, os países que não participam, há um acalorado debate a respeito dos prós e contras da UME. Em outros países, por várias e diferentes razões, a UME é considerada uma alternativa mais desejável do que outras possibilidades, e o debate é menos ruidoso. Mas, à medida que se levantavam dúvidas quanto à extensão da manipulação das estatísticas relativas aos critérios de convergência por outros países, começaram os questionamentos sobre a prudência de se proceder prematuramente. Na Alemanha, e até mesmo na França, a atenção voltou-se para os custos e riscos da iniciativa, amenizando a fantasia federalista de seus incontáveis benefícios.

Argumentos favoráveis

1. A UME promove o comércio e elimina os custos de transação

Argumenta-se que a volatilidade da taxa de câmbio desestimula o comércio internacional em função do risco cambial que afeta importadores e exportadores. A eliminação dessa incerteza promoverá o comércio entre os participantes da UME. Uma moeda única também aumentará a transparência dos preços, permitindo aos consumidores comparar preços em diferentes lugares, o que aumentará a concorrência, o comércio e a eficiência.

Os países da União Européia formam o principal bloco comercial do mundo. Assim, sua moeda, o euro, irá tornar-se um dos mais importantes meios de pagamento e de reservas, junto com o dólar e o iene. Os países-membros da UME irão tornar-se cada vez mais aptos a conduzir, em euros, transações de importação e exportação com países não membros, eliminando assim sua exposição ao risco cambial. Mais ainda, um euro estável, tendo como suporte o conjunto das economias européias, promoverá a estabilidade monetária mundial e, assim, o comércio mundial.

O custo do câmbio é um ônus que recai sobre o comércio e o turismo. A Comissão Européia estima que cerca de 0,4% do PIB europeu — de 20 a 25 bilhões de ecus — é consumido nas transações cambiais. Para ilustrar o argumento, recorre ao exemplo de um viajante que parte de um país da União Européia com 100 libras esterlinas. Ele visita todos os outros países da União Européia, tendo que trocar, em cada um deles, suas libras pela moeda local. Sem ter feito uma única compra, ele volta ao ponto de partida com apenas 50 libras no bolso, dados os custos de conversão.[3]

Contudo, embora as pequenas empresas possam desistir de participar no comércio internacional em função do risco cambial, o grosso do comércio é conduzido por grandes empresas que podem recorrer a instrumentos financeiros sofisticados para cobrir o risco de forma relativamente barata. Da mesma forma, se o custo do câmbio pode ser bastante alto para turistas em férias, compradores em grande escala conseguem taxas mais favoráveis. No que se refere à triste fábula da Comissão Européia, o governador do Banco da Inglaterra comentou: "Quem viaja pela União Européia trocando sua moeda em cada país visitado merece pagar pelo privilégio — sobretudo em tempos do cartão de crédito!."[4]

2. A UME aumenta a estabilidade dos preços e reduz as taxas de juros

A estabilidade de preços — em outras palavras, uma pequena variação ou nenhuma — é, de modo geral, considerada economicamente benéfica. Isto porque qualquer perturbação do mecanismo de preços implica custos que diminuem o bem-estar. Assim, com um Banco Central Europeu cujo "principal objetivo" seja a estabilidade de preços, o quadro institucional da UME seria a melhor garantia de uma inflação baixa.

Preços estáveis e confiança do mercado no quadro institucional da UME implicam taxas de juros reduzidas. A baixa taxa de inflação da UME atenuará as expectativas inflacionárias, restringindo tendências inflacionárias de salários e preços. Nesse ambiente não-inflacionário, os governos poderiam levar suas economias a níveis mais elevados de produção e, portanto, menores níveis de desemprego, do que ocorreria de outra forma, sem correr risco de provocar inflação.

Contudo, deve-se lembrar que as afirmações de que a UME resultará em inflação mais baixa não foram testadas. A fim de fazê-lo, é essencial que os países-membros observem, constantemente, os critérios de convergência. Mais ainda, o incipiente BCE pode provar-se pouco afeito à gestão monetária.

3. Um mercado europeu de capitais único

O euro deverá desencadear a formação de um mercado de capitais único na Europa. Isto o tornará rival, em termos de escala, dos mercados financeiros em dólar e deverá promover uma profusão similar de instrumentos e inovações, sendo benéfico para emprestadores e tomadores não apenas na Europa, mas em todo o mundo.

4. A UME promove o investimento e o crescimento

Dinheiro mais barato em função de taxas de juros mais baixas deve implicar maiores investimentos. Além disso, em um ambiente não inflacionário os produtores podem concentrar-se nos desafios "reais", como o aumento da produtividade do capital e do trabalho. Desse modo, a UME pode dar lugar a aumentos da qualidade, bem como da quantidade, dos investimentos, elevando o crescimento econômico. Também argumenta-se que os países participantes da UME irão tornar-se mais atraentes para aqueles que estão fora em termos de localização de investimentos na Europa, dada a ausência de risco cambial.

Não obstante, é um fato que, mesmo estando fora do mecanismo cambial, exceto no breve período 1990-92, o Reino Unido tem sido o principal recipiente de investimentos externos da União Européia. Sem dúvida outros fatores foram mais importantes do que a estabilidade cambial na determinação das decisões de investimento, o que pesa nos argumentos em favor da UME.

5. Finanças públicas e UME

Os critérios de convergência exigem que os governos restrinjam seu endividamento total a 60% do PIB e o déficit fiscal a 3% do PIB. Estas metas formais impõem uma disciplina econômica rigorosa e benéfica, que não pode ser abandonada por governos ansiosos por promover suas chances de reeleição. O perturbador ciclo eleitoral de expansão e contração é abolido.

Deve-se, contudo, observar que o segundo argumento contrário à UME (ver adiante) contradiz em certa medida esta afirmação.

6. Integração européia

A UME completa o movimento rumo a um mercado único e é, portanto, um passo importante na evolução da integração européia. Implica a necessidade de uma política monetária única. O corolário lógico é a coordenação da política fiscal entre os participantes e um grau considerável de harmonização tributária. Assim, acarreta um papel destacado para a autoridade econômica central européia — algo similar ao Tesouro americano — no sentido de coordenar a política econômica e até de amenizar discrepâncias de renda. Isso seria um grande passo em direção a um governo federal da Europa.

Argumentos contrários à UME

1. A perda das taxas de câmbio como mecanismo de ajuste

Abrir mão da taxa de câmbio como instrumento de gestão econômica tem implicações importantes. A desvalorização que, como ilustra a recente experiência do Reino Unido, pode ser um mecanismo benéfico de ajuste, não é mais possível. Os desequilíbrios de balanço de pagamentos tornam-se um problema regional que exige outras soluções.

Os EUA ilustram os problemas e mecanismos de ajuste a choques econômicos em uma grande união monetária. Digamos, por exemplo, que o preço do petróleo quadruplica, como ocorreu em 1973-74. No Texas, um estado produtor de petróleo, é tempo de expansão. O produto e o emprego aumentam, bem como os impostos arrecadados pelo governo federal. No Michigan, onde localiza-se o "cinturão da ferrugem", a área de concentração da indústria de transformação, as empresas têm que pagar mais caro pelo combustível, perdendo competitividade e reduzindo os empregos. A receita tributária cai e as despesas com auxílio-desemprego aumentam. Assim, o governo arrecada mais no Texas e paga mais benefícios no Michigam. Cerca de 40% das mudanças relativas de renda entre os dois estados serão compensadas dessa forma.

O outro mecanismo de ajuste tradicional nos EUA é a migração da mão-de-obra — no exemplo, os trabalhadores deslocar-se-iam de Detroit para Huston.

Na Europa, os efeitos de um choque que beneficia uma região e prejudica outra não podem ser compensados facilmente se não houver um ajuste cambial. Nenhum dos mecanismos de ajuste que funcionam nos EUA poderia funcionar tão bem. Como os recursos da União Européia estão restritos a 1,2% do PIB (que aumentaram para 1,27 % a partir de 1999) e estão, em grande parte, comprometidos com o apoio à agricultura, o escopo para redistribuição de renda dentro do bloco da UME é bastante restrito.

No que se refere à mobilidade da mão-de-obra na Europa, ela é dificultada pela língua, pela cultura e por várias complicações burocráticas. A relativa imobilidade da mão-de-obra é reconhecida pela Comissão Européia, que comenta que a mobilidade regional da força de trabalho não é "nem praticável, pelo menos em termos de barreiras de idioma, nem, talvez, desejável".[5] O resultado mais provável é um maior desemprego nas regiões atingidas.

2. Perda da política monetária como instrumento de gestão econômica

Além da perda do controle sobre a taxa de câmbio, UME implica abrir mão da política monetária. Daí para a frente, haverá uma única taxa de juros determinada pelo BCE. Essa taxa será fixada de forma a obter a estabilidade de preços na UME como um todo. Inevitavelmente, esta taxa única será menos adequada — ou muito alta ou muito baixa — para alguns países, em algum momento, do que taxas determinadas a nível nacional.

A transferência da política monetária para o BCE eleva a estabilidade de preços, seu "objetivo principal" tal como definido no tratado, acima de outros objetivos da gestão econômica. A prioridade concedida ao controle da inflação no quadro institucional da UME tem sido criticada por políticos e economistas mais preocupados com a redução do desemprego e o crescimento econômico.

Na falta de uma taxa de câmbio ou de uma taxa de juros determinadas nacionalmente, a política fiscal torna-se o principal instrumento de gestão econômica para atender necessidades domésticas. Mas, como os governos não precisam se preocupar com o impacto de suas ações sobre a moeda ou sobre o custo dos empréstimos, há o perigo de se ter uma política fiscal frouxa. Para evitar essa irresponsabilidade, a cúpula de Dublin, em dezembro de 1996, adotou um Pacto de Estabilidade pelo qual os governos se comprometem a apoiar permanentemente os critérios de convergência que exigem a manutenção dos déficits orçamentários em menos de 3% do PIB.

A Alemanha desejava impor multas pesadas e automáticas para os que violassem a barreira dos 3%, exceto no caso de recessões extremas — um "pacto de recessão" como o *The Economist* apelidou as propostas.[6] Mas a França argumentou em favor de um sistema mais brando que permitisse aos países apelar para "circunstâncias especiais" e pela fixação de multas a serem decididas por políticos caso a caso.[7] Contudo, o Pacto de Estabilidade é uma restrição significativa à capacidade dos participantes da UME de operar uma política anticíclica durante uma recessão.

3. Soberania e déficit democrático

Os opositores afirmam que a UME implica a abdicação da soberania econômica. Outra objeção é que envolve a transferência da política econômica de governos democraticamente eleitos para um órgão não eleito e não representativo, o SEBC. Assim, argumenta-se que a UME é um grande passo no aprofundamento do "déficit democrático" que aflige a UE. A diminuição do controle eleitoral sobre a tomada de decisões não é apenas antidemocrático, mas mina, potencialmente, o apoio popular à UE.

Contudo, a participação na própria UE significa abrir mão da soberania, de modo que a adesão à UME é uma questão de grau e não de princípio. Mais ainda, é questionável o grau de soberania que as nações ainda mantêm na economia globalizada moderna. Em um mundo sem controle sobre os movimentos de capitais, nenhum governo consegue adotar políticas econômicas que desprezem o que os mercados financeiros consideram como confiável.

No que diz respeito ao "déficit democrático", muitos dos países da União Européia já tinham bancos centrais quase-independentes antes mesmo de Maastricht e outros estavam caminhando nessa direção. De modo que a transferência da política monetária para o SEBC não é um afastamento do controle democrático, que de qualquer forma já foi cedido aos tecnocratas dos bancos centrais. Além disso, como instituição resultante de um tratado aceito pelos governos dos estados-membros, a autoridade do SEBC está fundada no processo democrático.

4. Custos de adaptação

O custo físico da adaptação ao euro será substancial, colocando uma carga considerável tanto sobre os países participantes da União Européia quanto sobre os não participantes, cancelando, assim, alguns dos benefícios da moeda única — pelo menos no curto prazo. Em 1996, a Federação Européia de Bancos estimou o custo da conversão para os bancos europeus em algo em torno de 8 a 10 bilhões de ecus, o equivalente a 1% a 2% dos custos operacionais dos bancos em um período de três ou quatro anos.[8] Outra estimativa é que o montante some £50 bilhões (US$83 bilhões), ou 2% do PIB anual da União Européia. Para colocar estes números em perspectiva, prevê-se que a eliminação dos custos cambiais na UME aumentaria de 0,33% ao ano o PIB da União Européia. Portanto, os custos da transição anulam o valor correspondente ao crescimento adicional previsto para seis anos.[9]

5. O risco de manipulação

O entusiasmo dos políticos europeus quanto à participação de seus países na UME tem provocado a manipulação dos dados estatísticos relativos aos critérios de convergência — o caso mais notório é a transferência de FF37 bilhões do fundo de pensão da France Telecom para a redução da dívida pública e a proposta controversa (e malsucedida) de contabilidade criativa por parte da Alemanha em que as reservas de ouro do país seriam reavaliadas para reduzir a dívida pública. Um euro ancorado na adesão rigorosa aos critérios de convergência, refletindo um progresso genuíno no processo de integração econômica, já apresentaria vários problemas, mas uma moeda comum fundada em números confusos seria intrinsecamente instável e repleta de perigos (ver a próxima seção).

Contudo deve-se entender que nunca haverá época perfeita para projeto tão ousado e problemático quanto a UME. O impulso político que levou os líderes europeus a pressionar em favor da UME poderá, mais cedo ou mais tarde, simplesmente leva-lá adiante.

6. Integração européia

A UME é o "cavalo de Tróia" do federalismo europeu, levando logicamente ao fortalecimento do governo federal europeu — o que representa um anátema para os anti-federalistas.

UME — a favor ou contra?

A transição para o euro tem custos e riscos. Contudo, uma vez consolidada, a moeda única levaria a reduções de custos que aumentariam o bem-estar. Mas alguns desses benefícios econômicos podem ser alcançados de outras maneiras, considerando o perigo de que o sistema venha a gerar um desemprego regional maior e persistente. Do ponto de vista econômico apenas, os benefícios não superam os custos.

De modo que a resposta à pergunta "A favor ou contra?" depende de uma avaliação política subjetiva a respeito da desejabilidade, ou não, da criação dos Estados Unidos da Europa. A adoção de uma moeda única é impulsionada pela necessidade política, não por razões econômicas. Mas a implementação bem-sucedida depende, em grande medida, de acertar nas questões econômicas e financeiras.

Lançamento do euro

A moeda única européia entrou em vigor em 1º de janeiro de 1999. Onze dos 15 países da União Européia aderiram à zona do euro — Alemanha, Áustria, Bélgica, Espanha, Finlândia, Holanda, França, Irlanda, Itália, Luxemburgo e Portugal. Dinamarca, Reino Unido e Suécia, embora respeitando os critérios de convergência, preferiram adiar a adesão ao euro. A Grécia ficou longe de alcançar os critérios de convergência. No caso do Reino Unido, a adesão foi adiada até, pelo menos, 2002, sob o argumento da não convergência dos ciclos econômicos do Reino Unido e da Europa continental.

O lançamento do euro coincidiu com um período de baixo crescimento econômico e altos níveis de desemprego em algumas economias "centrais" européias, especialmente Alemanha, Itália e França. Com uma inflação a nível de preços ao consumidor relativamente reduzida, o BCE diminuiu as taxas de juros em dezembro de 1998 e, novamente, em abril de 1999, a fim de estimular a atividade econômica. Mas algumas economias "periféricas" da União Européia, especialmente Espanha, Finlândia e Irlanda já estavam crescendo aceleradamente, de modo que o impacto dos cortes resultou em um estímulo à inflação de ativos — em Dublin, os preços das moradias aumentaram 40% ao ano. Esta discrepância ilustra o problema da aplicação de uma política monetária de dosagem única às economias não convergentes da Europa. Contudo, no momento, o impacto final das medidas do BCE ainda é incerto. "A economia da zona do euro ainda é um mistério", diz um economista. "A única coisa a fazer é ligá-la em determinada voltagem, como Frankenstein, e cruzar os dedos."[10]

Os cortes nas taxas de juros da zona do euro, para 2,5%, cerca de metade do nível vigente nos EUA e no Reino Unido, o lento crescimento das principais economias do continente e os apelos em favor de uma brandura fiscal por parte da Itália minaram o valor externo da nova moeda. Nos seus primeiros seis meses caiu 15% em relação ao dólar americano. Contudo, como os 11 países da área do euro comerciam principalmente entre si, a queda teve pequeno impacto sobre os preços ao consumidor e pode, até, ter sido favorável às exportações. Ao ser perguntado sobre a depreciação da taxa de câmbio euro-dólar, inicialmente de um para um, Wim Duisenberg respondeu secamente: "Diria que um euro vale um euro."[11]

Como ponto positivo, verifica-se que a nova zona euro registrou uma inflação baixa e estável — 1% — um objetivo importante. O novo sistema de pagamentos — *Target* — funcionou tranqüilamente. O euro está se tornando uma importante moeda de reserva internacional, embora mais lentamente do que muitos esperavam. E está propiciando o desenvolvimento de um mercado de capitais europeu maior, mais integrado e mais sofisticado.

Os problemas do lançamento da nova moeda terão ficado para trás? Claro, ninguém sabe ainda, o que permite todas as especulações.

Em 1996, David Lascelles, destacado jornalista financeiro e especialista em bancos, escreveu um roteiro fictício, "O craque de 2003: Um conto de fadas da UME", a respeito da possível evolução da UME. Essa brincadeira ficcional, mas interessante, já se mostrou equivocada sob vários aspectos, mas nem por isso deixa de ser um exercício estimulante de leitura da bola de cristal. Seu enredo se desenvolve da seguinte maneira:

1999

A UME é inaugurada com sete membros: Alemanha, Áustria, Bélgica, França, Holanda, Irlanda e Luxemburgo. O lançamento do euro ocorre graças a uma interpretação "flexível" dos critérios de convergência, desconsiderando até o elevado coeficiente dívida pública/PIB da Bélgica e os pesados encargos de aposentadorias sem recursos definidos para seu pagamento. De fato, se os critérios de Maastricht tivessem sido observados de forma rigorosa, a maioria dos membros iniciais teria sido desclassificada.

Membros e não-membros são afetados igualmente pelos altos custos do ajuste, como conversão de contratos, mudanças nas caixas registradoras etc.

O BCE, funcionando desde 1998, fixa taxas de juros bastante elevadas para cumprir rigorosamente seu "principal objetivo" de assegurar a estabilidade de preços. Como a moeda mostra-se forte no início, os países da área do euro atraem fluxos de capital internacional e o euro aprecia-se. Os políticos europeus esperam que a UME possibilite a redução do desemprego, mas a apreciação do euro e as altas taxas de juros agravam o problema.

2000-2

Espanha e Itália aderem à UME em uma segunda fase.

Um colapso no mercado de ações de Wall Street (ou qualquer outro choque externo) repercute nas bolsas européias. Consumidores empobrecidos e nervosos reduzem suas despesas e desencadeiam uma recessão no bloco da UME. A recessão é exacerbada pelo Pacto de Estabilização, que impede os governos de adotar medidas fiscais anticíclicas, aprofundando o recuo da economia e aumentando o desemprego. O desemprego e a austeridade provocam tumultos na França e aumentam o apoio aos neofascistas da Frente Nacional, pressionando os políticos. A estrutura institucional da UME impede a adoção de medidas salvadoras.

Ante a expansão da desordem social e do extremismo político, os políticos colocam as preocupações nacionais à frente da união monetária. A França deseja reformas tendentes a reduzir o descontentamento. A Alemanha preocupa-se com mudanças que possam sobrecarregar os contribuintes alemães. Reino Unido, Dinamarca e Suécia tornam-se cada vez mais hostis à possibilidade de aderir à moeda única.

As discordâncias entre a França e a Alemanha quanto às reformas da UME minam a confiança do mercado no euro. O euro cai em relação ao dólar americano. A pressão especulativa sobre o euro torna-se intensa.

2003

Durante uma crise, na cúpula de Bruxelas, em janeiro de 2003, os franceses propõem a criação de um Tesouro da UME, nos moldes do Tesouro dos EUA, destinado ao financiamento das dívidas dos países-membros. Mas isto representa ceder ao Tesouro da UME a autoridade para controlar o endividamento dos países-membros e aumentar impostos para financiar a dívida consolidada, transformando a união monetária em um governo federal.

A Alemanha recusa-se a aceitar o plano francês, que na verdade levaria os contribuintes alemães a arcar com as dívidas dos demais países. A França afasta-se da UME e reintroduz o franco. Itália, Espanha e Irlanda fazem o mesmo. A reconversão do euro para moedas nacionais impõe novos e maiores custos.

O mecanismo cambial — que agora engloba Alemanha, Luxemburgo, Bélgica, Holanda e Áustria — continua em vigor apesar de tudo. Torna-se, em tudo menos no nome, uma área expandida do marco alemão. O tumulto econômico é grande e dispendioso, mas o mercado único europeu sobrevive e continua funcionando.

Recriminações azedam as relações entre os políticos europeus e a trajetória da união política sofre um recuo. Ironicamente, os entusiastas federalistas da UME alcançaram exatamente o oposto daquilo que almejavam.

Epitáfio

Dizendo escrever de seu posto de observação em julho de 2003, Lascelles faz o epitáfio da UME com as seguintes palavras:

> A UME foi um estratagema bem-intencionado mas prematuro. Seu objetivo era elevar a união européia a novas alturas. Mas foi impelida por imperativos políticos que ignoraram todas suas implicações práticas e, no fim, esses imperativos não foram suficientemente poderosos para permitir-lhe superar problemas econômicos evidentes desde o início.[12]

O próprio Lascelles chama este roteiro de "conto de fadas". Resta ver se o final convencional dos contos de fadas, "e viveram felizes para sempre", será o final adequado para a história da UME.

Em resumo

A união econômica e monetária européia (UME) é um processo que está em andamento desde a década de 1970. Pelo Tratado de Maastricht, de 1992, os participantes da União Européia comprometeram-se a adotar uma moeda única — o euro — em 1999. Foi estabelecida uma série de critérios de convergência econômica a serem observados até 1998 para aqueles países que desejassem adotar o euro.

Uma moeda única exige um novo quadro institucional, especialmente um banco central europeu. Em 1994, foi criada uma instituição precursora, o Instituto Monetário Europeu. Em 1998, entrou em funcionamento um Banco Central Europeu pleno.

A moeda única oferece, potencialmente, os benefícios da redução dos riscos cambiais e dos custos de transação e, para alguns países, inflação e taxas de juros menores. Os custos são a perda da taxa de juros e da taxa de câmbio como instrumentos de gestão econômica. Ainda está por ser visto se o euro pode ser adotado com sucesso e sobreviver às pressões econômicas e políticas do ajustamento.

Leituras adicionais

Currie, David, *The Pros and Cons of EMU* (Londres: EIU, 1997)

Economic and Monetary Union (Bruxelas: European Commission, 1996)

Issing, Otmar, *Europe: Political Union through Common Money?* (Londres: IEA, 1996)

Johnson, Christopher, *In with the Euro, Out with the Pound: the Single Currency for Britain* (Londres: Penguin, 1996)

Lascelles, David, *The Crash of 2003: An EMU Fairy Tale* (Londres: Centre, 1996)

McCauley, Robert N., e White, William R., *The Euro and European Financial Markets*, BIS Working Paper Nº 41 (Basiléia, 1997)

Redwood, John, *Our Currency, Our Country* (Londres: Penguin, 1997)

Temperton, Paul (org.), *The Euro* (Chichester: John Wiley, 1997)

Notas e referências

Na lista abaixo qualquer referência a um autor isoladamente deve ser considerada uma referência ao trabalho incluído nas "Leituras adicionais", listadas acima.

1. FMI, *World Economic Outlook*, outubro de 1993.
2. Soros, George, *Soros on Soros: Staying Ahead of the Curve* (Chichester: John Wiley, 1995).
3. *Economic and Monetary Union* (Bruxelas: Comissão Européia, 1996).
4. Palestra proferida na Associação de Bancos Francesa, 31 de janeiro de 1995.
5. European Commission Report, Paris 31 de janeiro de 1995.
6. *The Economist*, 14 de dezembro de 1996.
7. *The Economist*, 21 de dezembro de 1996.
8. *Euromoney*, setembro de 1996.
9. Lascelles, p.13.
10. *The Economist*, 26 de junho de 1999.
11. *Financial Times*, 14 de julho de 1999.
12. Lascelles, p.26.

CAPÍTULO 10

Escândalos Financeiros

INTRODUÇÃO

Os escândalos financeiros são tão antigos quanto os mercados financeiros. Escândalos recentes podem, na verdade, parecer pequenos quando comparados a episódios do passado como a Bolha dos Mares do Sul, de 1720, que girou em torno da especulação com as ações de uma empresa que comprara a dívida nacional, privatizada, do Reino Unido. Mas os mercados liberalizados e a globalização dos fluxos financeiros dos dias atuais oferecem novas oportunidades sem precedentes para a má conduta. Sendo a ambição e a incompetência — às vezes de mãos dadas — características humanas perenes, pode-se afirmar com segurança que no futuro haverá mais escândalos financeiros, apesar de todos os esforços de reguladores e supervisores.

O Quadro 10.1 lista alguns dos mais notórios escândalos financeiros ocorridos desde meados dos anos 80.

POUPANÇAS E EMPRÉSTIMOS

Na década de 1980, o setor de poupanças e empréstimos recentemente desregulamentado — o equivalente americano das sociedades de crédito imobiliário britânicas — passaram por uma onda de desvios e imprudência administrativa devido à convicção de que a legislação federal relativa aos seguros de depósitos compensaria qualquer perda sofrida pelos depositantes. O resultado foi uma série de falências que oneraram o contribuinte com uma conta estimada, em 1990, em US$500 bilhões, o equivalente a US$2 mil para cada americano.

Quadro 10.1: Escândalos financeiros recentes

Escândalo	Data de ocorrência	Natureza do escândalo	Localização
Poupanças e empréstimo	Anos 80-90	Contribuintes pagaram US$500 bilhões para resgatar administrações distorcidas ou fraudulentas	EUA
Ivan Boesky e Michael Milken	1986	Uso de informações privilegiadas sobre ações de empresas alvo de propostas de aquisição em Wall Street	EUA
Guiness	1987	Esquema ilegal para sustentar preços de ações durante processo de aquisição no montante de £258 milhões	Reino Unido
Barlow Clowes	1988	Gestor de fundo rouba dinheiro dos aplicadores	Reino Unido
Lloyd's de Londres	Anos 80-90	Prejuízos de £8 bilhões devido a conduta questionável de gestores	Reino Unido
BCCI	1991	Fraude bancária no montante de US$20 bilhões	Internacional
Robert Maxwell	1991	Fraude em fundo de pensão	Reino Unido
Tangentopoli	1992	Suborno e corrupção nos negócios e na política	Itália
Fraude na venda de fundos de pensão	1993	Prejuízos de £4 bilhões por negligência profissional e falta de reparações	Reino Unido
Pirâmides financeiras	anos 90	Esquemas para enriquecimento rápido na Europa Oriental	Rússia/ Albânia etc
Falência de Orange County	1994	Maior falência municipal dos EUA. Prejuízos de US$1,7 bilhão com derivativos	EUA
Barings	1995	Prejuízos de US$1,3 bilhão com negócios não autorizados e falência bancária	Reino Unido/ Cingapura
Daiwa Bank	1995	Perdas de US$1,1 bilhão com negócios não autorizados	EUA/Japão
Sumitomo Corporation	1996	Perdas de US$3 bilhões com negócios não autorizados	Japão/EUA
Morgan Grenfell Asset Management	1996	Má gestão de fundo de investimento	Reino Unido
Extorsão pela Sokaiya	1997	Bancos e corretoras japoneses pagam a gângsteres	Japão

Ivan Boesky e Michael Milken

Ivan Boesky, conhecido operador de arbitragens de Wall Street, e Michael Milken, rei dos "títulos de alta alavancagem" e figura-chave do banco Drexell Burnham Lambert, ganharam milhões comprando ações de empresas alvo de propostas de aquisição com base em informações privilegiadas ilegais. Ambos foram condenados à prisão, em 1987 e 1990. Embora condenado por seis acusações relativamente pouco importantes, o departamento onde Milken atuava foi acusado de manipular preços de títulos, enganar clientes e realizar transações fantasmas. Ficou definitivamente proibido de atuar no mercado financeiro e recebeu multa de US$450 milhões, a maior soma já paga por uma pessoa física. Mas ficou com uma fortuna ainda considerável. No final dos anos 90, voltou às manchetes com sua nova empresa, Knowledge Universe, uma "empresa que aprende do berço ao túmulo".

Guiness

O escândalo da Guiness, no Reino Unido, foi provocado pela compra ilegal de ações com o objetivo de sustentar o preço das ações da Guiness durante uma batalha árdua e muito divulgada pela imprensa em torno da aquisição da Distillers, uma fabricante de whisky. O episódio fez com que o público perdesse a confiança no tradicional sistema de autoregulação da City e no cavalheirismo ali reinante.

Ernst Saunders, nomeado diretor administrativo da Guiness em 1982, tinha planos ambiciosos de tornar o indolente grupo fabricante de cerveja em um dos principais atores da indústria internacional de bebidas. Assistido por consultores de estratégias da Bain & Co., montou plano para expandir e reposicionar a empresa mediante uma série de aquisições. A rodada de aquisições teve um modesto início em junho de 1984. Um ano mais tarde, a Guiness fez uma oferta hostil de aquisição do fabricante de whisky escocês Arthur Bell, vitoriosa ao preço de £370 milhões. Foi dado então o grande passo — Distillers.

A Distillers também era fabricante de whisky, o carro-chefe da indústria escocesa independente de whisky. Em dezembro de 1985, o Argyll Group, um supermercado integrado do Reino Unido, fez um lance hostil pela Distillers no montante de £1,87 bilhão. A Guiness conseguiu apoio da direção da Distillers para uma contraproposta no montante de £2,2 bilhões. A luta pelo controle da Distillers estava em curso — um episódio em que proliferaram armadilhas de relações públicas sem precedentes e táticas ilegais de aquisição. Quando o Argyll aumentou seu lance para £2,3 bilhões, a Guiness respondeu com outro lance de £2,35 bilhões (US$3,8 bilhões).

A oferta da Guiness aos acionistas da Distillers era parte em dinheiro e parte em ações da Guiness. Quanto maior o preço das ações da Guiness, mais atraente pareceria a oferta. Qualquer queda na cotação das ações da Guiness reduziria o atrativo da oferta. Um "grupo de apoio" foi montado para sustentar os preços das ações da Guiness mediante compras na bolsa, e seus participantes, mediante acordos secretos com a Guiness, foram indenizados pelas perdas registradas em tais negócios. Isso é ilegal. Mas foi também efetivo — em 18 de abril de 1986, o entusiasmado Saunders anunciou, na City, ter assumido o controle de 50,7% das ações da Distillers. Com a ajuda de gastos ilegais de £258 milhões (US$425 milhões) em compra de ações, a Guiness ganhou a mais acirrada disputa por controle acionário já vista na City.[1]

A euforia não durou muito. Quase que imediatamente houve uma briga feia quando Saunders repudiou acordos feitos para ganhar o apoio dos diretores da Distillers. Então, em dezembro de 1986, inspetores do Departamento de Comércio e Indústria começaram a fazer sondagens, investigando, primeiramente, irregularidades de pequena monta que foram seguidas por revelações mais pesadas, quando Ivan Boesky, corretor de Wall Street em desgraça e que participara do grupo de apoio, começou a colaborar com a American Securities and Exchange Commission* para reduzir suas sanções. Cabeças rolaram na Morgan Grenfell, o principal banco mercantil por trás da Guiness e em outras consultorias e associados. O próprio Saunders foi preso em maio de 1987 e demitido da Guiness.

Em agosto de 1990 — depois de um julgamento que demorou 107 dias — Ernest Saunders e três outros réus foram considerados culpados de roubo, conspiração e falsificação contábil. Foram para a prisão. Contudo, dois outros julgamentos coletivos de supostos envolvidos na compra de ações pelo grupo de apoio não foram adiante. Saunders protestou alegando má conduta da justiça, mas seus apelos não surtiram efeito no Reino Unido.

BARLOW CLOWES

Esse escândalo refere-se ao roubo de £150 milhões (US$250 milhões) do fundo de títulos, supostamente isento de riscos, administrado pela empresa de gestão de investimentos Barlow Clowes. O principal vilão, Peter Clowes, foi condenado a dez anos de prisão, em 1992.

---

* O equivalente aproximado, nos EUA, da Comissão de Valores Mobiliários brasileira. (N.R.)

BANCO DE CRÉDITO E COMÉRCIO INTERNACIONAL (BCCI)

Essa foi a maior fraude bancária da história, custando a seus depositantes e investidores pelo menos US$5 bilhões e, de acordo com o promotor de justiça de Manhattan, Robert Morganthau, cerca de US$20 bilhões.[2] Também envolveu a lavagem de altas somas em nome de traficantes de drogas internacionais.

O BCCI foi fundado em 1972 pelo homem de negócios paquistanês Agha Hassan Abedi e seu sócio Suraleh Naquvi como um banco dedicado ao atendimento de clientes muçulmanos e do terceiro mundo que se sentissem relegados a um segundo plano pelos bancos ocidentais. Os financiadores de Abedi eram, em sua maioria, de origem muçulmana, notadamente o xeque de Abu Dhabi, mas também incluía o gigantesco Bank of America, que assumiu uma participação acionária de 30% como parte de uma imprudente tentativa de expansão no exterior. O estilo administrativo de Abedi era um coquetel desconhecido, e sem dúvida bastante estranho, de misticismo muçulmano, idealismo terceiro-mundista e materialismo cínico. Os altos escalões pareciam mais preocupados com a salvação de sua alma do que com controle de crédito: em certa ocasião, Abedi surpreendeu executivos explicando que "se atrasara porque, quando estava vindo, encontrara Deus no corredor e tivera que falar com ele. Tinha que transmitir-lhes seus sentimentos".[3] As reuniões com a equipe de funcionários mais pareciam cultos messiânicos; membros da "família do BCCI" — muitos deles muçulmanos sunitas convictos — gritavam louvores à "Agha Sahib". Mas o patrão não era nenhum asceta, desfrutando de seu jatinho, de uma frota de carros e excursões de compras. O BCCI parecia mais um culto do que um banco, e as preces mostraram-se um mau substituto das práticas comerciais prudentes.

O BCCI expandiu-se rapidamente. Entre 1972 e 1991, seu capital aumentou de US$2,3 milhões para US$23 milhões. Nessa época contava com 430 escritórios espalhados por 70 países. A Grã-Bretanha era um importante centro de operações, tendo obtido licença de instalação em 1973, e, em 1978, já havia 45 agências no Reino Unido. Embora registrado em Luxemburgo, Londres era o quartel-general das atividades internacionais do banco.

Abedi estava ansioso para firmar presença nos EUA, mas isso era impossível sob a legislação bancária americana, uma vez que o Bank of America era um dos acionistas. De modo que o BCCI estabeleceu-se ilegalmente nos EUA através de testas-de-ferro, que adquiriram primeiro o controle do Bank of Georgia e, no final dos anos 70, do First America Bank. Foi com um suspiro de alívio que o Bank of America desfez-se de sua participação no BCCI, em 1980.

Uma das forças encontradas por trás do acelerado crescimento do BCCI foi a quadruplicação dos preços do petróleo em 1973-74, que ofereceu aos produtores árabes dinheiro abundante a ser depositado. Do lado dos empréstimos, a expansão foi feita sem grandes considerações quanto à qualidade dos negócios. Uma exposição perigosamente alta em casos de empresas e clientes individuais privilegiados violava as práticas bancárias mais prudentes. Um levantamento feito em 1978 revelou que os empréstimos ao Gulf Group, uma companhia de navegação paquistanesa, somavam US$185 milhões, três vezes o capital do banco e trinta vezes superior à exposição máxima prudente a um único cliente.[4] Embora os balanços divulgados pelo BCCI mostrassem lucros sempre crescentes, no final dos anos 70 o banco já registrava um número alarmante de créditos podres.

As contas não refletiam a realidade do BCCI porque as perdas eram ocultadas em uma subsidiária das ilhas Caimã, um banco dentro de um banco, conhecida internamente como "a lixeira", ficando assim a salvo do exame dos reguladores.[5] Desde o início, a complexa estrutura do BCCI — registrado em Luxemburgo, sediado em Londres e operando em todo o mundo com muitas filiais em paraísos fiscais — destinava-se a impedir uma visão clara do que acontecia no banco. Duas prestigiosas empresas de auditoria foram usadas, mas nenhuma delas tinha acesso a todo o quadro. À medida que as perdas aumentavam, as contas tornavam-se cada vez mais falseadas, e Abedi foi obrigado a recorrer a meios cada vez mais ousados para manter o banco à tona, sem ser desmascarado.

A resposta de Abedi foi aplicar, em grande e arrojada escala, às "aplicações de recursos próprios: — utilizando nos negócios o capital próprio do banco alavancado por empréstimos; em outras palavras, jogando altíssimo. Mas os operadores do BCCI perdiam muito dinheiro — US$849 milhões entre 1982 e 1986 — e a situação estava indo da débâcle ao desastre. O banco só se mantinha vivo por sua contabilidade criativa e maciça apropriação de fundos dos depositantes. Assim, tornou-se banqueiro dos barões da droga latino-americanos, uma clientela que ficava feliz em pagar regiamente por serviços de lavagem internacional de dinheiro.

Com a morte de seu presidente em um desastre aéreo, em 1981, o Panamá passou a ser governado pelo general Manuel Noriega, chefe do serviço de informações. Em 1982, Noriega abriu uma conta na sucursal panamenha do BCCI, por meio da qual remetia para o exterior o suborno recebido dos cartéis colombianos da cocaína que usavam o Panamá como conexão. Em breve, os próprios barões da droga estavam usando os serviços do banco para lavar seus ganhos. Os mesmos serviços eram oferecidos a outros traficantes, em Hong Kong e Abu Dabi. Investigações que se seguiram ao colapso do banco revelaram uma galeria de clientes suspeitos — não apenas traficantes de drogas, mas também cambistas do mercado negro, traficantes de armas, agências de informações (dentre cujos representantes o famoso coronel Oliver North) e diversos terroristas. Um dos negócios envolvia, curiosamente, o financiamento a terroristas árabes para a aquisição de armas fabricadas em Israel.

Em 1987, o diretor da sucursal de Miami do BCCI cometeu o erro de oferecer serviços de lavagem de dinheiro do banco a um agente secreto dos EUA. A operação de "desmascaramento" do serviço alfandegário americano resultou em uma multa de US$14,8 milhões e prisão para quatro empregados do banco, em 1989. Investigações subseqüentes, por autoridades dos EUA e do Reino Unido, revelaram as atividades criminosas do banco e encontraram "evidências amplas de maciças fraudes". Em 1991, o BCCI foi fechado por ação conjunta de diversos países, dirigida pelo Banco da Inglaterra.

A fraude do BCCI arruinou muitos pequenos empresários em todo o mundo. O maior prejudicado foi o xeque de Abu Dabi, que apoiara o banco. As autoridades reguladoras de diversos países e os contadores fiscais do banco foram muito criticados por sua negligência e pelas perdas, decorrentes do próprio processo de fechamento do banco, sofridas pelos depositantes. Os pequenos depositantes acabaram recuperando 50% de seu dinheiro, embora tivessem de esperar muitos anos.[6] Abedi e Naquvi foram indiciados nos EUA, e não puderam ser extraditados. A morte de Abedi, em 1995, colocou-o fora dos braços da lei; 13 executivos do BCCI foram condenados por fraude em Abu Dabi.

O escândalo do BCCI mostra como banqueiros internacionais com mentalidade criminosa podem lograr reguladores e contadores com critérios de avaliação domésticos. O BCCI, com seu registro em Luxemburgo, sua sede londrina, seus acionistas do Oriente Médio e suas operações espalhadas pelo mundo, era fiscalizado por todos e por ninguém. A necessidade de cooperação mais estreita é uma lição para as autoridades dos principais bancos centrais. Os EUA também tomaram medidas unilaterais, reformando sua Lei Bancária Internacional, de 1978, para fortalecer a autoridade da Reserva Federal sobre operações de bancos estrangeiros.

ROBERT MAXWELL

Esse escândalo envolveu o colapso das atividades editoriais de Robert Maxwell, baseadas no Reino Unido, e o roubo de cerca de £730 milhões (US$1,2 bilhão) de seus fundos de pensão.[7] Rober Maxwell, o autor da fraude, foi encontrado afogado em 1991, e depois de quatro anos, e do que talvez tenha sido o julgamento mais caro da história britânica, seus filhos foram absolvidos de qualquer delito. Subseqüentemente, as comissões extorsivas cobradas pelos advogados e contadores que trataram da curadoria se tornaram um escândalo dentro do escândalo: o juiz do Supremo que tratou do caso considerou as comissões "extremamente chocantes" e declarou: "Considero vergonhoso que a curadoria judicial tenha chegado a esse resultado."[8]

Tangetopoli

O escândalo italiano envolveu subornos e corrupção de políticos e de empresários em um montante estimado em £2,6 bilhões de libras esterlinas (US$4,2 bilhões) ao ano desde meados dos anos 80 até o início dos 90.[9] Uma onda de prisões teve início em 1992, e em meados do ano seguinte já haviam sido investigadas mais de 2.500 eminentes figuras. Várias cometeram suicídio.[10]

Lloyd's de Londres

No final da década de 1980 e início da de 1990, a seguradora londrina Lloyd's incorreu em prejuízos da ordem de £8 bilhões (US$13,2 bilhões) decorrentes de uma série de desastres naturais, aumento de pagamentos de seguros contra poluição nos EUA e falhas administrativas. Algumas "pessoas" — as 34 mil pessoas físicas cujos ativos financiam tradicionalmente o Lloyd's — ganharam causas judiciais embasadas na conduta questionável de participantes do mercado e recusaram-se a pagar sua participação nos prejuízos. Finalmente, em agosto de 1996, foi obtido um acordo da ordem £3,2 bilhões — o maior acordo extra-judicial do Reino Unido — entre o Lloyd's e as pessoas e foi iniciado um plano de recuperação.[11]

Venda enganosa de planos de pensão

Nos quatro anos que se seguiram à implantação, em 1988, de um novo plano de pensões individuais, pelo governo do Reino Unido, cerca de meio milhão de pessoas prestes a se aposentar e talvez dois milhões de pessoas mais jovens foram induzidas por corretores de fundos de pensão ambiciosos e inescrupulosos a abandonar os esquemas de aposentadoria de seus empregadores.[12]

A despeito das instruções do órgão regulador, em 1994, pouco foi feito pelos patrocinadores dos fundos para compensar as vítimas do logro. Em conseqüência, 44 empresas, algumas bem conhecidas, foram multadas em 1996 por atraso na revisão dos casos. Apesar das penalidades, em meados de 1997 apenas 5% dos casos tinham sido resolvidos e Helen Liddell, secretária de economia do Tesouro do Reino Unido, decidiu "divulgar os nomes e expor à vergonha" os retardatários.[13] "Ninguém escapará às sanções no que se refere à fraude na venda de fundos de pensão", disse. "Todos os responsáveis devem rever os casos e fazer as reparações devidas, ... é um escândalo público que os prejudicados tenham tido que esperar tanto tempo por uma solução."[14]

Estima-se que a reparação às vítimas custe aos fundos de pensão algo entre £4 bilhões e 8 bilhões.[15]

PIRÂMIDES FINANCEIRAS

A população empobrecida e pouco sofisticada, do ponto de vista financeiro, dos países da antiga União Soviética e do Leste europeu foi usada por promotores de esquemas de enriquecimento rápido, que operavam na mesma base das correntes postais. Na Albânia mais de US$1 bilhão — um terço do produto interno bruto — foi aplicado em tais esquemas; seu colapso pôs fim às poupanças de sete em cada dez famílias albanesas, provocando tumultos na primavera de 1997.[16]

ORANGE COUNTY

No fim de 1994, em Orange County, Califórnia, local de nascimento do presidente Richard Nixon, ocorreu a maior falência municipal da América. O tesoureiro do município, Robert Citron, apostou os US$7,4 bilhões de recursos do município destinados a investimentos, e mais US$13 bilhões em empréstimos, em derivativos de curto prazo cujos retornos estavam relacionados a variações da taxa de juros. Quando os juros americanos subiram inesperadamente, as perdas foram de US$1,7 bilhão. O problema de Citron, comentou um executivo de banco de investimentos, é que ele "sabe 30 por cento do que pensa que sabe".[17] O fiasco custou a Citron o emprego e uma condenação a um ano de prisão. Orange County processou os assessores financeiros do município e acabou recuperando boa parte dos prejuízos, destacando-se os US$400 milhões resultantes de um acordo com a Merrill Lynch, em junho de 1998

BARINGS

Esse escândalo, que estourou em 1995, resultou na quebra de um prestigioso banco mercantil londrino em decorrência dos prejuízos da ordem de £830 milhões (US$1,3 bilhão) causados por um operador de derivativos, Nick Leeson, da sucursal de Cingapura do banco.

O Barings, criado em 1762, era o mais antigo banco mercantil inglês e uma empresa altamente respeitada — tinha entre seus clientes a rainha Elizabeth II do Reino Unido. Nas décadas de 1980 e 1990, o banco ampliou suas operações financeiras com recursos próprios à medida que as margens de outras atividades eram reduzidas pela concorrência. Essas operações poderiam ser altamente lucrativas, mas eram também muito arriscadas, como o Barings aprendeu duramente.

Nick Leeson, natural de Watford, Reino Unido, abandonou os estudos aos 18 anos com boas notas em inglês e história mas com deficiência em matemática. Trabalhou para vários bancos em tarefas subalternas e, posteriormente, tornou-se operador no Barings. "Admirávamos Nick porque ele era destemido", diz outro operador de Cingapura. "Era como olhar para alguém fazendo malabarismo com granadas de mão, mas sempre pensamos que se deixasse cair alguma apenas ele sairia ferido."[18]

Em abril de 1992, aos 25 anos, Leeson foi transferido para Cingapura. Levou com ele a esposa, Lisa, deixando para trás uma dívida de £3 mil, decorrentes de condenações em processos por descuido com o dinheiro alheio. Cingapura agradou a Leeson. Logo estava ganhando £200 mil mais bônus, morava em apartamento num bairro da moda e dirigia um Porsche e uma Mercedes. A única nuvem no horizonte era que os seus negócios não estavam indo muito bem e, embora considerado bem-sucedido por seus chefes, na verdade estava tendo prejuízos que ocultava. Conseguia fazer isso porque tinha influência nos bastidores — o departamento de contas que supostamente monitorava suas operações e posições — onde sua mulher trabalhava. Passou a falsificar documentação relativa a clientes, fingindo que estava tomando posições para os clientes quando de fato estava tomando-as em nome do banco.

Leeson observou que os contratos futuros e as opções com o Nikkei 225, o principal índice de ações japonês, negociados na bolsa de Osaka obtinham um prêmio em relação a contratos idênticos negociados na bolsa de Cingapura. Podia-se ganhar dinheiro com a diferença — comprando em Cingapura e vendendo em Osaka. O lucro de cada transação era mínimo, mas em larga escala a operação poderia ser muito lucrativa. Ele também estava convencido de que o Nikkei subiria, gerando um ganho extra de capital além do lucro da arbitragem. Para garantir que não seria afetado por um movimento adverso de preços, Leeson afirmou ter coberto sua posição com outro conjunto de operações, o que na realidade se revelou, como um colega afirmou, "uma corrente de falsidades não adulteradas".[19]

No início de 1995, Leeson construíra uma posição ampla e não autorizada em contratos de futuros de Nikkei 225. Então, em 17 de janeiro de 1995, o terremoto de Kobe provocou o desabamento dos preços das ações japonesas. Mais convencido ainda de que as ações japonesas estavam desvalorizadas, ele dobrou sua exposição para US$7 bilhões nos dias que se seguiram ao terremoto. A escala dos compromissos de Leeson determinava altas chamadas de margem — depósitos exigidos pelas bolsas para fazer face a perdas potenciais. Cerca de £500 milhões — mais do que a metade do capital do banco — foram adiantadas por Londres no início de 1995. Nesse momento, enfim, a administração central do banco começou a indagar aonde Leeson pretendia chegar. Em 24 de fevereiro de 1995, foi determinada a realização de uma auditoria em suas operações e ficou claro que o Barings estava incorrendo em pesados prejuízos. O Banco da Inglaterra foi informado, e seu governador Eddie George, que tinha iniciado suas férias, voltou a Londres sem ter sequer posto os pés na neve.

No fim de semana de 27 e 28 de fevereiro de 1995, o Banco da Inglaterra e as instituições financeiras da City tentaram montar um pacote de salvamento para recapitalizar o Barings e mantê-lo em funcionamento. A tarefa foi impossibilitada pelos compromissos assumidos por Leeson; os contratos futuros em aberto implicavam que o nível das eventuais perdas dependeria do nível do Nikkei no dia do fechamento dos contratos, 10 de março de 1995. Nem mesmo o homem mais rico do mundo, o sultão do Brunei, estava preparado para assumir tal risco. Com o fracasso da tentativa de salvamento, foram nomeados gestores para supervisionar os tumultuados negócios do banco. Rapidamente chegaram a um acordo com o banco holandês ING, que adquiriu o Barings e seus passivos pela soma nominal de uma libra.

Em Cingapura, os Leeson desapareceram e Nick deixou uma nota para seus colegas que dizia: "Sinto muito". "Onde está Leeson?" era a piada que corria os bares da City. "Perdido na selva depois de perder sua situação."* Após pernoitar alguns dias em exóticos hotéis de turismo, Leeson embarcou para Frankfurt onde foi detido. Extraditado para Cingapura, teve de apresentar-se à justiça.

A promotoria acusou-o de trapaça e mentira, de encobrir suas ações usando uma conta secreta (conta nº 88888), nomes fictícios, documentos falsificados e outras falcatruas. Provou-se que em fins de 1994, antes de envolver o banco na aposta do Nikkei 225, ele já tinha registrado perdas encobertas de £50 milhões (US$79 milhões). Foi condenado a seis anos e meio de prisão. O caso foi objeto da atenção da mídia internacional e Leeson tornou-se uma celebridade. Os direitos de sua autobiografia foram vendidos

* No original, a piada envolve um trocadilho entre Barings, o nome do banco, e *bearings*, "situação". (N.R.)

por £500 mil e um filme estrelado por Ewan Mcgregor foi lançado em 1999. Sua mulher obteve o divórcio.

A alta administração do Barings saiu chamuscada do episódio, o Chanceler do Reino Unido declarou ter havido "colapso total de controle administrativo". Dos que fracassaram na supervisão de Leeson, alguns foram demitidos e outros se aposentaram. O Banco da Inglaterra também foi criticado por sua "falta de vigor" na fiscalização do Barings, ao que respondeu que não havia forma de ter prevenido a quebra do banco dada a deliberada fraude de Leeson e os critérios pouco rigorosos de controle gerencial da instituição. O que o episódio ilustra é o risco decorrente de um "operador inescrupuloso" nos modernos mercados financeiros, onde posições perigosas podem ser assumidas muito facilmente. Foi um perigo que teve novo exemplo nos escândalos do Daiwa Bank e do Sumitomo Corporation.

O colapso do Barings gerou, contudo, dois efeitos benéficos de longo alcance, embora não para a própria instituição. Primeiro, resultou na determinação das autoridades reguladoras nacionais e das bolsas de trabalhar em conjunto para fiscalizar os agentes financeiros globais — um processo que continua aumentando a segurança do sistema monetário internacional em seu conjunto.

Segundo, a decisão de permitir a quebra do Barings aumentou a percepção do risco na City e destacou a necessidade de profundas análises de crédito onde antes se supunha que os bancos centrais ou os governos acorreriam para salvar instituições financeiras à beira da falência. Mas, como observou um regulador americano ao saber da notícia: "Graças a Deus, foi um banco pequeno."[20]

DAIWA BANK

Nesse escândalo, vendas não autorizadas de títulos do Tesouro americano por parte de um operador, Toshihide Iguchi, da filial nova-iorquina do banco, resultaram em perdas da ordem de US$1,1 bilhão.

Nascido no Japão, Iguchi estudou psicologia na Southeast Missouri State University e permaneceu nos EUA vendendo automóveis. Extraordinariamente fluente no idioma inglês, empregou-se no Daiwa, em Nova York, em 1976. Capaz e trabalhador, sua dedicação lhe valeu respeito e recompensas. Contratado como funcionário administrativo, teve oportunidade de trabalhar na mesa de operações com títulos do Tesouro americano. Iguchi tinha faro para os negócios e teve rápida ascensão. Em 1979 tornou-se responsável pelo processamento administrativo das operações, continuando, porém, a operar

— em situação parecida à de Leeson em Cingapura, com as mesmas conseqüências nefastas. Em 1986, foi promovido novamente, tornando-se chefe de operações com títulos públicos, o departamento mais lucrativo da filial nova-iorquina do Daiwa.

O pesadelo de Iguchi teve início em 1984, quando suas operações resultaram em perdas de US$200 mil. Esperando recuperar o dinheiro, ocultou o déficit. Mas a sorte o havia abandonado — em onze anos suas perdas alcançaram uma média de US$400 mil por dia útil. Em julho de 1994, não suportando mais a pressão, enviou uma confissão de 30 páginas ao presidente do Daiwa Bank, explicando como ocultara o prejuízo das operações vendendo títulos depositados por clientes do banco. Ocultava essas vendas escondendo os documentos confirmatórios e usando formulários duplicados de ordens de negócios de forma a permitir-lhe operar sem ser detectado pelo Daiwa e pela Reserva Federal dos EUA, o regulador do setor bancário americano.

Seus colegas recordavam-no como alguém tímido e cortês, mas à medida que seu segredo o atormentava tornou-se cada vez mais irascível. Seu casamento fracassou e seus colegas também foram atingidos. "Era conhecido por seu temperamento explosivo, batia o telefone na sua cara se você não informasse rapidamente uma cotação", comentou um operador japonês que trabalhou com ele.[21] Geralmente os funcionários japoneses permaneciam três anos nas filiais estrangeiras, mas Iguchi fora contratado localmente e não era um dos funcionários principais do banco. Não tirava férias jamais — não podia fazê-lo por medo que alguém viesse a descobrir seus prejuízos fabulosos. Foi assim que conseguiu esconder os déficits por tanto tempo.

Iguchi foi detido e processado por fraude e falsificação de documentos. Em dezembro de 1996, foi condenado a quatro anos de prisão. Apresentou sua versão dos fatos em um livro, *The Confession* (Bunguei Shonju, 1997), publicado em 1997, onde culpa as autoridades dos EUA e do Japão por negligência, já que não detectaram suas atividades anteriormente, permitindo-lhe continuar contraindo prejuízos. Em onze anos ele realizara 30 mil transações não autorizadas, excedendo largamente seus limites operacionais, ocultando documentos de confirmação de operação e falsificando registros — e ninguém notou. "É como se ninguém notasse um elefante na sala de estar", comentou, estarrecido, um banqueiro de Wall Street.[22]

O gerente da filial do Daiwa em Nova York também foi indiciado, acusado de conspiração para ocultar as perdas de Iguchi dos reguladores dos EUA. De fato, as autoridades americanas ficaram furiosas com a forma pela qual a administração superior do Daiwa Bank lidou com o episódio, esperando dois meses para fornecer qualquer informação. O escândalo levantou dúvidas em relação aos reguladores dos EUA e à fama de centro severamente fiscalizado desfrutada por Nova York. Os reguladores mostraram que tinham advertido por duas vezes o Daiwa quanto à dupla responsabilidade de Iguchi, mas que o banco não adotara qualquer providência. Além disso, o banco prosseguira com uma emissão de ações no valor de US$500 milhões sem mencionar as perdas de Iguchi. Quando estes fatos chegaram ao conhecimento público, as ações do Daiwa caíram 7%.

As autoridades reguladoras norte-americanas decidiram tornar o caso exemplar. Determinaram o encerramento de todas as atividades do Daiwa nos EUA e os promotores federais indiciaram o banco por 24 acusações, incluindo conspiração para fraudar a Reserva Federal. Em janeiro de 1996, o Daiwa vendeu seus ativos nos EUA para o Sumitomo Bank por um "preço de ocasião" de US$65 milhões. O processo judicial foi encerrado com o pagamento de uma multa de US$340 milhões, a maior já registrada. "Esta multa recorde mostra que levamos as regras a sério", observou a promotora-geral dos EUA, Janet Reno.[23]

SUMITOMO CORPORATION

Yasuo Hamanaka é o operador mais desastroso do mundo: suas perdas em operações para a Sumitomo alcançaram US$3 bilhões — mais do que os prejuízos de Leeson e Iguchi somados.

Hamnaka era chefe dos negócios com cobre da prestigiosa *trading* japonesa Sumitomo Corporation. Apelidado de "Mister 5%" — a proporção dos estoques de cobre que teria controlado — ou, mais sinistramente, "O Martelo", era uma figura impressionante do mercado de metais básicos. Quando a notícia de sua demissão chegou ao mercado, em junho de 1996, o preço do cobre caiu 25%.

Os problemas de Hamanaka tiveram início em 1985, com uma pequena, mas humilhante, perda em suas operações por ele ocultada. Nos onze anos seguintes, realizou operações não autorizadas a fim de recuperar o déficit, mas os prejuízos continuaram se acumulando. Foi descoberto quando, sob intensa pressão para obter lucros, ele e alguns associados entraram no mercado a fim de provocar uma elevação artificial dos preços. Ao perceber a manipulação do mercado, os fundos de *hedge* americanos uniram-se para lucrar com uma queda de preços. Os fundos ganharam, e as perdas de Hamanaka explodiram. A débâcle levou a Sumitomo Corporation a declarar prejuízos pela primeira vez em 77 anos.

Hamanaka conseguiu esconder suas perdas por período tão longo devido ao estilo de gestão japonês, baseado na confiança. Sob todos os aspectos, ele era um assalariado modelo, do tipo que primeiro declara o nome da empresa e só depois o próprio nome. Vestia um sóbrio terno azul, morava em um subúrbio discreto e seu lazer era a natação com a família. Com muita experiência e respeitado, fazia seus próprios relatórios, o que permitiu que as irregularidades não fossem detectadas por colegas ou fiscais. Hamanaka só confessou quando uma investigação sobre o movimento dos preços do cobre revelou suas fraudes. No tribunal, em Tóquio, declarou-se culpado das acusações de fraude e falsificação.

Morgan Grenfell Asset Management (MGAM)

Ocorrido no outono de 1996, esse escândalo foi conseqüência da conduta do administrador de fundos Peter Young, que efetuou investimentos excessivamente volumosos em ações de alto risco não cotadas de empresas de tecnologia de ponta, obscurecendo suas posições por meio de transações efetuadas por um labirinto de empresas holding de Luxemburgo. Como no caso de Iguchi, o esforço de ocultar suas perdas deixou marcas e seu comportamento se tornou cada vez mais estranho: em certa ocasião comprou 39 vidros de pepino em conserva. Suas atividades provocaram não só sua demissão e a de seus chefes, como determinaram que o Deutsche Bank, controlador da MGAM, pagasse uma compensação de £230 milhões (US$380 milhões) aos fundos afetados.[24]

Extorsão da Sokayia

Sokaiya é a palavra japonesa que designa uma forma de extorsão em que gângsteres da *yakusa* causam tumultos nas assembléias gerais das empresas que desejam atingir. Para se proteger de revelações comprometedoras, os banqueiros e corretores japoneses costumam fazer pagamentos ilegais a esses chantagistas. A revelação de que a afamada corretora Nomura tinha feito pagamentos ilegais à *yakuza* provocou a renúncia do ministro das Finanças japonês, Ryutaro Hashimoto, em 1991.

Na primavera de 1997, novo escândalo da *sokaiya* explodiu no Japão. A explicação oficial é que o fato foi causado por tentativas do Ministério das Finanças de moralizar a ética empresarial às vésperas do Big Bang japonês (ver Capítulo 7), que aumentaria a concorrência de bancos estrangeiros. Mas outros sugerem que o ímpeto moralizador proveio de funcionários da promotoria de Tóquio com ambições políticas.[25] Mais uma vez, quem estava no olho da tempestade era a Nomura, e o governo japonês, encabeçado pelo novo primeiro-ministro, o mesmo Ryutaro Hashimoto, determinou a adoção de providências rigorosas.[26]

Verificou-se que as quatro maiores corretoras japonesas tinham feito pagamentos à *yakusa*, bem como o segundo maior banco, o Dai-Ichi Kangyo Bank. No inverno de 1997, 58 altos executivos financeiros já tinham se demitido, inclusive o presidente e todo o conselho da Nomura, o presidente da Daiwa Securities e o executivo chefe da Nikko Securieties. Houve 32 detenções por pagamentos a chantagistas e o ex-presidente do Dai-Ichi Kangyo Bank cometeu suicídio. "Imagine se os presidentes do Goldman Sachs, Merrill Lynch, Morgan Stanley e Salomon Brothers pedissem demissão de seus cargos porque se descobriu que suas empresas estavam pagando à Máfia. Tal é a escala do escândalo que está atingindo as quatro corretoras japonesas", escreveu o *Financial Times*.[27]

Arruinada pelo escândalo da *sokaya* e pelo ocultamento de prejuízos, a Yamaichi Securities, quarta maior corretora do Japão, quebrou em novembro de 1997 (ver Capítulo 4). A Nomura foi punida com a proibição de operar por conta própria e proibida de subscrever títulos públicos até o fim de 1997, e interditada, durante uma semana, de negociar na bolsa. As outras empresas enfrentaram punições análogas. E alguns executivos estavam ameaçados de ir para a prisão.

Em resumo

Escândalos financeiros são um aspecto permanente dos mercados financeiros. O Quadro 10.1 apresenta 16 dos principais escândalos financeiros dos últimos vinte anos. A lista está cheia de "primeiros lugares" como os escândalos das Instituições de Poupanças e Empréstimo, que foi a maior despesa dos contribuintes americanos com resgate de instituição financeira; do BCCI, a maior fraude bancária; e do Sumitomo, o maior prejuízo de *tranding*. Porém, cedo ou tarde, novos escândalos baterão novos recordes.

Leituras adicionais

Adams, James Ring, e Frantz, Douglas, *A Full Service Bank* (Londres: Simon & Schuster, 1992)

Bailey, Fenton, *The Junk Bond Revolution: Michael Milken and the "Roaring Eighties"* (Londres: Mandarin, 1992)

Fay, Stephen, *The Collapse of Barings* (Londres: Arrow, 1996)

Gunn, Cathy, *Nightmare on Lime Street: Whatever Happened to Lloyd's of London?* (Londres: Smith Gryphon, 1993)

Jaffa, Sam, *Safe as Houses: The Schemers and Scams behind some of the World's Greatest Financial Scandals* (Londres: Robson, 1997)

Widlake, Brian, *The Serious Fraud Office* (Londres: Little Brown, 1995)

NOTAS E REFERÊNCIAS

Na lista abaixo qualquer referência a um autor isoladamente deve ser considerada uma referência ao trabalho incluído nas "Leituras adicionais", listadas acima.

1. "The Guinness Report", *Financial Times*, 28 de novembro de 1997.
2. *The Observer*, 8 de setembro de 1991; Jaffa, p.237.
3. *The Observer*, 8 de setembro de 1991.
4. Jaffa, p.243.
5. *The Observer*, 1º de setembro de 1991.
6. *Financial Times*, 5 de junho de 1998.
7. Jaffa, p.220.
8. *Financial Times*, 11 de julho de 1997.
9. *Financial Times*, 16 de março de 1997.
10. *New York Times*, 24 de julho de 1993.
11. *Financial Times*, 1º de setembro de 1996.
12. *Financial Times*, 25 de junho de 1997.
13. *The Times*, 16 de novembro de 1996; *Financial Times*, 10 de julho de 1997.
14. *The Sunday Telegraph*, 21 de setembro de 1997.
15. *Financial Times*, 9 de julho de 1997.
16. *Financial Times*, 4 de março de 1997; *The Economist*, 9 de maio de 1997.
17. *Sunday Times*, 9 de novembro de 1997.
18. *Sunday Times*, 5 de março de 1997.
19. Jaffa, p.47.
20. *Sunday Times*, 27 de junho de 1999.
21. *Financial Times*, 27 de setembro de 1995.
22. Jaffa, p.296.
23. Jaffa, p.305.
24. *Financial Times*, 7 e 8 de setembro de 1996 e 25 de setembro de 1997.
25. "Asia in crisis", *Financial Times*, 14 de janeiro de 1998.
26. *Daily Telegraph*, 30 de agosto de 1997.
27. *Financial Times*, 1º de outubro de 1997.

APÊNDICE

Principais Bancos Internacionais

ABN-Amro Holding NV
Foppingadreef 22
P.O. Box 600
1000 AP Amsterdam, Holanda
Capital de nível 1: US$15,864 milhões. Posição segundo capital: 8º.
Valor total dos ativos: US$414,654 milhões. Posição segundo ativos: 16º.
Participação dos negócios no exterior: 57,1%.
Número de funcionários: 66.200.

Maior banco comercial holandês, formado pela fusão de dois bancos holandeses em 1990. A partir da fusão tem expandido suas atividades globais mediante pequenas aquisições, tendo se tornado o maior banco estrangeiro tanto nos EUA quanto no Japão. Nenhum outro banco tem tal diversidade de atividades, de leasing de automóveis no Brasil a atividades bancárias de varejo nos EUA e gestão de eurobônus. Está presente em 70 países.

ANZ Banking Group
100 Queen Street
Melbourne
Victoria 3000, Austrália
Capital de nível 1: US$5,032 milhões. Posição segundo capital: 73º.
Valor total dos ativos: US$99,770 milhões. Posição segundo ativos: 85º.
Participação dos negócios no exterior: 37,0%.
Número de funcionários: 39.700.

O banco opera em 41 países além de seus mercados nativos na Austrália e Nova Zelândia. Uma rede de atividades em nichos de mercado oferece financiamento para comércio internacional e serviços típicos de banco comercial em toda a região da Ásia-Pacífico. Isso é complementado por uma presença ativa nos principais centros financeiros globais.

Banca Commerciale Italiana
Piazza della Scala, 6
20121 Milão
Itália
Capital de nível 1: US$4,717 milhões. Posição segundo capital: 81º
Valor total dos ativos: US$115,789 milhões. Posição segundo ativos: 74º.
Participação dos negócios no exterior: 48,3%.
Número de funcionários: 22.000.

Um dos principais bancos comerciais italianos. É também o mais internacional dos bancos italianos, com presença em 43 países.

Banco Bilbao Vizcaya
Gran Via 1
48001 Bilbao
Espanha
Capital de nível 1: US$6,800 milhões. Posição segundo capital: 50º.
Valor total dos ativos: US$139,346 milhões. Posição segundo ativos: 62º.
Participação dos negócios no exterior: 46,6%.
Número de funcionários: 44.000.

Maior e mais internacional dos bancos espanhóis, pratica ampla gama de atividades típicas de banco comercial e de gestão de ativos. A rede internacional conta com 908 agências em 34 países, especialmente em Portugal e na América Latina, onde tem destacada presença.

Bank of Tokio-Mitsubishi
7-1, Marunouchi 2-chome
Chiyoda-ku
Tóquio 100
Japão
Capital de nível 1: US$18,585 milhões. Posição segundo capital: 5º
Valor total dos ativos: US$653.408 milhões. Posição segundo ativos: 1º.
Participação dos negócios no exterior: 33,0%.
Número de funcionários: 23.500.

O maior banco do mundo segundo o volume de ativos, é resultado da fusão do Bank of Tokyo e do Mitsubishi Bank, concretizada em 1996. O Bank of Tokyo foi fundado como um banco especializado em câmbio há cinqüenta anos, estando presente nos mercados internacionais com 70 agências. Metade da receita do banco provém de suas operações no exterior.

Bankers Trust
One Bankers Trust Plaza
Nova York, NY 10006
EUA
Capital de nível 1: US$6.431 milhões.* Posição segundo capital: 51º.*
Valor total dos ativos: US$140.102 milhões.* Posição segundo ativos: 61º.
Participação dos negócios no exterior: 51,8%*
Número de funcionários: 15.000.*
* Apenas o Bankers Trust, antes da fusão com o Alex. Brown.

Em 1997, o Bankers Trust New York Corporation, um dos maiores bancos americanos, especializado na oferta de ampla gama de serviços bancários atacadistas a grandes empresas, governos, instituições e pessoas físicas de alta renda, fundiu-se com o banco de investimento Alex. Brown., de Baltimore. A empresa resultante da fusão foi adquirida pelo Deutsche Bank em 1999, uma aquisição transfronteiriça muito importante.

Canadian Imperial Bank of Commerce (CIBC)
Commerce Court
Toronto, Ontario M35L 1A2
Canadá
Capital de nível 1: US$7.429 milhões. Posição segundo capital: 45º.
Valor total dos ativos: US$165.165 milhões. Posição segundo ativos: 51º.
Participação dos negócios no exterior: 49,0%.
Número de funcionários: 41.600.

É o banco mais internacional do Canadá. Divide suas atividades em duas partes: banco comercial e de pessoas físicas, principalmente para clientes domésticos; e o CIBIC Wood Grundy, que conduz as operações com pessoas jurídicas e de banco de investimento, oferecendo soluções financeiras integradas para clientes do mundo inteiro.

Chase Manhattan Corporation
270 Park Avenue
Nova York, NY 10017
EUA
Capital de nível 1: US$22.549 milhões. Posição segundo capital: 2º.
Valor total dos ativos: US$365.521 milhões. Posição segundo ativos: 18º.
Participação dos negócios no exterior: 36,7%.
Número de funcionários: 65.000.

Até pouco tempo o maior banco dos EUA, o Chase Manhattan, tem dois ramos principais — atividades atacadistas globais e atividades de banco comercial regional e nacional. Os clientes atacadistas do Chase são empresas multinacionais, governos e pessoas físicas com grandes fortunas. Sua clientela regional atinge 25 milhões de indivíduos e famílias.

Citicorp
399 Park Avenue
Nova York, NY 10043
EUA
Capital de nível 1: US$21.211 milhões. Posição segundo capital: 4º.
Valor total dos ativos: US$310.897 milhões. Posição segundo ativos: 22º.
Participação dos negócios no exterior: 63,0%.
Número de funcionários: 85.000.

Com 1.130 filiais e 50 milhões de clientes em 98 países, o Citicorp tem a mais extensa rede bancária global. "Nenhuma outra instituição financeira", declara, "tem nossa capacidade de atender clientes no mundo todo 24 horas por dia." Em 1998 anunciou sua fusão com o Travellers Group, proprietário do Salomon Brothers, para formar o Citigroup.

Compagnie Financière de Paribas
3, rue d'Antin, BP 141
75078 Paris Cedex 02
França
Capital de nível 1: US$8.538 milhões. Posição segundo capital: 38º.
Valor total dos ativos: US$245.188 milhões. Posição segundo ativos: 35º.
Participação dos negócios no exterior: 55,0%.
Número de funcionários: 9.000.

Principal banco de investimentos da França, oferece também serviços financeiros especializados para pessoas físicas e jurídicas. Expandiu-se globalmente a partir de uma sólida base européia e atua em 60 países. É especializado em serviços para pessoas jurídicas, atividades do mercado de capitais e serviços financeiros. Em agosto de 1999, o Paribas foi comprado pelo Banque Nationale de Paris.

Crédit Lyonnais Group
19 Boulevard des Italiens
75002 Paris, France.

Capital de nível 1: US$7.131 milhões. Posição segundo capital: 48º.
Valor total dos ativos: US$250.279 milhões. Posição segundo ativos: 32º.
Participação dos negócios no exterior: 53,8%.
Número de funcionários: 57.000.

Esse banco estatal é um dos maiores da França. Está presente em mais de 70 países. Oferece amplo leque de serviços comerciais para clientes no varejo e para pequenas empresas, principalmente na França, e para grandes empresas, governos e instituições no mundo inteiro. As perdas do governo francês com a grande operação de salvamento do banco foi bastante controvertida.

Crédit Suisse Group
Nüshelerstrasse 1
P.O. Box 669
8021 Zurique, Suíça
Capital de nível 1: US$12.984 milhões. Posição segundo capital: 16º.
Valor total dos ativos: US$473.832 milhões. Posição segundo ativos: 4º.
Participação dos negócios no exterior: 73,0%
Número de funcionários: 34.800.

É um dos maiores grupos de serviços financeiros do mundo. O grupo abrange quatro unidades de negócios: Crédit Suisse, Crédit Suisse Private Banking, Crédit Suisse First Boston e Crédit Suisse Asset Management, especializadas em grupos de clientes e mercados específicos.

Dai-Ichi Kangyo Bank
1-5, Uchisaiwaicho 1-chome
Chiyoda-ku
Tóquio 100, Japão
Capital de nível 1: US$14.458 milhões. Posição segundo capital: 10º.
Valor total dos ativos: US$419.101 milhões. Posição segundo ativos: 9º.
Participação dos negócios no exterior: n/a.
Número de funcionários: 18.000.

Um dos principais bancos comerciais do Japão. Também tem uma firme presença na América do Norte e na Europa e está amplamente representado na região da Ásia-Pacífico. Sua rede abrange 77 escritórios em 31 países e 52 cidades de todo o mundo.

Daiwa Securities Company
6-4 Otemachi 2-chome
Chiyoda-ku
Tóquio 100, Japão
Capital de nível 1: US$7.000 milhões.
Valor total dos ativos: US$108.000 milhões.
Número de funcionários: 11.600.

Ocupa o segundo lugar entre as maiores corretoras de títulos japonesas. Suas atividades globais incluem corretagem de títulos, transações com commodities, consultoria estratégica, desenvolvimento de produtos e finanças estruturadas. Sua rede compreende 123 escritórios no Japão e operações em 35 localizações estrangeiras.

Deutsche Bank
Taunusanlage 12
60262 Frankfurt-am-Main
Alemanha
Capital de nível 1: US$17.371 milhões. Posição segundo capital: 6º.
Valor total dos ativos: US$581.979 milhões. Posição segundo ativos: 2º.
Participação dos negócios no exterior: 52,6%.
Número de funcionários: 148.400.

Maior banco alemão e uma das principais instituições financeiras do mundo, opera em mais de 50 países. Além de suas variadas operações como banco comercial e de suas operações voltadas para grandes empresas na Alemanha e no resto do mundo, tem atividades de banco de investimento concentradas em Londres. Em 1999 adquiriu o Bankers Trust para ampliar sua presença nos EUA.

Dresdner Bank A.G.
Jürgen-Ponto-Platz 1
60301 Frankfurt-am-Main
Alemanha
Capital de nível 1: US$10.456 milhões. Posição segundo capital: 28º.
Valor total dos ativos: US$372.594 milhões. Posição segundo ativos: 17º.
Participação dos negócios no exterior: 42,0%.
Número de funcionários: 46.000.

Segundo maior banco da Alemanha, com mais de 1.600 agências operando em mais de 70 países. Suas atividades de banco comercial estão sediadas em Frankfurt e opera como banco global de investimento sob a denominação de Dresdner Kleinwort Benson a partir de Londres.

Flemings
25 Copthall Avenue
Londres EC2R 7DR
Reino Unido
Capital de nível 1: US$1.206 milhões.
Valor total dos ativos: US$132.663 milhões.
Número de funcionários: 7.000.

É um dos poucos bancos mercantis independentes remanescentes no Reino Unido. Tem escritórios em 40 países e forte presença na região da Ásia-Pacífico.

Goldman Sachs
85 Broad Street
Nova York, NY 10004
EUA
Capital de nível 1: US$6.293 milhões.
Valor total dos ativos: US$152.045 milhões.
Número de funcionários: 10.000.

Até maio de 1999 era a única parceria remanescente entre os bancos globais de investimento. Oferece amplo leque de atividades a partir de cinco divisões operacionais: banco de investimento, renda fixa, ações, câmbio e commodities e gestão de ativos. Tem 34 escritórios em 20 países.

HSBC Holdings
10 Lower Thames Street
Londres EC3R 6AE
Reino Unido
Capital de nível 1: US$27.392 milhões. Posição segundo capital: 1º.
Valor total dos ativos: US$493.608 milhões. Posição segundo ativos: 5º.
Participação dos negócios no exterior: 65.0%.
Número de funcionários: 130.000.

Maior banco do mundo em termos de capital e um dos mais internacionais. Oferece serviços ao consumidor, comerciais e de investimento bem como seguros, na região da Ásia-Pacífico, Europa, Américas, Oriente Médio e África. Suas subsidiárias incluem o Midland Bank no Reino Unido e Marine Midland nos EUA. Tem mais de 500 escritórios em 78 países. Em 1999, expandiu suas atividades adquirindo o Republic Bank, de Nova York

ING Group
Strawinskylaan 2631
P.O. Box 810
1000 AV Amsterdã
Holanda
Capital de nível 1: US$8.730 milhões. Posição segundo capital: 35º.
Valor total dos ativos: US$190.269 milhões. Posição segundo ativos: 47º.
Participação dos negócios no exterior: 37.0%.
Número de funcionários: 58.000.

Banco "universal" holandês, atua nas áreas de comércio, investimento, gestão de ativos e seguros. É líder no oferecimento de serviços financeiros integrados, proporcionando a clientes, pessoas física e jurídica, uma ampla gama de serviços financeiros. Atua com serviços bancários em 57 países especialmente na Europa e Ásia e com seguros em 28 países.

JP Morgan
60 Wall Street
Nova York, NY 10260-0060
EUA
Capital de nível 1: US$11.854 milhões. Posição segundo capital: 21º.
Valor total dos ativos: US$262.159 milhões. Posição segundo ativos: 28º.
Participação dos negócios no exterior: 52,7%.
Número de funcionários: 15.500.

Banco com base nos EUA, é uma instituição global líder que atende as necessidades financeiras de grandes empresas, instituições financeiras e governos de todo o mundo. Faz consultoria de estratégia e reestruturação de empresas, levantamento de capital, forma mercados para uma série de instrumentos financeiros e faz gestão de ativos. Opera em 33 países.

Lehman Brothers
3 World Financial Center
Nova York, NY 10285

EUA
Capital de nível 1: US$3.874 milhões.
Valor total dos ativos: US$128.596 milhões.
Número de funcionários: 7.500.

É, há muitos anos, uma das principais corretoras de Wall Street e banco de investimento. Tem presença global, com escritórios em 22 países. Em 1996, 59% de suas receitas foram geradas por atividades nas Américas, 29% na Europa e Oriente Médio e 12% na região da Ásia-Pacífico.

Merrill Lynch
North Tower
World Financial Center
Nova York, NY 10281-1332
EUA
Capital de nível 1: US$6.892 milhões.
Valor total dos ativos: US$213.016 milhões.
Número de funcionários: 54.000.

Principal corretora varejista da América há muitos anos. Nas décadas de 1980 e 1990 passou a atuar como banco de investimento de alcance global. É um dos bancos de investimento mais dinâmicos do mundo, operando em 45 países.

Morgan Stanley Dean Witter
1285 Broadway
Nova York, NY 10036
EUA
Capital de nível 1: US$6.538 milhões.*
Valor total dos ativos: US$196.446 milhões.*
Número de funcionários: 45.000.
* Somente Morgan Stanley, antes da fusão com a Dean Witter Discover

Sediado nos EUA, Morgan Stanley é, há muitos anos, um grande banco de investimento e uma corretora global, oferecendo um completo leque de serviços financeiros sofisticados para governos, grandes empresas, instituições e pessoas físicas do mundo inteiro. Em 1997, a fusão com a corretora varejista e administradora de cartões de crédito Dean Witter Discover criou um extraordinário conglomerado financeiro. A nova empresa opera com 409 escritórios localizados em 22 países do mundo inteiro.

National Australia Bank
500 Bourke Street, GPO Box 84A
Melbourne, Victoria 3001
Austrália
Capital de nível 1: US$7.552 milhões. Posição segundo capital: 44º.
Valor total dos ativos: US$145.763 milhões. Posição segundo ativos: 57º.
Participação dos negócios no exterior: 50,7%.
Número de funcionários: 52.900.

Grupo internacional de serviços financeiros que opera em cinco países — Austrália, Reino Unido, Irlanda, Nova Zelândia e EUA — e uma rede de agências e escritórios de representação em toda a Ásia.

National Westminster Bank
41 Lothbury
Londres EC2P 2BP
Reino Unido
Capital de nível 1: US$12.342 milhões. Posição segundo capital: 19º.
Valor total dos ativos: US$306.605 milhões. Posição segundo ativos: 23º.
Participação dos negócios no exterior: 48,0%.
Número de funcionários: 71.000.

Opera uma ampla gama de atividades bancárias e financeiras no Reino Unido e em mais 34 países. Nos anos recentes tem se afastado das atividades internacionais e de investimento e concentrado sua atuação como banco comercial nacional.

Nomura Securities
1-9-1, Nihonbashi 1-chome
Chuo-ku
Tóquio 103, Japão
Capital de nível 1: US$17.363 milhões.
Valor total dos ativos: US$120.149 milhões.
Número de funcionários: 11.000.

Principal corretora e banco de investimentos do Japão. Suas atividades abrangem corretagem de títulos, commodities, banco de investimento e banco comercial em mercados globais. As receitas da Nomura decorrem de comissões, subscrições e distribuição, ganhos líquidos nos mercados de futuro, investimentos e dividendos. Tem escritórios em 27 países.

Salomon Smith Barney
Seven World Trade Center
Nova York, NY 10048
EUA
Capital de nível 1: US$4.857 milhões.
Valor total dos ativos: US$19.881 milhões.
Número de funcionários: 8.500.*
* Salomon Brothers apenas, antes da fusão com Smith Barney.

É o resultado da fusão, em 1997, entre o Salomon Brothers, a famosa instituição global que atua em mercados de futuro, formação de mercado e como banco de investimento, e a corretora Smith Barney, de propriedade do Travelers Group, um dos maiores grupos de serviços financeiros dos EUA. Além de sua grande presença nos EUA, tem uma rede de 30 subsidiárias e filiais em quatro continentes. Em 1998, foi anunciada sua fusão com o Citicorp.

Schroders
120 Cheapside
Londres EC2V 6DS
Reino Unido
Capital de nível 1: US$1.726 milhões.
Valor total dos ativos: US$17.580 milhões.
Número de funcionários: 5.000.

Destacado banco de investimentos internacional, banco mercantil e grupo de gestão de ativos. É um dos poucos bancos mercantis independentes remanescentes no Reino Unido. Tem representação em 45 cidades de 32 países.

Société Générale
29 Boulevard Haussmann
75009 Paris
França
Capital de nível 1: US$9.745 milhões. Posição segundo capital: 31º.
Valor total dos ativos: US$441.115 milhões. Posição segundo ativos: 7º.
Participação dos negócios no exterior: 41,4%.
Número de funcionários: 45.000.

É o maior banco privado francês com 2 mil agências na França e 500 escritórios em 70 países. Está organizado em três divisões: banco de varejo, atuando principalmente na França, divisão internacional e finanças, e de recursos e serviços. Os serviços da divisão internacional e finanças atende cerca de 500 empresas multinacionais, 4 mil investidores institucionais e 1.300 bancos.

Standard Chartered Bank
1 Aldermanbury Square
Londres EC2V 7SB
Reino Unido
Capital de nível 1: US$4.189 milhões. Posição segundo capital: 94º.
Valor total dos ativos: US$78.024 milhões. Posição segundo ativos: 103º.
Participação dos negócios no exterior: 74,0%.
Número de funcionários: 25.000.

Banco internacional com base no Reino Unido, concentra suas atividades na África, Oriente Médio e Ásia, operando em todos os países da região Ásia-Pacífico, exceto Coréia do Norte. É o mais internacional de todos bancos, tendo cerca de três quartos de seus ativos no exterior.

Swiss Bank Corporation
Aeschenplatz 6
CH-4002 Basiléia
Suíça
Capital de nível 1: US$6.371 milhões. Posição segundo capital: 52º.
Valor total dos ativos: US$301.620 milhões. Posição segundo ativos: 25º.
Participação dos negócios no exterior: 67,2%.
Número de funcionários: 26.800.

Banco "universal" suíço, conduz atividades de banco comercial na Suíça e atua a nível mundial como *private banking*, como banco de investimento por meio do SBC Warburg Dillon Read e em gestão de ativos por meio do SBC Brinson. Em 1997 anunciou sua fusão com o banco suíço Union Bank of Switzerland para formar um grande grupo financeiro global.

UBS
Bahnhofstrasse 45
8021 Zurique
Suíça
Capital de nível 1: US$13.570 milhões. Posição segundo capital: 14º.

Valor total dos ativos: US$396.878 milhões. Posição segundo ativos: 13º.
Participação dos negócios no exterior: 68,4%.
Número de funcionários: 28.600.

Banco "universal" suíço, conduz suas atividades de banco comercial na Suíça e atua com *private banking*, banco de investimentos internacional e gestão de ativos. Tem 48 escritórios no estrangeiro. Suas operações bancárias de investimentos internacionais são conduzidas por sua subsidiária de investimentos, a Warburg Dillon Read.

Fontes: Relatórios anuais e empresas de contabilidade. "Posição segundo capital" refere-se à classificação dos bancos comerciais segundo Capital de nível 1. "Posição segundo ativos" é a classificação dos bancos comerciais segundo ativos. Ambos os dados foram extraídos de *The Banker*, julho de 1998. A participação de negócios no exterior foi extraída de *The Banker*, fevereiro de 1999.

Índice remissivo

Este livro foi composto pela TopTextos Edições Gráficas, em Times New Roman e Frutiger, e impresso por Cromosete Gráfica Editora em abril de 2000.